Abrégé de l'Histoi

des Voyages (Tome 6)

Jean-François de La Harpe

Alpha Editions

This edition published in 2023

ISBN : 9789357956833

Design and Setting By
Alpha Editions
www.alphaedis.com
Email - info@alphaedis.com

Contents

SECONDE PARTIE.
ASIE.

LIVRE DEUXIÈME.
CONTINENT DE L'INDE.

CHAPITRE VI.

Guzarate, Cambaye et Visapour.

Nous continuons de parcourir les dépendances du Mogol situées dans la partie occidentale, retournant sur nos pas du Coromandel à la côte du Malabar, et nous allons suivre le voyageur Mandelslo dans le Guzarate, à Cambaye et à Visapour, avant d'entrer dans l'intérieur de l'empire mogol, proprement nommé l'Indoustan.

On nous représente Mandelslo comme un de ces voyageurs extraordinaires dans qui le désir de parcourir le globe de la terre est une passion, et qui lui sacrifient jusqu'à l'espérance de leur fortune. Il était né d'une famille distinguée dans le duché de Mecklembourg; et dès l'enfance il avait été page du duc de Holstein. Ce prince ayant pris la résolution d'envoyer une ambassade en Moscovie et en Perse, le jeune Mandelslo marqua tant d'empressement pour visiter des régions si peu connues dans sa patrie, qu'il obtint la permission, non-seulement de faire ce voyage à la suite des ambassadeurs, en qualité de gentilhomme de la chambre du duc, mais encore de se détacher de l'ambassade aussitôt que la négociation serait terminée en Perse, et d'exécuter le dessein qu'il avait de visiter le reste de l'Asie.

Il s'embarqua le 6 avril 1638, à Bender-Abassi, sur un navire anglais de trois cents tonneaux et de vingt-quatre pièces de canon, avec deux marchands anglais nommé Hall et Mandley, que le président du comptoir de Surate faisait venir d'Ispahan pour les affaires de leur compagnie. Nous passerons les détails de sa route pour le transporter tout de suite dans le Guzarate.

Amedabad, capitale de ce royaume, est située à 23 degrés 32 minutes nord, à dix-huit lieues de Cambaye, et quarante-cinq de Surate, sur une petite rivière qui se perd dans l'Indus à peu de distance de ses murs. Cette ville est grande et bien peuplée. Sa circonférence est d'environ sept lieues, en y comprenant les faubourgs et quelques villages qui en font partie. Ses murs sont fort larges, ses édifices ont un air étonnant de grandeur et de magnificence, surtout les mosquées et le palais du gouverneur de la province. On y fait une garde continuelle, et la garnison est considérable, par la crainte où on est des Badoures, peuples éloignés d'environ vingt-cinq lieues, qui ne reconnaissent point l'autorité du Mogol, et qui se font redouter de ses sujets par leurs incursions.

L'Asie n'a presque point de nation ni de marchandises qu'on ne trouve dans Amedabad. Il s'y fait particulièrement une prodigieuse quantité d'étoffes de soie et de coton. À la vérité, les ouvriers emploient rarement la soie du pays, et moins encore celle de Perse, qui est trop grosse et trop chère; mais ils se servent de soies chinoises, qui sont très-fines, en les mêlant avec celle du

Bengale, qui ne l'est pas tant, quoiqu'elle le soit plus que celle de Perse. Ils font aussi des brocarts d'or et d'argent; mais ils y mêlent trop de clinquant, ce qui les rend fort inférieurs à ceux de Perse. Depuis que Mandelslo était arrivé à Surate, ils avaient commencé à fabriquer une nouvelle étoffe de soie et de coton à fleurs d'or, qu'on estimait beaucoup, et qui se vendait cinq écus l'aune: mais l'usage en était défendu aux habitans du pays, et l'empereur se l'était réservé, en permettant néanmoins aux étrangers d'en transporter hors de ses états. On faisait librement dans les manufactures d'Amedabad toutes sortes de satins et des velours de toutes couleurs; du taffetas, du satin à doubler, de fil et de soie; des alcatifs ou des tapis à fond d'or, de soie et de laine, moins bons à la vérité que ceux de Perse, et toutes sortes de toiles de coton.

Les autres marchandises qui s'y vendent le plus, sont le sucre candi, la cassonade, le cumin, le miel, la gomme laque, l'opium, le borax, le gingembre sec et confit, les mirobolans, et toutes sortes de confitures; le salpêtre, le sel ammoniac et l'indigo, qui n'y est connu que sous le nom d'*anil*, et que la nature y produit en grande abondance. On y trouve aussi des diamans; mais, comme on les y porte de Golconde et de Visapour, on peut les avoir ailleurs à moindre prix. Le musc et l'ambre gris n'y sont pas des marchandises rares, quoique le pays n'en produise point.

Un commerce des plus considérables d'Amedabad, est celui du change. Les banians font des traites et des remises pour toutes les parties de l'Asie, et jusqu'à Constantinople; ils y trouvent d'autant plus d'avantages, que, malgré les dépenses continuelles du Mogol pour l'entretien d'un grand nombre de soldats, dont l'unique office est de veiller à la sûreté publique, les rasbouts et d'autres brigands rendent les grands chemins fort dangereux.

D'un autre côté, les marchandises ne paient rien à l'entrée ni à la sortie d'Amedabad; on est quitte pour un présent qui se fait au katoual, d'environ quinze sous par charrette. Les seules marchandises de contrebande, pour les habitans comme pour les étrangers, sont la poudre à canon, le plomb et le salpêtre, qui ne peuvent se transporter sans une permission du gouverneur: mais on l'obtient facilement avec une légère marque de reconnaissance.

Cette riche et grande ville renferme dans son territoire vingt-cinq gros bourgs et deux mille neuf cent quatre-vingt-dix-huit villages. Son revenu monte à plus de six millions d'écus, dont le gouverneur dispose avec la seule charge de faire subsister les troupes qu'il est obligé d'entretenir pour le service de l'état, et particulièrement contre les voleurs, quoique souvent il les protége jusqu'à partager avec eux le fruit de leurs brigandages.

Mandelslo employa plusieurs jours à visiter quelques tombeaux qui sont aux environs de la ville. On admire particulièrement celui qui est dans le village de Kirkéeis. C'est l'ouvrage d'un roi de Guzarate, qui l'a fait élever à l'honneur d'un juge qui avait été son précepteur, et dont on prétend que la sainteté s'est fait connaître par plusieurs miracles. Tout l'édifice, dans lequel on compte jusqu'à quatre cent quarante colonnes de trente pieds de hauteur, est de marbre, comme le pavé, et sert aussi de tombeau à trois rois qui ont souhaité d'y être ensevelis avec leurs familles. À l'entrée de ce beau monument on voit une grande citerne remplie d'eau et fermée d'une muraille qui est percée de toutes parts d'un grand nombre de fenêtres. La superstition attire dans ce lieu des troupes de pèlerins. C'est dans le même village que se fait le meilleur indigo du pays.

Une lieue plus loin, on trouve une belle maison accompagnée d'un grand jardin, ouvrage de Tchou-Tchimâ, empereur du Mogol, après la victoire qu'il remporta sur le sultan Mahomet Begheram, dernier roi du Guzarate, et qui lui fit unir ce royaume à ses états. On n'oublia pas de faire voir à Mandelslo un tombeau nommé Bety-Chuit, c'est-à-dire la honte d'une fille, et dont on lui raconta l'origine. Un riche marchand, nommé *Hadjom-Madjom*, étant devenu amoureux de sa fille, et cherchant des prétextes pour justifier l'inceste, alla trouver le juge ecclésiastique, et lui dit que dès sa jeunesse il avait pris plaisir à planter un jardin, qu'il l'avait cultivé avec beaucoup de soin, et qu'on y voyait les plus beaux fruits; que ce spectacle causait de la jalousie à ses voisins, et qu'il en était importuné tous les jours; mais qu'il ne pouvait leur abandonner un bien si cher, et qu'il était résolu d'en jouir lui-même, si le juge voulait approuver ses intentions par écrit. Cet exposé lui fit obtenir une déclaration favorable qu'il fit voir à sa fille: mais ne tirant aucun fruit de son autorité ni de la permission du juge, il la viola. Mahomet Begheram, informé de son crime, lui fit trancher la tête, et permit que de ses biens on lui bâtît ce monument, qui rend témoignage du crime et de la punition.

C'est à peu de distance d'Amedabad que commencent à s'élever les effroyables montagnes de Marva, qui s'étendent plus de soixante-dix lieues vers Agra, et plus de cent vers Oughen, domaine de Rana, prince qu'on croyait descendu en ligne directe du célèbre Porus. C'est là qu'est situé le château de Gourkhetto, que sa situation dans ces lieux inaccessibles a fait passer long-temps pour imprenable, et que le grand-mogol n'a pas eu peu de peine à subjuguer. La montagne qui est entre Amedabad et Trappé est le séjour d'un autre radja, que les bois et les déserts ont conservé jusqu'à présent dans l'indépendance. Le radja d'Ider est vassal de l'empire; mais sa situation lui donnant les mêmes avantages, il se dispense souvent d'obéir aux ordres du Mogol.

Un des plus beaux jardins d'Amedabad est celui qui porte le nom de Schahbag, ou jardin du roi. Il est situé dans le faubourg de Begampour, et fermé d'une grande muraille. On n'en admire pas moins l'édifice, dont les fossés sont pleins d'eau, et les appartemens très-riches. De là Mandelslo se rendit par un pont de pierre d'environ quatre cents pas de long, dans le jardin de Nikcinabag, c'est-à-dire joyau, et qui passe pour l'ouvrage d'une femme. Il n'est pas remarquable par sa grandeur, non plus que le bâtiment qui l'accompagne; mais la situation de l'un et de l'autre est si avantageuse, qu'elle fait découvrir toute la campagne voisine, et qu'elle forme sur les avenues du pont une des plus belles perspectives que Mandelslo eût jamais vues. Le milieu du jardin offre un grand réservoir d'eau, qui n'est composé que d'eau de pluie pendant l'hiver, mais qu'on entretient pendant l'été avec le secours de plusieurs machines, par lesquelles plusieurs bœufs tirent de l'eau de divers puits fort profonds qui ne tarissent jamais. On y va rarement sans rencontrer quelques femmes qui s'y baignent; aussi l'usage en exclut-il les Indiens; mais la qualité d'étranger en fit obtenir l'entrée à Mandelslo. Tant de jardins dont la ville est environnée, et les arbres dont les rues sont remplies, lui donnent de loin l'apparence d'une grande forêt. Le chemin qui se nomme Baschaban, et qui conduit dans un village éloigné de six lieues, est bordé de deux lignes de cocotiers, qui donnent sans cesse de l'ombre aux voyageurs; mais il n'approche pas de celui qui mène d'Agra jusqu'à Brampour, et qui ne fait qu'une seule allée, dont la longueur est de cent cinquante lieues d'Allemagne. Tous ces arbres logent et nourrissent une incroyable quantité de singes, parmi lesquels il s'en trouve d'aussi grands que des lévriers, et d'assez puissans pour attaquer un homme: ce qui n'arrive jamais néanmoins, s'ils ne sont irrités. La plupart sont d'un vert brun; ils ont la barbe et les sourcils longs et blancs; ces animaux, que les banians laissent multiplier à l'infini par un principe de religion, sont si familiers, qu'ils entrent dans les maisons à toute heure, en si grand nombre et si librement, que les marchands de fruits et de confitures ont beaucoup de peine à conserver leurs marchandises. Mandelslo en compta un jour, dans la maison des Anglais, cinquante à la fois, qui semblaient s'y être rendus exprès pour l'amuser par leurs postures et leurs grimaces. Un autre jour qu'il leur avait jeté quelques amandes, ils le suivirent jusqu'à sa chambre, où ils s'accoutumèrent à lui aller demander leur déjeuner tous les matins. Comme ils ne faisaient plus difficulté de prendre du pain et du fruit de sa main, il en retenait quelquefois un par la pate, pour obliger les autres à lui faire la grimace, jusqu'à ce qu'il les vît prêts à se jeter sur lui.

Le gouverneur d'Amedabad entretient de son revenu, pour le service du grand-mogol, douze mille chevaux et cinquante éléphans. Il porte le titre de radja ou de prince. C'était alors Arab-Khan, homme de soixante ans, dont on faisait monter les richesses à plus de cinquante millions de piastres. Il avait marié depuis peu sa fille au second fils du grand-mogol; et pour l'envoyer à la cour, il l'avait fait accompagner de vingt éléphans, de mille chevaux, et de six cents charrettes chargées des plus riches étoffes et de tout ce qu'il avait pu rassembler de précieux. Sa cour était composée de plus de cinq cents personnes, dont quatre cents étaient ses esclaves. Ils étaient nourris tous dans sa maison; et l'on assura Mandelslo que, sans compter ses écuries, où il nourrissait quatre à cinq cents chevaux, et cinquante éléphans, sa dépense domestique montait chaque mois à plus de cent mille écus. Ses principaux officiers étaient vêtus magnifiquement. Pour lui, négligeant assez le soin de sa parure, il portait une veste de simple toile de coton, excepté les jours qu'il se faisait voir dans la ville, ou qu'il la traversait pour se rendre à la campagne. Il paraissait alors dans l'équipage le plus fastueux, assis ordinairement sur une espèce de trône, qui était porté par un éléphant couvert des plus riches tapis de Perse, escorté d'une garde de deux cents hommes, avec un grand nombre de beaux chevaux de main, et précédé de plusieurs étendards de diverses couleurs.

Mandelslo s'étend sur quelques visites qu'il lui rendit avec le directeur anglais. «Il nous fit asseoir, dit-il, près de quelques seigneurs qui étaient avec lui. Quoiqu'il traitât d'affaires, il eut d'abord l'attention de nous entretenir quelques momens; et je remarquai qu'il prenait plaisir à me voir en habit du pays. Il faisait expédier divers ordres; il en écrivait lui-même. Mais ces occupations ne l'empêchaient pas d'avoir à la bouche une pipe, qu'un valet soutenait d'une main, et dont il allumait le tabac de l'autre. Il sortit bientôt pour aller faire la revue de quelques compagnies de cavalerie et d'infanterie qui étaient rangées en bataille dans la cour. Après avoir visité leurs armes, il les fit tirer au blanc, pour juger de leur adresse, et pour augmenter la paie des plus habiles aux dépens de celle des autres, qu'il diminuait d'autant. Nous pensions à nous retirer; mais il nous fit dire qu'il voulait que nous dînassions avec lui. Dans l'intervalle, on nous servit des fruits, dont une bonne partie fut envoyée au comptoir anglais par son ordre. À son retour, il se fit apporter un petit cabinet d'or enrichi de pierreries, dont il tira deux layettes. Dans l'une, il prit de l'opium, et dans l'autre du bengh, espèce de poudre qui se fait des feuilles et de la graine de chenevis, et dont les Mogols prennent pour s'exciter aux voluptés des sens. Après en avoir pris une cuillerée, il m'envoya le cabinet. «Il est impossible, me dit-il, que, pendant votre séjour d'Ispahan, vous n'ayez pas appris l'usage de cette drogue. Vous me ferez plaisir d'en goûter, et vous la trouverez aussi bonne que celle de Perse.» J'eus la complaisance d'en prendre, et le directeur suivit mon exemple, quoique ni l'un ni l'autre nous n'en eussions jamais pris, et que nous y trouvassions peu de goût. Dans la conversation qui suivit, le gouverneur parla du roi de Perse et de sa cour en homme fort mécontent. «Schah-Séfi, me dit-il, a pris le sceptre avec des mains sanglantes. Le commencement de son règne a coûté la vie à quantité de personnes de toute sorte de condition, d'âge et de sexe. La cruauté est héréditaire dans sa maison; il la tient de Schah-Abbas, son aïeul, et jamais il ne faut espérer qu'il se défasse d'une qualité qui lui est naturelle. C'est la seule raison qui porte ses officiers à se jeter entre les bras du Mogol. Je veux croire qu'il a de l'esprit; mais de ce côté même, il n'y a pas plus de comparaison entre lui et le Mogol qu'entre la pauvreté de l'un et les immenses richesses de l'autre. L'empereur mon maître a de quoi faire la guerre à trois rois de Perse.»

«Je me gardai bien d'entrer en contestation avec lui sur une matière si délicate. Je lui dis qu'il était vrai que ce que j'avais vu des richesses de Perse n'était pas comparable avec ce que je commençais à voir dans les états du grand-mogol; mais qu'il fallait avouer aussi que la Perse avait un avantage inestimable, qui consistait en un grand nombre de kisilbachs[1], avec lesquels le roi de Perse était en état d'entreprendre la conquête de toute l'Asie. Je lui tenais ce langage à dessein, parce que je savais qu'il était kisilbach, et qu'il serait flatté de l'opinion que je marquais de cette milice. En effet, il me dit qu'il était forcé d'en demeurer d'accord; et se tournant vers un seigneur qui était Persan comme lui, il lui dit: «Je crois que ce jeune homme a du cœur, puisqu'il parle avec tant d'estime de ceux qui en ont.»

«Le dîner fut servi avec plus de pompe que le précédent. Un écuyer tranchant, assis au milieu des grands vases dans lesquels on apportait les viandes, en mettait avec une cuillère dans de petits plats qu'on servait devant nous. Le gouverneur même nous servit quelquefois, pour nous témoigner son estime par cette marque de faveur. La salle était remplie d'officiers de guerre, dont les uns se tenaient debout la pique à la main, et les autres étaient assis près d'un réservoir d'eau qui s'offrait dans le même lieu. Après le dîner, le gouverneur, en nous congédiant, nous dit qu'il regrettait que ses affaires ne lui permissent pas de nous donner le divertissement des danseuses du pays.»

Ce seigneur était homme d'esprit, mais fier, et d'une sévérité dans son gouvernement qui tenait de la cruauté. Dans un autre dîner, il déclara qu'il voulait donner le reste du jour à la joie. Vingt danseuses, qui furent averties par ses ordres, arrivèrent aussitôt, se dépouillèrent de leurs habits, et se mirent à chanter et à danser nues avec plus de justesse et de légèreté que nos danseurs de corde. Elles avaient de petits cerceaux, dans lesquels un singe n'aurait pas passé avec plus de souplesse. Tous leurs mouvemens se faisaient en cadence, au son d'une musique qui était composée d'une timbale, d'un hautbois et de quelques petits tambours. Elles avaient dansé deux heures, lorsque le gouverneur demanda une autre troupe de danseuses. On vint lui dire qu'elles étaient malades, et qu'elles ne pouvaient danser ce jour-là. Il renouvela le même ordre, auquel il ajouta celui de les amener dans l'état où elles étaient; et ses gens répétant la même excuse, il tourna son ressentiment contre eux. Ces malheureux, qui craignaient la bastonnade, se jetèrent à ses pieds, et lui avouèrent que les danseuses n'étaient pas malades; mais qu'étant employées dans un autre lieu, elles refusaient de venir, parce qu'elles savaient que le gouverneur ne les paierait point. Il en rit. Cependant il les fit amener sur-le-champ par un détachement de ses gardes; et lorsqu'elles furent entrées dans la salle, il ordonna qu'on leur tranchât la tête. Elles demandèrent la vie avec des pleurs et des cris épouvantables; mais il voulut être obéi; et l'exécution se fit aux yeux de toute l'assemblée, sans que les seigneurs osassent intercéder pour ces infortunées, qui étaient au nombre de huit.

Cet étrange spectacle causa beaucoup d'étonnement aux étrangers. Le gouverneur s'en aperçut, se mit à rire, et leur dit: «Pourquoi cette surprise, messieurs? Si j'en usais autrement, je ne serais bientôt plus maître dans Amedabad. Il faut prévenir par la crainte le mépris qu'on ferait de mon autorité.» Ainsi les despotes se rendent justice. Ils avouent qu'ils ne peuvent échapper au mépris qu'en inspirant la crainte, et ils ne sentent pas que par-là même ils sont très-méprisables.

Mandelslo partit pour Cambaye avec un jeune facteur anglais, qui ne faisait ce voyage que pour l'obliger, et par l'ordre du directeur. La crainte des rasbouts lui fit prendre une escorte de huit pions, c'est-à-dire huit soldats à pied, armés de piques et de rondaches, outre l'arc et les flèches. Cette milice est d'autant plus commode qu'elle ne dédaigne pas de servir de laquais, et qu'elle marche toujours à la tête des chevaux. Elle se loue d'ailleurs à si bas prix, qu'il n'en coûta que huit écus à Mandelslo pour trois jours, pendant lesquels il fit treize lieues. On en compte huit jusqu'au village de Sergountra, dans lequel il ne vit rien de plus remarquable qu'une grande citerne où l'eau de pluie se conserve pendant toute l'année. Cinq lieues de plus le firent arriver à la vue de Cambaye. Il s'y logea chez un marchand maure, dans l'absence du facteur anglais de cette ville.

Cambaye est située à seize lieues de Broitschia, dans un lieu fort sablonneux, au fond et sur le bord d'une grande baie, où la rivière du May se décharge après avoir lavé ses murs. Son port n'est pas commode: quoique la haute marée y amène plus de sept brasses d'eau, les navires y demeurent à sec, après le reflux, dans le sable et dans la boue, dont le fond est toujours mêlé. La ville est ceinte d'une fort belle muraille de pierres de taille. Elle a douze portes, de grandes maisons, et des rues droites et larges, dont la plupart ont leurs barrières qui se ferment la nuit. Elle est incomparablement plus grande que Surate, et sa circonférence n'a pas moins de deux lieues.

On y compte trois bazars ou marchés, et quatre belles citernes capables de fournir de l'eau à tous les habitans dans les plus grandes sécheresses. La plupart sont des païens, banians ou rasbouts, dont les uns sont adonnés au commerce, et les autres à la profession des armes. Leur plus grand trafic est à Diu, à la Mecque, en Perse, à Achem, et à Goa, où ils portent toutes sortes d'étoffes de soie et de coton pour en rapporter de l'or et de l'argent monnayé, c'est-à-dire des ducats, des sequins et des piastres, avec diverses marchandises des mêmes lieux.

Elle se versa sur la tête un vase d'huile odoriférante.

Après avoir employé quelques heures à visiter la ville, Mandelslo se laissa conduire hors des murs, dans quinze ou seize beaux jardins, qui n'approchaient pas néanmoins d'un autre où son guide le fit monter par un escalier de pierre composé de plusieurs marches; il est accompagné de trois corps-de-logis, dont l'un contient plusieurs beaux appartemens. Au centre du jardin on voit, sur un lieu fort élevé, le tombeau du mahométan dont il est l'ouvrage: il n'y a point de situation dont la vue soit si belle, non-seulement vers la mer, mais du côté de la terre, où l'on découvre la plus belle campagne du monde. Ce lieu a tant d'agrémens, que le grand-mogol, étant un jour à Cambaye, voulut y loger, et fit ôter les pierres du monument pour y faire dresser sa tente. Ce despote n'avait donc pas assez de toute l'étendue de son vaste empire? Il fallait pour un moment de plaisir, troubler la demeure paisible des morts, et disperser les pierres des tombeaux, comme si les monarques ne pouvaient jamais jouir qu'en détruisant!

Tandis que Mandelslo cherchait à satisfaire sa curiosité, le facteur anglais, qui était revenu au comptoir de sa nation, vint lui faire des reproches d'avoir préféré une maison mahométane à la sienne; et, s'offrant à l'accompagner dans ses observations, il lui promit pour le lendemain le spectacle d'une Indienne qui devait se brûler volontairement. En effet, ils se rendirent ensemble hors de la ville, sur le bord de la rivière, qui était le lieu marqué pour cette funeste cérémonie. L'Indienne était veuve d'un rasbout qui avait été tué à deux cents lieues de Cambaye; en apprenant la mort de son mari, elle avait promis au ciel de ne pas lui survivre. Comme le grand-mogol et ses officiers n'épargnent rien pour abolir un usage si barbare, on avait résisté long-temps à ses désirs; et le gouverneur de Cambaye les avait combattus lui-même en s'efforçant de lui persuader que les nouvelles qui lui faisaient haïr la vie étaient encore incertaines; mais, ses instances redoublant de jour en jour, on lui avait enfin permis de satisfaire aux lois de sa religion.

Elle n'avait pas plus de vingt ans. Mandelslo la vit arriver au lieu de son supplice avec tant de constance et de gaieté, qu'il crut qu'on avait troublé sa raison par une dose extraordinaire d'opium, dont l'usage est fort commun dans les Indes. Son cortége formait une longue procession qui était précédée de la musique du pays, c'est-à-dire de hautbois et de timbales; quantité de filles et de femmes chantaient et dansaient autour de la victime; elle était parée de ses plus beaux habits; ses bras, ses doigts et ses jambes étaient chargés de bracelets, de bagues et de carcans; une troupe d'hommes et d'enfans fermait la marche.

Le bûcher qui l'attendait sur la rive était de bois d'abricotier, mêlé de sandal et de cannelle. Aussitôt qu'elle put l'apercevoir, elle s'arrêta quelques momens pour le regarder d'un œil où Mandelslo crut découvrir du mépris; et, prenant congé de ses parens et de ses amis, elle distribua parmi eux ses bracelets et ses bagues. Mandelslo se tenait à cheval auprès d'elle avec deux marchands anglais. «Je crois dit-il, que mon air lui fit connaître qu'elle me faisait pitié, et ce fut apparemment par cette raison qu'elle me jeta un de ses bracelets que j'acceptai heureusement, et que je garde encore en mémoire d'un si triste événement. Lorsqu'elle fut montée sur le bûcher, on y mit le feu; elle se versa sur la tête un vase d'huile odoriférante, où la flamme ayant pris aussitôt, elle fut étouffée en un instant, sans qu'on vît aucune altération sur son visage. Quelques assistans jetèrent dans le bûcher plusieurs cruches d'huile qui, précipitant l'action des flammes, achevèrent de réduire le corps en cendres. Les cris de l'assemblée auraient empêché d'entendre ceux de la veuve, quand elle aurait eu le temps d'en pousser.»

Mandelslo ayant passé quelques jours à Cambaye, partit avec beaucoup d'admiration pour la politesse des habitants. «On sera surpris, dit-il, si j'assure qu'on trouve peut-être plus de civilité aux Indes que parmi ceux qui croient la posséder seuls.»

En retournant vers Amedabad, Mandelslo arriva si tard à Serquatra, que les banians, qui ne se servent point de chandelles, de peur que les mouches et les papillons ne s'y viennent brûler, refusèrent de lui ouvrir leurs portes. À l'occasion de l'embarras auquel il fut exposé pour la nourriture de ses chevaux, il observe que dans l'Indoustan, comme on l'a déjà remarqué de plusieurs autres pays des Indes, l'avoine étant inconnue et l'herbe fort rare, on nourrit les bêtes de selle et de somme d'une pâte composée de sucre et de farine, dans laquelle on mêle quelquefois un peu de beurre.

Le lendemain, après avoir fait cinq lieues jusqu'à un grand village dont il ne rapporte pas le nom, sa curiosité le conduisit au jardin de Tschiebag, le plus beau sans contredit de toutes les Indes; il doit son origine à la victoire du grand-mogol sur le dernier roi de Guzarate; et de là lui vient son nom qui signifie jardin de conquête. Il est situé dans un des plus agréables lieux du monde, sur le bord d'un grand étang, avec plusieurs pavillons du côté de l'eau, et une muraille très-haute vers Amedabad. Le corps de logis et le caravansérail dont il est accompagné sont dignes du monarque qui les a bâtis; le jardin offre diverses allées d'arbres fruitiers, tels que des orangers et des citronniers de toutes les espèces, des grenadiers, des dattiers, des amandiers, des mûriers, des tamariniers, des manguiers et des cocotiers. Ces arbres y sont en si grand nombre, et plantés à si peu de distance, que, faisant régner l'ombre de toutes parts, on y jouit continuellement d'une délicieuse fraîcheur; les branches sont chargées de singes qui ne contribuent pas peu à l'agrément d'un si beau lieu. Mandelslo, qui était à cheval et qui se trouva importuné des gambades que ces animaux faisaient autour de lui, en tua deux à coups de pistolet; ce qui parut irriter si furieusement les autres, qu'il les crut prêts à l'attaquer; cependant, malgré leurs cris et leurs grimaces, ils ne lui voyaient pas plus tôt tourner bride qu'ils se réfugiaient sur les arbres.

Un heureux hasard lui fit trouver dans le faubourg d'Amedabad une caravane d'environ deux cents marchands anglais et banians qui étaient en chemin pour Agra, l'une des capitales de l'empire mogol. Il profita d'une occasion sans laquelle son départ aurait été retardé long-temps. Le directeur anglais leur avait accordé de puissantes recommandations. Il se mit en marche le 29 octobre, dans le plus beau chemin du monde: on rencontre très-peu de villages. Le sixième jour il arriva devant les murs de la ville d'Héribath, après avoir fait cinquante lieues. Cette place est de grandeur médiocre; elle n'a ni portes ni murailles depuis qu'elles ont été détruites par Tamerlan. On voit encore les ruines de son château sur une montagne voisine.

Entre cette ville et celle de Dantighes, qui en est éloignée de cinquante lieues, on est continuellement exposé aux courses des rasbouts. Les officiers de la caravane se disposèrent à recevoir ces brigands en faisant filer leurs charrettes et les soldats de l'escorte dans un ordre qui les mettait en état de se secourir sans confusion. À cinquante lieues de Dantighes, on arriva près du village de

Siedek, qui est accompagné d'un fort beau château. Les rasbouts qui s'étaient présentés par intervalles causèrent moins de mal aux marchands que de crainte. On cessa de les voir entre Siedek et Agra, où l'on parvint heureusement.

Le grand-mogol, ou l'empereur de l'Indoustan, changent souvent de demeure. L'empire n'a pas de ville un peu considérable où ce monarque n'ait un palais; mais il n'y en a point qui lui plaisent plus qu'Agra, et Mandelslo la regarde en effet comme la plus belle ville de ses états.

Il s'associa ensuite avec un Hollandais qui faisait le voyage d'Agra jusqu'à Lahor; le chemin n'est qu'une allée tirée à la ligne, et bordée de dattiers, de cocotiers et d'autres arbres qui défendent les voyageurs des ardeurs excessives du soleil. Les belles maisons qui se présentent de toute part, amusaient continuellement les yeux de Mandelslo; tandis que les singes, les perroquets, les paons lui offraient un autre spectacle, et donnaient même quelquefois de l'exercice à ses armes. Il tua un gros serpent, un léopard et un chevreuil qui se trouvèrent dans son chemin. Les banians de la caravane s'affligeaient de lui voir ôter à des animaux une vie qu'il ne pouvait leur donner, et que le ciel ne leur accordait que pour le glorifier. Lorsqu'ils lui voyaient porter la main au pistolet, ils paraissaient irrités qu'il prît plaisir à violer en leur présence les lois de leur religion, et s'il avait la complaisance de leur épargner ce chagrin, il n'y avait rien qu'ils ne fissent pour lui plaire.

La plupart des habitans de Lahor ayant embrassé le mahométisme, on y voit un grand nombre de mosquées et de bains publics. Mandelslo eut la curiosité de voir un de ces bains, et de s'y baigner à la mode du pays. Il le trouva bâti à la persane, avec une voûte plate, et divisé en plusieurs appartemens de forme à demi ronde, fort étroits à l'entrée, larges au fond, chacun ayant sa porte particulière, et deux cuves en pierre de taille, dans lesquelles on fait entrer l'eau par des robinets de cuivre, au degré de chaleur qu'on désire. Après avoir pris le bain, on le fit asseoir sur une pierre de sept à huit pieds de long, et large de quatre, où le baigneur lui frotta le corps avec un gantelet de crin. Il voulait aussi lui frotter la plante des pieds avec une poignée de sable; mais voyant qu'il avait peine à supporter cette opération, il lui demanda s'il était chrétien; et lorsqu'il eut appris qu'il l'était, il lui donna le gantelet, en le priant de se frotter lui-même les pieds, quoiqu'il ne fît pas difficulté de lui frotter le reste du corps. Un homme de petite taille, qui parut ensuite, le fit coucher sur la même pierre, et, s'étant mis à genoux sur ses reins, il lui frotta le dos avec les mains, depuis l'épine jusqu'au côté, en l'assurant que le bain lui servirait peu, s'il ne souffrait qu'on fît couler ainsi dans les autres membres le sang qui pourrait se corrompre dans cette partie du corps.

Mandelslo ne vit rien de plus curieux aux environs de Lahor qu'un des jardins de l'empereur, qui en est à deux jours de chemin; mais dans ce voyage qu'il fit par amusement, il prit plaisir aux différentes montures dont on le fit changer successivement. On lui donna d'abord un chameau, ensuite un éléphant, et puis un bœuf, qui, trottant furieusement, et levant les pieds jusqu'aux étriers, lui faisait faire six bonnes lieues en quatre heures.

Le séjour de Lahor lui plaisait beaucoup mais il reçut des lettres d'Agra, par lesquelles on le pressait de retourner à Surate, s'il voulait profiter du départ de quelques vaisseaux anglais, sur lesquels le président, qui avait achevé le temps ordinaire de son emploi, devait s'embarquer pour retourner en Angleterre. Il ne balança point à se mettre dans la compagnie de quelques marchands mogols qui partaient pour Amedabad. En arrivant dans cette ville, il y trouva des lettres du président, qui l'invitait à profiter d'une forte caravane, que le gouverneur d'Amedabad avait ordre de former le plus promptement qu'il serait possible pour se rendre à Surate avant sa démission, et pour assister à la fête qui devait accompagner cette cérémonie. Pendant qu'on préparait la caravane, il eut le spectacle d'un feu d'artifice à l'indienne; toutes les fenêtres du méidan étaient bordées de lampes, devant lesquelles on avait placé des flacons de verre remplis d'eau de plusieurs couleurs. Cette illumination lui parut charmante: on alluma le feu, qui consistait en fusées de différentes formes; quantité de lampes suspendues à des roues paraissaient immobiles, quoique les roues tournassent incessamment avec beaucoup de vitesse.

Aussitôt que la caravane fut assemblée, Mandelslo se mit en chemin avec le directeur d'Amedabad, et trois autres Anglais qui devaient assister aussi à la fête de Surate. Ils prirent le devant sous l'escorte de vingt pions, après avoir laissé ordre à la caravane de faire toute la diligence possible pour les suivre. Ils emmenaient quatre charrettes et quelques chevaux. Les pions, qui portaient leurs armes et leurs étendards, suivaient à pied le train des voitures. Mandelslo fait observer qu'aux Indes il n'y a point de personne un peu distinguée qui ne fasse porter devant soi une espèce d'étendard, qui sert, dit-il, comme de bannière.

Le premier jour ils traversèrent la rivière de Vasset, d'où ils allèrent passer la nuit dans le fort de Saselpour. Pansfeld, facteur anglais de Brodra, qui vint au-devant d'eux jusqu'à ce fort, les traita le lendemain fort magnifiquement dans le lieu de sa résidence. Ils en partirent vers le soir pour se loger la nuit suivante dans un grand jardin; et le jour d'après, continuant heureusement leur voyage, ils allèrent camper proche d'une citerne nommée Sambor. Les habitans du pays, qui virent arriver en même temps une caravane hollandaise de deux cents charrettes, craignirent que toute leur eau ne fût consommée par un si grand nombre d'étrangers. Ils en défendirent l'approche aux Anglais, qui étaient arrivés les premiers, ce qui obligea le directeur de faire avancer quinze pions, avec ordre d'employer la force; mais, en approchant de la citerne, ils la trouvèrent gardée par trente paysans bien armés qui se présentèrent avec beaucoup de résolution. Les pions couchèrent en joue et tirèrent l'épée. Cette vigueur étonna les paysans, et leur fit prendre le parti de se retirer; mais, pendant que le directeur faisait puiser de l'eau, ils tirèrent quelques flèches et trois coups de mousquet, qui blessèrent cinq de ses gens. Alors les pions, faisant feu sans ménagement, tuèrent trois de leurs ennemis, dont Mandelslo vit emporter les corps dans le village. Une action si vive aurait eu des suites plus sanglantes, si l'arrivée de la caravane hollandaise n'avait achevé de contenir les Indiens.

Cependant ce n'était que le prélude d'une aventure plus dangereuse. Pendant que les Anglais étaient tranquillement à souper, un marchand hollandais vint leur donner avis qu'on avait vu sur le chemin deux cents rasbouts qui avaient fait plusieurs vols depuis quelques jours, et que le jour précédent ils avaient tué six hommes à peu de distance de Sambor. La caravane hollandaise ne laissa pas de décamper à minuit. «Nous la suivîmes, raconte Mandelslo; mais, comme elle marchait plus lentement que nous, nous ne fûmes pas long-temps à la passer. Le matin nous découvrîmes un *holacueur*, c'est-à-dire un de ces trompettes qui marchent ordinairement à la tête des caravanes en sonnant d'un instrument de cuivre beaucoup plus long que nos trompettes. Dès qu'il nous eut aperçus, il se jeta dans une forêt voisine, où il se mit à sonner de toute sa force, ce qui nous fit prévoir que nous aurions bientôt les rasbouts sur les bras. En effet, nous vîmes sortir des deux côtés de la forêt un grand nombre de ces brigands armés de piques, de rondaches, d'arcs et de flèches, mais sans armes à feu. Nous avions eu la précaution de charger les nôtres, qui ne consistaient qu'en quatre fusils et trois paires de pistolets. Le directeur et moi nous montâmes à cheval, et nous donnâmes les fusils aux marchands qui étaient dans les voitures, avec ordre de ne tirer qu'à bout portant. Nos armes étaient chargées à cartouches, et les rasbouts marchaient si serrés, que de la première décharge nous en vîmes tomber trois. Ils nous tirèrent quelques flèches, dont ils nous blessèrent un bœuf et deux pions. J'en reçus une dans le pommeau de ma selle, et le directeur eut un coup dans son turban. Aussitôt que la caravane hollandaise entendit tirer, elle se hâta de nous envoyer dix de ses pions; mais, avant qu'ils fussent en état de nous secourir, le danger devint fort grand pour ma vie. Je me vis attaqué de toutes parts, et je reçus deux coups de pique dans mon collet de buffle, qui me sauva heureusement la vie. Deux rasbouts prirent mon cheval par la bride, et se disposaient à m'emmener prisonnier; mais je mis l'un hors de combat d'un coup de pistolet que je lui donnai dans l'épaule; et le directeur anglais, qui vint à mon secours, me dégagea de l'autre. Cependant les pions des Hollandais approchèrent, et toute la caravane étant arrivée presqu'en même temps, les rasbouts se retirèrent dans la forêt, laissant six hommes morts sur le champ de bataille, et n'ayant pas peu de peine à traîner leurs blessés. Nous perdîmes deux pions, et nous en eûmes huit blessés, sans compter le directeur anglais, qui le fut légèrement. Cette leçon nous fit marcher en bon ordre avec la caravane, dans l'opinion que nos ennemis reviendraient en plus grand nombre; mais ils ne reparurent point, et nous arrivâmes vers midi à Broitschia, d'où nous partîmes à quatre heures pour traverser la rivière, et pour faire encore cinq cosses jusqu'au village d'Enclasser. Le lendemain 26 décembre, nous arrivâmes à Surate.»

Avant de quitter Surate, Mandelslo fait observer que le grand-mogol qui régnait de son temps était Schah-Khoram, second fils de Djehan-Guir, et qu'il avait usurpé la couronne sur le prince Pelaghi son neveu, que les ambassadeurs du duc de Holstein avaient trouvé à Casbin en arrivant en Perse. L'âge de Khoram était alors d'environ soixante ans; il avait quatre fils, dont l'aîné, âgé de vingt-cinq ans, n'était pas celui pour lequel il avait le plus d'affection. Son dessein était de nommer le plus jeune pour son successeur au trône de l'Indoustan, et de laisser quelques provinces aux trois aînés. Les commencemens de son règne avaient été cruels et sanglans; et quoique le temps eût apporté beaucoup de changement à son naturel, il laissait voir encore des restes de férocité dans les exécutions des criminels, qu'il faisait écorcher vifs ou déchirer par les bêtes. Il aimait d'ailleurs les festins, la musique et la danse, surtout celle des femmes publiques, qu'il faisait souvent danser nues devant lui, et dont les postures l'amusaient beaucoup. Son affection s'était particulièrement déclarée pour un radja, célèbre par son courage et par les agrémens de sa conversation. «Un jour que ce seigneur ne parut point à la cour, l'empereur demanda pourquoi il ne le voyait point; et quelqu'un répondant qu'il avait pris médecine, il lui envoya une troupe de danseuses, auxquelles il donna ordre de faire leurs ordures en sa présence. Le radja, qui fut averti de leur arrivée, s'imagina qu'elles étaient venues pour le divertir; mais, apprenant l'ordre du souverain, et jugeant que ce monarque devait être dans un moment de bonne humeur, il ne fit pas difficulté d'y répondre par une autre raillerie. Après avoir demandé aux danseuses ce que l'empereur leur avait ordonné, il voulut savoir si leurs ordres n'allaient pas plus loin. Lorsqu'il fut assuré par leurs propres bouches qu'elles n'en avaient pas reçu d'autre, il leur dit qu'elles pouvaient exécuter ponctuellement les volontés de leur maître commun, mais qu'elles se gardassent bien d'en faire davantage, parce que, s'il leur arrivait d'uriner en faisant leurs ordures, il était résolu de les fouetter jusqu'au sang. Toutes ces femmes se trouvèrent si peu disposées à risquer le danger, qu'elles retournèrent sur-le-champ au palais pour rendre compte de leur aventure au Mogol; et, loin de s'en offenser, l'adresse du radja lui plut beaucoup.» Je ne crois pas qu'on trouve ces plaisanteries impériales de bien bon goût; mais ce qui suit est exécrable.

Son principal amusement était de voir combattre des lions, des taureaux, des éléphans, des tigres, des léopards et d'autres bêtes féroces; il faisait quelquefois entrer des hommes en lice contre ces animaux; mais il voulait que le combat fût volontaire; et ceux qui en sortaient heureusement étaient sûrs d'une récompense proportionnée à leur courage. Mandelslo fut témoin d'un spectacle de cette nature, qu'il donna le jour de la naissance d'un de ses fils, dans un caravansérail voisin de la ville, où il faisait nourrir toutes sortes de bêtes. Ce bâtiment était accompagné d'un grand jardin fermé de murs, par-dessus lesquels il fut permis au peuple de se procurer la vue de cette lutte barbare.

«Premièrement, dit Mandelslo, on fit combattre un taureau sauvage contre un lion, ensuite un lion contre un tigre. Le lion n'eut pas plus tôt aperçu le tigre, qu'il alla droit à lui; et, le choquant de toutes ses forces, il le renversa; mais il parut comme étourdi du choc, et toute l'assemblée se figura que le tigre n'aurait pas de peine à le vaincre. Cependant il se remit aussitôt, et prit le tigre à la gorge avec tant de fureur; qu'on crut la victoire certaine. Le tigre ne laissa pas de se dégager, et le combat recommença plus furieusement encore, jusqu'à ce que la lassitude les séparât. Ils étaient tous deux fort blessés; mais leurs plaies n'étaient pas mortelles.

»Après cette ouverture, Allamerdy-Khan, gouverneur de Chisemer, s'avança vers le peuple, et déclara au nom de l'empereur que, si parmi ses sujets il se trouvait quelqu'un qui eût assez de cœur pour affronter une des bêtes, celui qui donnerait cette preuve de courage et d'adresse obtiendrait pour récompense la dignité de khan et les bonnes grâces de son maître. Trois Mogols s'étant offerts, Allamerdy-Khan ajouta que l'intention de sa majesté était que le combat se fît avec le cimeterre et la rondache seuls, et qu'il fallait même renoncer à la cotte de mailles, parce que l'empereur voulait que les avantages fussent égaux.

»On lâcha aussitôt un lion furieux, qui, voyant entrer son adversaire, courut droit à lui. Le Mogol se défendit vaillamment; mais enfin, ne pouvant plus soutenir le choc de l'animal, qui pesait principalement sur son bras gauche, pour lui arracher la rondache de la pate droite, tandis que de sa pate gauche il tâchait de se saisir du bras droit de son ennemi, dans la vue apparemment de lui sauter à la gorge, ce brave combattant, baissant un peu sa rondache, tira de la main gauche un poignard qu'il avait caché dans sa ceinture et l'enfonça si loin dans la gueule du lion, qu'il le força de lâcher prise. Alors, se hâtant de le poursuivre, il l'abattit d'un coup de cimeterre qu'il lui donna sur le mufle; et bientôt il acheva de le tuer et de le couper en pièces.

»La victoire fut aussitôt célébrée par de grandes acclamations du peuple; mais, le bruit ayant cessé, il reçut ordre de s'approcher de l'empereur, qui lui dit avec un sourire amer: «J'avoue que tu es un homme de courage, et que tu as vaillamment combattu; mais ne t'avais-je pas défendu de combattre avec avantage? et ne t'avais-je pas réglé les armes? Cependant tu as mis la ruse en œuvre, et tu n'as pas combattu mon lion en homme d'honneur; tu l'as surpris avec des armes défendues, et tu l'as tué en assassin.» Là-dessus, il ordonna à deux de ses gardes de descendre dans le jardin et de lui fendre le ventre. Cette courte sentence fut exécutée sur-le-champ, et le corps fut mis sur un éléphant pour être promené par la ville, et pour servir d'exemple.

»Le second Mogol qui entra sur la scène, marcha fièrement vers le tigre qu'on avait lâché contre lui. Sa contenance aurait fait juger qu'il était sûr de la victoire; mais le tigre lui sauta si légèrement à la gorge, que, l'ayant tué tout d'un coup, il déchira son corps en pièces.

»Le troisième, loin de paraître effrayé du malheureux sort des deux autres, entra gaiement dans le jardin, et marcha droit au tigre. Ce furieux animal, encore échauffé du premier combat, se précipita au-devant de lui; mais il fut abattu d'un coup de sabre qui lui coupa les deux pates de devant; et, dans cet état, l'Indien n'eut pas de peine à le tuer.

»L'empereur fit demander aussitôt le nom d'un si brave homme: il se nommait *Gheily.* En même temps on vit arriver un gentilhomme qui lui présenta une veste de brocart, et qui lui dit: «Gheily, prends cette veste de mes mains comme une marque de l'estime de ton empereur, qui t'en fait assurer par ma bouche.» Gheily fit trois profondes révérences, porta la veste à ses yeux et à son estomac; et, la tenant en l'air, après avoir fait intérieurement une courte prière, il dit à voix haute: «Je prie Dieu qu'il rende la gloire de Schah-Djehan égale à celle de Tamerlan dont il est sorti; qu'il fasse prospérer ses armes; qu'il augmente ses richesses; qu'il le fasse vivre sept cents ans, et qu'il affermisse éternellement sa maison.» Deux eunuques vinrent le prendre à la vue du peuple, et le conduisirent jusqu'au trône, où deux khans le reçurent de leurs mains pour le présenter à l'empereur. Ce prince lui dit: «Il faut avouer, Gheily-Khan, que ton action est extrêmement glorieuse: je te donne la qualité de khan que tu posséderas à jamais. Je veux être ton ami, et tu seras mon serviteur.»

Mandelslo partit de Surate le 5 janvier, sur *la Marie,* vaisseau de la flotte anglaise, qui portait Méthold et quelques autres marchands de considération que leurs affaires appelaient à Visapour.

On entre dans cet état après avoir passé la rivière de Madre de Dios, qui sépare l'île de Goa du continent. Avant d'arriver à la capitale, on passe par deux autres villes, nommées Nouraspour et Sirrapour, qui lui servent comme de faubourgs, et dont la première était autrefois la résidence ordinaire des rois du Décan. Elle est tombée en ruine, et l'on achevait de la détruire pour employer les matériaux du palais et des hôtels aux nouveaux édifices de Visapour.

La capitale du Décan est une des plus grandes villes de l'Asie. On lui donne plus de cinq lieues de tour. Sa situation est dans la province de Concan, sur la rivière de Mandova, à quarante lieues de Daboul et soixante de Goa. Ses murailles sont d'une hauteur extraordinaire et de belles pierres de taille. Elles sont environnées d'un grand fossé et défendues par plusieurs batteries, où l'on compte plus de mille pièces de canon de toutes sortes de calibre, de fer et de fonte.

Le palais du roi forme le centre de la ville, dont il ne laisse pas d'être séparé par une double muraille et un double fossé. Cette enceinte a plus de trois mille cinq cents pas de circuit. Le gouverneur était alors un Italien, natif de Rome, qui avait pris le turban avec le nom de Mahmoud Rikhan. Son commandement s'étendait aussi sur la ville, et sur cinq mille hommes dont la garnison était composée, outre deux mille qui faisaient la garde du château.

La ville a cinq grands faubourgs, qui sont habités par les principaux marchands, surtout celui de Champour, où la plupart des joailliers ont leurs maisons et leurs boutiques. La religion des habitans est partagée entre le mahométisme, le culte des banians et l'idolâtrie.

Après avoir terminé les affaires de la compagnie à Visapour, d'autres intérêts apparemment conduisirent Méthold à Daboul, où Mandelslo ne perdit pas l'occasion de l'accompagner. Daboul est située sur la rivière d'Halevako, à 17 degrés 45 minutes nord: c'est une des anciennes villes du Décan; mais aujourd'hui elle est sans portes et sans murailles.

Le principal commerce de Daboul est celui du sel, qu'on y apporte d'Oranouhammara, et celui du poivre, que les habitans transportaient autrefois dans le golfe Persique et dans la mer Rouge. Ils y envoyaient alors un grand nombre de vaisseaux; mais ils sont tombés de cet état florissant dans un état de décadence qui ne leur permet pas, suivant Mandelslo, d'envoyer chaque année plus de trois ou quatre bâtimens à Bender-Abassy. Les droits que les marchandises paient dans ce port sont de trois et demi pour cent.

 En général, les habitans du royaume que l'auteur nomme les Décanins, ont beaucoup de ressemblance dans leurs manières, dans leurs mariages, dans leurs enterremens, leurs purifications et leurs autres usages, avec les banians du royaume de Guzarate. Mandelslo néanmoins observa quelques différences. Les maisons des banians décanins sont composées de paille; et les portes en sont si basses et si étroites, qu'on n'y peut entrer qu'en se courbant. On y voit pour tous meubles une natte sur laquelle ils couchent, et une fosse dans la terre, où ils battent le riz. Leurs habits ressemblent à ceux des autres banians; mais leurs souliers, qu'ils nomment *alparcas*, sont de bois; et leur usage est de les attacher sur le coude-pied avec des courroies. Leurs enfans vont nus jusqu'à l'âge de sept à huit ans: la plupart sont orfévres ou travaillent en cuivre. Cependant ils ont des médecins, des barbiers, des charpentiers et des maçons qui s'emploient au service du public, sans distinguer les religions. Leurs armes sont à peu près les mêmes que celles des

Mogols; et Mandelslo remarqua, comme dans l'Indoustan, qu'elles sont moins bonnes que celles de Turquie et d'Europe.

Leur principal commerce est en poivre, qui se transporte par mer en Perse, à Surate, et même en Europe. L'abondance de leurs vivres les met en état d'en fournir toutes les contrées voisines. Ils font quantité de toiles qu'on transporte aussi par mer; ce qui n'empêche pas le commerce de terre avec les Mogols et les peuples de Golconde et de la côte de Coromandel, auxquels ils portent des toiles de coton et des étoffes de soie.

On trouve à Visapour un grand nombre de joailliers et quantité de perles; mais ce n'est pas dans cette ville ni dans ce pays qu'il faut chercher le bon marché, puisque les perles y viennent d'ailleurs. Il se fait beaucoup de laque dans les montagnes des Gâtes, quoique moins bonne que celle de Guzarate. Les Portugais font un grand commerce dans le Décan, surtout avec les marchands de Ditcauly et de Banda. Ils achètent d'eux le poivre à sept ou huit piastres le quintal, et leur donnent en paiement des étoffes ou de la quincaillerie d'Europe. On distingue par le nom de *vénesars* une race de marchands décanins qui achètent le riz et le blé pour l'aller revendre dans l'Indoustan et dans les autres pays voisins, en caffilas ou caravanes de cinq, six et quelquefois neuf à dix mille bêtes de charge. Ils emmènent leurs familles entières, surtout leurs femmes, qui, maniant l'arc et les flèches avec autant d'habileté que les hommes, se rendent si redoutables aux brigands, que jamais ils n'ont osé les attaquer.

Le roi de Décan ou de Concan, ou de Visapour (car il porte ces trois noms), est devenu tributaire du grand-mogol, par des révolutions dont on a déjà rapporté l'origine. Il conserve néanmoins assez de force pour mettre en campagne une armée de deux cent mille hommes, avec lesquels il se rend quelquefois redoutable à la cour d'Agra, quoiqu'elle possède plusieurs villes dans les états de ce prince, telles que Chaul, Kerbi et Doltabad. On lit dans les historiens portugais qu'Adelkhan-Schah, bisaïeul d'Idal-Schah, qui régnait du temps de Mandelslo, prit deux fois, en 1586, la ville de Goa sur leur nation: mais que, se trouvant ruiné par cette guerre, il convint avec eux de leur céder la propriété du pays de Salsette avec soixante-sept villages, de celui de Bardes avec douze villages, et de celui de Tisouary avec trente villages; à condition, d'un côté, que les peuples de son royaume jouiraient de la liberté du commerce dans toutes les Indes, et que, de l'autre, ils seraient obligés de vendre tout leur poivre aux marchands de Goa. Ce traité ne fut pas exécuté si fidèlement qu'il ne s'élevât quelquefois des différens considérables entre les deux nations. Quelques années avant l'arrivée de Mandelslo aux Indes, les Portugais, avertis que trois ou quatre vaisseaux du roi de Décan étaient partis chargés de poivre pour Moka et pour la Perse, mirent en mer quatre frégates, qui ne firent pas difficulté de les attaquer. Le combat fut sanglant, et les Portugais y perdirent un de leurs principaux officiers. Cependant la victoire s'étant déclarée pour eux, ils se saisirent des quatre vaisseaux, et les menèrent à Goa, où de sang-froid ils tuèrent tous les Indiens qui restaient à bord. Le roi de Décan feignit d'ignorer cet outrage; mais on ne doutait point, à l'arrivée de Mandelslo que, sous le voile de la dissimulation, il ne prît du temps pour disposer ses forces, et qu'il ne déclarât la guerre à la ville de Goa.

L'Inde n'a pas de prince qui soit plus riche en artillerie. On croira, si l'on veut, sur le témoignage de Mandelslo, qu'entre plusieurs pièces extraordinaires, «il en avait une de fonte qui tirait près de huit cents livres de balles, avec cinq cent quarante livres de poudre fine; et qu'en ayant fait usage au siége du château de Salpour, le premier coup qu'il fit tirer contre cette forteresse abattit quarante-cinq pieds de mur. Le fondeur était un Italien, natif de Rome, et le plus méchant de tous les hommes, qui avait eu l'inhumanité de tuer son propre fils pour consacrer par son sang cette monstrueuse pièce; ensuite il fit jeter dans la fournaise de sa fonte un trésorier de la cour qui voulait lui faire rendre compte de la dépense.»

CHAPITRE VII

Voyage de l'ambassadeur anglais Thomas Rhoé dans l'Indoustan.

Avant d'entrer dans la description générale de l'Indoustan, nous trouverons dans les voyages de l'Anglais Rhoé, et dans ceux de Taverpagne dont nous parlerons après, quantité de détails très-curieux mêlés à leurs aventures particulières.

Rhoé fut envoyé au Mogol en 1615, avec la qualité d'ambassadeur du roi d'Angleterre, mais aux frais de la compagnie des Indes orientales, dont le commerce était déjà florissant. La flotte anglaise qui portait Rhoé ayant jeté l'ancre au port de Surate le 26 septembre, il ne s'arrêta dans la ville que pour donner le temps au capitaine Harris, qui fut nommé pour l'escorter, de rassembler cent mousquetaires dont l'escorte devait être composée. On se mit en marche. Rhoé fit peu d'observations dans une route de deux cent vingt-trois milles qu'il compte à l'est de Surate jusqu'à Brampour.

Sultan Pervis, troisième fils de l'empereur Djehan Ghir, résidait à Serralia avec la qualité de lieutenant général de son père. Le 18 octobre, Rhoé se fit conduire au palais du prince, non-seulement pour observer tous les usages de la cour, mais dans la vue d'obtenir, à la faveur de quelques présens, la liberté d'y établir un comptoir. En arrivant à l'audience, il trouva cent cavaliers qui attendaient le prince, et qui formaient une haie des deux côtés de l'entrée du palais. Le prince était dans la seconde cour, sous un dais, avec un riche tapis sous ses pieds, dans un équipage magnifique, mais barbare. Rhoé, qui s'avançait vers lui au travers du peuple, fut arrêté par un officier qui l'avertit de baisser la tête jusqu'à terre. Il répondit que sa condition le dispensait de cet hommage servile, et continua de marcher jusqu'à la balustrade, où il trouva les principaux seigneurs de la ville prosternés comme autant d'esclaves. Son embarras était sur la place qu'il y devait prendre; et dans cette incertitude, il se présenta droit devant le trône. Un secrétaire, qui était assis sur les degrés de la seconde estrade, lui demanda ce qu'il désirait. «Je lui exposai, dit Rhoé, que le roi d'Angleterre m'envoyant pour ambassadeur auprès de l'empereur son père, et me trouvant dans une ville où le prince tenait sa cour, je m'étais cru obligé de lui faire la révérence. Alors le prince, s'adressant lui-même à moi, me dit qu'il était fort satisfait de me voir; il me fit diverses questions sur le roi mon maître, et mes réponses furent écoutées avec plaisir. Mais, comme j'étais toujours au bas des degrés, je demandai la permission de monter pour entretenir le prince de plus près: il me répondit lui-même que le roi de Perse et le grand-turc n'obtiendraient pas ce que je désirais. Je répliquai que ma demande méritait quelque excuse, parce que je m'étais figuré que pour de si grands monarques il aurait pris la peine d'aller jusqu'à la porte, et qu'enfin je ne prétendais pas d'autres traitemens que ceux qu'il faisait à leurs ambassadeurs. Il m'assura que j'étais traité sur le même pied, et que je le serais dans toutes les occasions. Je demandai du moins une chaise; on me répondit que jamais personne ne s'était assis dans ce lieu; et l'on m'offrit, comme une grâce particulière, la liberté de m'appuyer contre une colonne couverte de plaques d'argent, qui soutenait le dais. Je demandai la permission d'établir un magasin dans la ville, et d'y laisser des facteurs: elle me fut accordée; et le prince donna ordre que les patentes fussent dressées sur-le-champ.»

En quittant la ville de Serralia, il passa la nuit du 6 décembre dans un bois qui n'est pas fort éloigné du fameux château de Mandoa. Cette forteresse est située sur une montagne fort escarpée, et ceinte d'un mur dont le circuit n'a pas moins de sept lieues; elle est belle et d'une grandeur étonnante. Cinq cosses plus loin, on lui fit observer sur une montagne l'ancienne ville de Chitor, dont la grandeur éclate encore dans ses ruines; on y voit les restes de quantité de superbes temples, de plusieurs belles tours, d'un grand nombre de colonnes, et d'une multitude infinie de maisons, sans qu'il s'y trouve un seul habitant. Rhoé fut étonné de ne découvrir qu'un endroit par lequel on puisse y monter; encore n'est-ce qu'un précipice. On passe quatre portes sur le penchant de la montagne avant d'arriver à cette ville, qui est magnifique. Le sommet de la montagne n'a pas moins de huit cosses de circuit, et vers le sud-ouest on y découvre un vieux château assez bien conservé. Cette ville est dans les états du prince Ranna, qui s'était soumis depuis peu au Mogol, ou plutôt qui avait reçu de l'argent de lui pour prendre la qualité de son tributaire. C'était Akbar, père du Mogol régnant, qui avait fait cette conquête. Ranna descendait, dit-on, en ligne directe du fameux Porus, qui fut vaincu par Alexandre-le-Grand. Rhoé est persuadé que la ville de Chitor était anciennement la résidence de Porus, quoique Delhy, qui est beaucoup plus avancée vers le nord, ait été la capitale de ses états; Delhy même n'est maintenant fameuse que par ses ruines: on voit proche de la ville une colonne dressée par Alexandre, avec une longue inscription. Le Mogol régnant et ses ancêtres, descendus de Tamerlan, avaient ruiné toutes les villes anciennes, avec défense de les rebâtir, dans la vue apparemment d'abolir la mémoire de tout ce qu'il y avait eu de plus grand et de plus ancien que la puissance de leur maison.

Le 25, Rhoé arriva heureusement à Asmère, où l'on compte de Brampour deux cent neuf cosses, qui font quatre cent dix-huit milles d'Angleterre, et le 10 janvier il entra dans les murs de cette ville impériale.

L'impatience d'exécuter les ordres de sa compagnie le fit aller dès le jour suivant au dorbar, c'est-à-dire au lieu où le Mogol donnait ses audiences et ses ordres pour le gouvernement de l'état. L'entrée des appartemens du palais n'était ouverte qu'aux eunuques, et sa garde intérieure était composée de femmes chargées de toutes sortes d'armes. Chaque jour au matin, ce monarque se présentait à une fenêtre tournée vers l'orient, qui se nommait le djarnéo, et dont la vue donnait sur une grande place: c'était là que s'assemblait tout le peuple pour le voir. Il y retournait vers midi, et quelquefois il y était retenu assez long-temps par le spectacle des combats d'éléphans et de diverses bêtes sauvages. Les seigneurs de sa cour étaient au-dessous de lui sur un échafaud. Après cet amusement, il se retirait dans l'appartement de ses femmes; mais c'était pour retourner encore au dorbar ou au djarnéo, sur les huit heures du soir: il soupait ensuite; en sortant de table, il descendait au gouzalkan, grande cour au milieu de laquelle il s'était fait élever un trône de pierres de taille, sur lequel il se plaçait lorsqu'il n'aimait pas mieux s'asseoir sur une simple chaise qui était à côté du trône. On ne recevait dans cette cour que les premiers seigneurs de l'empire, qui ne doivent pas même s'y présenter sans être appelés. On n'y parlait point d'affaires d'état, parce qu'elles ne se traitaient qu'au dorbar ou au djarnéo. Les résolutions les plus importantes se prenaient en public et s'enregistraient de même: pour un teston, chacun avait la liberté de voir le registre. Ainsi le peuple était aussi bien informé des affaires que les ministres, et jouissait du droit d'en porter son jugement. Cet ordre et cette méthode s'exécutaient si régulièrement, que l'empereur ne manquait pas de se trouver aux mêmes heures dans les lieux où il devait paraître, à moins qu'il ne fût ivre ou malade; et, dans cette supposition, il s'était assujetti à le faire savoir au public: ses sujets étaient ses esclaves; mais il s'était imposé si solennellement toutes ces lois, que, s'il avait manqué un jour à se faire voir sans rendre raison de ce changement, le peuple se serait soulevé.

Rhoé fut conduit au dorbar. À l'entrée de la première balustrade, deux officiers vinrent au-devant de lui pour le recevoir. Il avait demandé qu'il lui fût permis de rendre ses premières soumissions à la manière de son pays, et cette faveur lui avait été promise. En entrant dans la première balustrade il fit une révérence; il en fit une autre dans la seconde, et une troisième lorsqu'il se trouva dans le lieu qui était au-dessous de l'empereur. Ce prince était assis dans une espèce de petite galerie ou de balcon élevé au-dessus du rez-de-chaussée de la cour. Les ambassadeurs, les grands du pays et les étrangers de quelque distinction étaient admis dans l'enceinte d'une balustrade qui était au-dessous de lui, et dont le plan était un peu plus haut que le rez-de-chaussée. Tout l'espace qu'elle renfermait était tendu de grandes pièces de velours, et le plancher couvert de riches tapis. Les personnes de condition médiocre étaient dans la seconde balustrade. Jamais le peuple n'entre dans cette cour; il s'arrête dans une autre plus basse, mais disposée de manière que tout le monde peut voir l'empereur. Ce lieu a beaucoup de ressemblance avec la perspective générale d'un théâtre, où les principaux seigneurs seraient placés comme les acteurs sur la scène, et le peuple plus bas, comme dans le parterre.

L'empereur prévint l'interprète des Anglais; il félicita Rhoé du succès de son voyage, et dans toute la suite du discours il traita le roi d'Angleterre de frère et d'allié. Rhoé lui présenta ses lettres traduites dans la langue du pays; sa commission, qui fut examinée soigneusement; enfin ses présens, dont le monarque parut fort satisfait. Ce prince lui fit diverses questions; il lui témoigna de l'inquiétude pour sa santé qui n'était qu'imparfaitement rétablie; il lui offrit même ses médecins, en lui conseillant de ne pas prendre l'air jusqu'au retour de ses forces. Jamais il n'avait traité d'ambassadeur avec tant de marques d'affection, sans excepter ceux de la Perse et de la Turquie.

Rhoé ne laissa pas d'essuyer beaucoup de difficultés dans les demandes qu'il faisait pour les intérêts du commerce de la compagnie anglaise. Il trouvait en son chemin la faction des Portugais soutenue par Azaph-Khan, l'un des principaux officiers de la cour, et il n'aurait rien obtenu, sans une circonstance particulière qu'il faut rapporter dans ses propres termes:

«Le 6 août je reçus ordre, dit-il, de me rendre au dorbar ou à la salle d'audience. Quelques jours auparavant j'avais fait présent au Mogol d'une peinture, et je l'avais assuré qu'il n'y avait personne aux Indes qui fût capable d'en faire une aussi belle. Aussitôt que je parus: «Que donneriez-vous, dit-il, au peintre qui aurait fait une copie de votre tableau, si ressemblante, que vous ne la puissiez pas distinguer de l'original?». Je lui répondis que je donnerais volontiers vingt pistoles. «Il est gentilhomme, répondit l'empereur; vous lui promettez trop peu.» Je donnerai mon tableau de bon cœur, dis-je alors, quoique je l'estime très-rare; mais je ne prétends pas faire de gageure; car si votre peintre a si bien réussi, et s'il n'est pas content de ce que je lui promets, votre majesté a de quoi le récompenser. Après quelques discours sur les arts qui s'exécutent aux Indes, il m'ordonna de me rendre le soir au gouzalkan, où il me montrerait ses peintures.

«Vers le soir il me fit appeler par un nouvel ordre, dans l'impatience de triompher de l'excellence de son peintre. On me fit voir six tableaux entre lesquels était mon original; ils étaient sur une table, et si semblables en effet, qu'à la lumière des chandelles j'eus à la vérité quelque embarras à distinguer le mien; je confesse que j'avais été fort éloigné de m'y attendre. Je ne laissai pas de montrer l'original, et de faire remarquer les différences qui devaient frapper les connaisseurs. L'empereur ne fut pas moins satisfait de m'avoir vu quelques momens dans le doute; je lui donnai tout le plaisir de sa victoire en louant l'excellence de son peintre. «Hé bien! qu'en dites-vous?» reprit-il. Je répondis que sa majesté n'avait pas besoin qu'on lui envoyât des peintres d'Angleterre. «Que donnerez-vous au peintre?» me demanda-t-il. Je lui répondis que, puisque son peintre avait surpassé de si loin mon attente, je lui donnerais le double de ce que j'avais promis, et que, s'il venait chez moi, je lui ferais présent de cent roupies pour acheter un cheval. L'empereur approuva mes offres; mais, après avoir ajouté que son peintre aimerait mieux toute autre chose que de l'argent, il revint à me demander quel présent je lui ferais. Je lui dis que cela devait dépendre de ma discrétion. Il en demeura d'accord. Cependant il voulut savoir absolument quel présent je ferais. Je lui donnerai, répondis-je, une bonne épée, un pistolet et un tableau. «Enfin, reprit le monarque, vous demeurez d'accord que c'est un bon peintre; faites-le venir chez vous, montrez-lui vos curiosités, et laissez-le choisir ce qu'il voudra. Il vous donnera une de ses copies pour la faire voir en Angleterre et prouver à vos Européens que nous sommes moins ignorans dans cet art qu'ils ne se l'imaginent.» Il me pressa de choisir une des copies; je me hâtai d'obéir: il la prit, l'enveloppa lui-même dans du papier, et la mit dans la boîte qui avait servi à l'original, en marquant sa joie de la victoire qu'il attribuait à son peintre. Je lui montrai alors un petit portrait que j'avais de lui, mais dont la manière était fort au-dessous de celle du peintre qui avait fait les copies, et je lui dis que c'était la cause de mon erreur, parce que, sur le portrait qu'on m'avait donné pour l'ouvrage d'un des meilleurs peintres du pays, j'avais jugé de la capacité des autres. Il me demanda où je l'avais eu. Je lui dis que je l'avais acheté d'un marchand. «Hé, comment, répliqua-t-il, employez-vous de l'argent à ces choses-là? Ne savez-vous pas que j'ai ce qu'il y a de plus parfait en ce genre? et ne vous avais-je pas dit que je vous donnerais tout ce que vous pourriez désirer?» Je lui répondis qu'il ne me convenait point de prendre la liberté de demander, mais que je recevrais comme une grande marque d'honneur tout ce qui me viendrait de sa majesté. «Si vous voulez mon portrait, me dit-il, je vous en donnerai un pour vous et un pour votre roi.» Je l'assurai que, s'il en voulait envoyer un au roi mon maître, je serais fort aise de le porter, et qu'il serait reçu avec beaucoup de satisfaction; mais j'ajoutai que, s'il m'était permis de prendre quelque hardiesse, je prenais celle de lui en demander un pour moi-même, que je garderais toute ma vie, et que je laisserais à ceux de ma maison comme une glorieuse marque des faveurs qu'il m'accordait. «Je crois bien, me dit-il, que votre roi s'en soucie peu; pour vous, je suis persuadé que vous serez bien aise d'en avoir un, et je vous promets que vous l'aurez.» En effet, il donna ordre sur-le-champ qu'on m'en fît un.»

L'empereur, qui était rentré dans son palais après le dorbar, envoya chez Rhoé vers dix heures du soir. On le trouva au lit. Le sujet de ce message était de lui faire demander la communication d'une peinture qu'il regrettait de n'avoir pas encore vue, et la liberté d'en faire tirer des copies pour ses femmes. Rhoé se leva, et se rendit au palais avec sa peinture. Le monarque était assis les jambes croisées sur un petit trône tout couvert de diamans, de perles et de rubis. Il avait devant lui une table d'or massif, et sur cette table cinquante plaques d'or enrichies de pierreries, les unes très-grandes et très-riches, les autres de moindre grandeur, mais toutes couvertes de pierres fines. Les grands étaient autour de lui, dans leur plus éclatante parure. Il ordonna qu'on bût sans se contraindre, et l'on voyait dans la salle quantité de grands flacons remplis de diverses sortes de vins.

«Lorsque je me fus approché de lui, raconte Rhoé, il me demanda des nouvelles de la peinture. Je lui montrai deux portraits, dont il regarda l'un avec étonnement. Il me demanda de qui il était. Je lui dis que c'était le portrait d'une femme de mes amies qui était morte. «Me le voulez-vous donner?» ajouta-t-il. Je répondis que je l'estimais plus que tout ce que je possédais au monde, parce que c'était le portrait d'une personne que j'avais aimée tendrement; mais que, si sa majesté voulait excuser ma passion et la liberté que je prenais, je la prierais volontiers d'accepter l'autre, qui était le portrait d'une dame française, et d'une excellente main. Il me remercia; mais il me dit qu'il n'avait de goût que pour celui qu'il me demandait, et qu'il l'aimait autant que je pouvais l'aimer; ainsi, que, si je lui en faisais présent, il l'estimerait plus que le plus rare joyau de son trésor. Je lui répondis alors que je n'avais rien d'assez cher au monde pour le refuser à sa majesté, lorsqu'elle paraissait le désirer avec tant d'ardeur, et que je regrettais même de ne pouvoir lui donner quelque témoignage plus important de ma passion pour son service. À ces derniers termes, il s'inclina un peu; et la preuve que j'en donnais, me dit-il, ne lui permettait pas d'en douter. Ensuite il me conjura de lui dire de bonne foi dans quel pays du monde était cette belle femme. Je répondis qu'elle était morte. Il ajouta qu'il approuvait beaucoup la tendresse que j'avais pour elle; qu'il ne voulait pas m'ôter ce qui m'était si cher, mais qu'il ferait voir le portrait à ses femmes, qu'il en ferait tirer cinq copies par ses peintres, et que, si je reconnaissais mon original entre ses copies, il promettait de me le rendre. Je protestai que je l'avais donné de bon cœur, et que j'étais fort aise de l'honneur que sa majesté m'avait fait de l'accepter. Il répliqua qu'il ne le prendrait point, qu'il m'en aimait davantage, mais qu'il sentait bien l'injustice qu'il y aurait à m'en priver; qu'il ne l'avait pris que pour en faire tirer des copies; qu'il me le rendrait, et que ses femmes en porteraient les copies sur elles. En effet, pour une miniature, on ne pouvait rien voir de plus achevé. L'autre peinture, qui était à l'huile, ne lui parut pas si belle.

»Il me dit ensuite que ce jour était celui de sa naissance, et que tout l'empire en célébrait la fête; sur quoi il me demanda si je ne voulais pas boire avec lui. Je lui répondis que je me soumettais à ses ordres, et je lui souhaitai de longues et heureuses années, et que la même cérémonie pût être renouvelée dans un siècle. Il voulut savoir quel vin était de mon goût, si je l'aimais naturel ou composé, doux ou violent. Je lui promis de le boire volontiers tel qu'il me le ferait donner, dans l'espérance qu'il ne m'ordonnerait point d'en boire trop, ni de trop fort. Il se fit apporter une coupe d'or pleine de vin mêlé, moitié de vin de grappes, moitié de vin artificiel. Il en but; et, l'ayant fait remplir, il me l'envoya par un de ses officiers, avec cet obligeant message, qu'il me priait d'en boire deux, trois, quatre et cinq fois à sa santé, et d'accepter la coupe comme un présent qu'il en faisait avec joie. Je bus un peu de vin; mais jamais je n'en avais bu de si fort. Il me fit éternuer. L'empereur se mit à rire, et me fit présenter des raisins, des amandes et des citrons coupés par tranches dans un plat d'or, en me priant de boire et manger librement. Je lui fis une révérence européenne pour le remercier de tant de faveurs. Asaph-Khan me pressa de me mettre à genoux et de frapper la tête contre terre; mais sa majesté déclara qu'elle était contente de mes remercîmens. La coupe d'or était enrichie de petites turquoises et de rubis. Le couvercle était de même; mais les émeraudes, les turquoises et les rubis en étaient plus beaux, et la soucoupe n'était pas moins riche. Le poids me parut d'environ un marc et demi d'or.

»Le monarque devint alors de fort belle humeur. Il me dit qu'il m'estimait plus qu'aucun Français qu'il eût jamais connu. Il me demanda si j'avais trouvé bon un sanglier qu'il m'avait envoyé peu de jours auparavant; à quelle sauce je l'avais mangé; quelle boisson je m'étais fait servir à ce repas. Il m'assura que je ne manquerais de rien dans ses états. Ces témoignages de faveur éclatèrent aux yeux de toute la cour. Ensuite il jeta deux grands bassins pleins de rubis à ceux qui étaient assis au-dessous de lui; et vers nous, qui étions plus proches, deux autres bassins d'amandes d'or et d'argent mêlées ensemble, mais creuses et légères. Je ne jugeai point à propos de me jeter dessus, à l'exemple des principaux seigneurs, parce que je remarquai que le prince son fils n'en prit point. Il donna aux musiciens et à d'autres courtisans de riches pièces d'étoffes pour s'en faire des turbans et des ceintures, continuant de boire, et prenant soin lui-même que le vin ne manquât point aux convives. Aussi la joie parut-elle fort animée, et, dans la variété de ses expressions, elle forma un spectacle admirable. Le prince, le roi de Candahar, Asaph-Khan, deux vieillards et moi, nous fûmes les seuls qui évitâmes de nous enivrer. L'empereur, qui ne pouvait plus se soutenir, pencha la tête et s'endormit. Tout le monde se retira.»

L'empereur avait plusieurs fils. Cosronroé, l'aîné, avait été sacrifié à une cabale qui gouvernait la cour, et à la jalousie qu'inspiraient à l'empereur l'amour et l'admiration des peuples pour ce jeune prince. Quoiqu'il aimât son fils, et qu'il l'eût même désigné pour son successeur, il le tenait enfermé dans une prison. Un des malheurs d'un despote est d'avoir à craindre son propre sang; car un despote n'a point d'enfans, il n'a que des esclaves. Le Mogol faisait alors la guerre au roi de Décan. Il avait donné le commandement de ses armées à sultan Coroné, le second de ses fils, qu'un parti puissant voulait porter au trône au préjudice de Cosronroé. Sultan Coroné venait de prendre congé, et était parti dans un carrosse fait à la mode de l'Europe, présent que les Anglais avaient offert au Mogol. Ce monarque voulut visiter le camp où étaient rassemblées ses troupes.

Ses femmes montèrent sur les éléphans qui les attendaient à leur porte. Rhoé compta cinquante éléphans, tous richement équipés, mais particulièrement trois, dont les petites tours étaient couvertes de plaques d'or. Les grilles des fenêtres étaient de même métal. Un dais de drap d'argent couvrait toute la tour. L'empereur descendit par les degrés de la tour avec tant d'acclamation, qu'on n'aurait point entendu le bruit du tonnerre. Rhoé se pressa pour arriver proche de lui au bas des degrés. Un de ses courtisans lui présenta dans un bassin une carpe monstrueuse. Un autre lui offrit dans un plat une matière aussi blanche que de l'amidon. Le monarque y mit le doigt, en toucha la carpe et s'en frotta le front; cérémonie qui passe dans l'Indoustan pour un présage de bonne fortune. Un autre seigneur passa son épée dans les pendans de son baudrier. L'épée et les boucles étaient couvertes de diamans et de rubis; le baudrier de même. Un autre encore lui mit son carquois, avec trente flèches et son arc, dans le même étui que l'ambassadeur de Perse lui avait présenté. Son turban était fort riche. On y voyait paraître des bouts de corne. D'un côté pendait un rubis hors d'œuvre de la grosseur d'une noix, et de l'autre un diamant de la même grosseur. Le milieu offrait une émeraude beaucoup plus grosse, taillée en forme de cœur. Le bourrelet du turban était enrichi d'une chaîne de diamans, de rubis et de grosses perles, qui faisaient plusieurs tours. Son collier était une chaîne de perles trois fois plus grosses que les plus belles que Rhoé eût jamais vues. Au-dessous des coudes il avait un triple bracelet des mêmes perles. Il avait la main nue, avec une bague précieuse à chaque doigt. Ses gants, qui venaient d'Angleterre, étaient passés dans sa ceinture. Son habit était de drap d'or sans manches, et ses brodequins brodés de perles. Il entra dans son carrosse. Un Anglais servait de cocher, aussi richement vêtu que jamais comédien l'ait été, et menant quatre chevaux couverts d'or. C'était la première fois que l'empereur se servait de cette voiture, qui avait été faite à l'imitation du carrosse d'Angleterre, et qui lui ressemblait si fort, que Rhoé n'en reconnut la différence qu'a la housse, qui était d'un velours travaillé avec de l'or qui se fabrique en Perse. Deux eunuques marchèrent aux deux côtés, portant de petites malles d'or enrichies de rubis, et une queue de cheval blanc pour écarter les mouches. Le carrosse était précédé d'un grand nombre de trompettes, de tambours et d'autres instrumens mêlés parmi quantité d'officiers, qui portaient des dais et des parasols, la plupart de drap d'or ou de broderie, éclatans de rubis, de perles et d'émeraudes. Derrière suivaient trois palanquins dont les pieds étaient couverts de plaques d'or, et les bouts des cannes ornés de perles avec une crépine d'or d'un pied de hauteur, aux fils de laquelle on distinguait un grand nombre de perles régulièrement enfilées. Le bord du premier palanquin était revêtu de rubis et d'émeraudes. Un officier portait un marchepied d'or bordé de pierreries. Les deux autres palanquins étaient couverts de drap d'or. Le carrosse que Rhoé avait présenté suivait immédiatement. On y avait fait une nouvelle impériale et de nouveaux ornemens; et l'empereur en avait fait présent à la princesse Nohormal, qui était dedans. Ce carrosse était suivi d'un troisième à la manière du pays, dans lequel était le plus jeune des fils de l'empereur, prince d'environ quinze ans. Quatre-vingts éléphans venaient à la suite. Dans le récit de Rhoé, on ne peut rien imaginer de plus riche que l'équipage de ces animaux: ils brillaient de toutes parts des pierreries dont ils étaient couverts. Chacun avait ses banderoles de drap d'argent. Les principaux seigneurs de la cour suivaient à pied.

L'empereur, passant devant l'édifice où sultan Cosronroé son fils était prisonnier, fit arrêter son carrosse, et donna ordre qu'on lui amenât ce prince. Il parut bientôt avec une épée et un bouclier à la main. Sa barbe lui descendait jusqu'à la ceinture; ce qui est une marque de disgrâce dans ces régions. L'empereur lui commanda de monter sur un de ses éléphans, et de marcher à côté du carrosse. Il obéit avec de grands applaudissemens de toute la cour, à qui le retour d'un prince si cher à la nation fit concevoir de nouvelles espérances. L'empereur lui donna un millier de roupies pour faire des largesses au peuple. Asaph-Khan qui l'avait gardé, et ses autres ennemis paraissaient humiliés de se voir à ses pieds.

Rhoé, ayant pris un cheval pour éviter la presse, arriva aux tentes avant l'empereur. Il trouva dans la route une longue haie d'éléphans qui portaient chacun leur tour. Aux quatre coins de chaque tour on voyait quatre banderoles de taffetas jaune, et devant la tour un fauconneau monté sur son affût. Le canonnier était derrière. Rhoé compta trois cents de ces éléphans armés, et six cents de parade, qui étaient couverts de velours broché d'or, et dont les banderoles étaient dorées. Plusieurs personnes à pied couraient devant l'empereur pour arroser le chemin par lequel il devait passer. On ne permet point d'approcher du carrosse de l'empereur de plus près qu'un quart de mille; et ce fut cette raison qui fit prendre le devant à Rhoé pour attendre la cour à l'entrée du camp. Les tentes n'avaient pas moins de deux milles de circuit. Elles étaient entourées d'une étoffe du pays, rouge en dehors, et peinte en dedans de diverses figures comme nos tapisseries. La forme de toute l'enceinte était celle d'un fort, avec ses boulevarts et ses courtines. Les pieux de chaque tente se terminaient par un gros bouton de cuivre. Rhoé, perçant la foule, voulut entrer dans les tentes impériales; mais cette faveur n'est accordée à personne, et les grands mêmes du pays s'arrêtent à la porte. Cependant quelques roupies qu'il donna secrètement à ceux qui la gardaient lui en firent obtenir l'entrée. L'ambassadeur de Perse, moins heureux ou moins libéral, eut le désagrément d'être refusé.

 Au milieu de la cour de ce palais portatif, on avait dressé un trône de nacre de perle, dont le dais, qui était de brocart d'or, ne paraissait soutenu que par deux piliers. Les bouts ou les chapiteaux de ces piliers étaient d'or massif. Lorsque l'empereur approcha de la porte de sa tente, quelques seigneurs entrèrent dans l'enceinte, et l'ambassadeur de Perse obtint la permission d'y pénétrer avec eux. L'empereur, en entrant, jeta les yeux sur Rhoé; et lui voyant faire la révérence, il s'inclina un peu en portant la main sur sa poitrine. Il fit la même civilité à l'ambassadeur de Perse. Rhoé demeura immédiatement derrière lui, jusqu'à ce qu'il fût monté sur son trône. Aussitôt que tout le monde eut pris sa place, sa majesté demanda de l'eau, se lava les mains et se retira. Ses femmes entrèrent par une autre porte dans l'appartement qui leur était destiné. Rhoé ne vit point le prince de Cosronroé dans l'enceinte des tentes; mais il est vrai qu'elles composaient plus de trente appartemens, dans un desquels il pouvait être entré. Les seigneurs de la cour se retirèrent chacun à leurs tentes, qui étaient de différentes formes et de différentes couleurs, les unes blanches, les autres vertes, mais dressées toutes dans un aussi bel ordre que les appartemens de nos plus belles maisons; ce qui forma pour Rhoé un des plus beaux spectacles qu'il eût jamais vus. Tout le camp paraissait une belle ville. Le bagage et les autres embarras de l'armée n'en défiguraient pas la beauté ni la symétrie. Rhoé n'avait pas de chariot, et ressentait quelque honte de ne pas se montrer avec plus de distinction; mais c'était un mal forcé, dit-il; cinq années de ses appointemens n'auraient pas suffi pour lui faire un équipage qui approchât de celui des moindres seigneurs mogols.

Il admira le même faste dans la tente du prince Coroné, autre fils de l'empereur, protégé par la cabale ennemie de Cosronroé. Son trône était couvert de plaques d'argent, et, dans quelques endroits, de fleurs en relief d'or massif. Le dais était porté sur quatre piliers, aussi couverts d'argent. Son épée, son bouclier, ses arcs, ses flèches et sa lance étaient devant lui sur une table. On montait la garde lorsque Rhoé arriva. Il observa que le prince paraissait fort maître de lui-même, et qu'il composait ses actions avec beaucoup de gravité. On lui remit deux lettres qu'il lut debout avant de monter sur son trône. Il ne laissait apercevoir ni le moindre sourire ni la moindre différence dans la réception qu'il faisait à ceux qui se présentaient à lui. Son air paraissait plein d'une fierté rebutante, et d'un mépris général pour tout ce qui tombait sous ses yeux. Cependant, après qu'il eut lu ses lettres, Rhoé crut découvrir quelque trouble intérieur et quelque espèce de distraction dans son esprit, qui le faisaient répondre peu à propos à ceux qui lui parlaient, et qui l'empêchait même de les entendre, et il attribua cette distraction à l'amour du prince pour une des femmes de son père qu'il avait eu la permission de voir.

Rhoé trouva une autre fois le même prince qui jouait aux cartes avec beaucoup d'attention. Le sujet de sa visite était pour obtenir des chariots et des chameaux, sans lesquels il ne pouvait suivre l'empereur en campagne. Il avait déjà renouvelé plusieurs fois la même demande. Coroné lui fit des excuses du défaut de sa mémoire, et rejeta la faute sur ses officiers. Cependant il lui témoigna plus de civilité qu'il n'avait jamais fait. Il l'appela même plusieurs fois pour lui montrer son jeu, et souvent il lui adressa la parole. Rhoé s'était flatté qu'il lui proposerait de faire le voyage avec lui; mais ne recevant là-dessus aucune ouverture, il prit le parti de se retirer, sous prétexte qu'il était obligé de retourner à Asmère, et qu'il n'avait pas d'équipage pour passer la nuit au camp. Coroné lui promit d'expédier les ordres qu'il demandait, et le voyant sortir, il le fit suivre par un eunuque et par plusieurs officiers qui lui dirent en souriant que le prince voulait lui faire un riche présent; et que, s'il appréhendait de se mettre en chemin pendant la nuit, on lui donnerait une escorte de dix chevaux. Il consentit à demeurer. «Ils me firent, dit-il, une aussi grande fête de ce présent que si le prince eût voulu me donner la plus belle de ses chaînes de perles. Le présent vint enfin: c'était un manteau de drap d'or qu'il avait porté deux ou trois fois. On me le mit sur les épaules, et ce fut à contre-cœur que je lui en fis mes remercîmens. Cet habit aurait été propre à représenter sur un théâtre l'ancien rôle du grand Tamerlan. Mais la plus haute faveur que puisse faire un prince dans toutes ces régions est celle de donner un habit après l'avoir porté quelques fois.»

Le 16, l'empereur donna ordre qu'on mît le feu à toutes les maisons voisines du camp, pour obliger le peuple à le suivre. Les flammes se communiquèrent jusqu'à la ville, qui fut aussi brûlée. Il en faut conclure que des villes qu'on brûle si facilement ne coûtent pas beaucoup à bâtir.

Dans l'intervalle on fut informé de quelques circonstances qui regardaient le prince Cosronroé. Tout le monde continuait de prendre part à sa disgrâce, et gémissait de le voir remis en prison et retomber entre les mains de ses ennemis. L'empereur, qui n'y avait consenti que pour satisfaire l'ambition de son frère, sans aucun dessein d'exposer sa vie, résolut de s'expliquer assez hautement pour le mettre en sûreté et pour apaiser en même temps le peuple, qui murmurait assez haut de sa prison. Il prit occasion, pour déclarer ses sentimens, d'une incivilité qu'Asaph-Khan avait eue pour son prisonnier. Ce seigneur, qui était comme le geôlier du prince, était entré malgré lui dans sa chambre, et s'était même dispensé de lui faire la révérence. Quelques-uns jugèrent qu'il avait cherché à lui faire une querelle, dans l'espérance que le malheureux Cosronroé, qui n'était pas d'humeur à souffrir un affront, mettrait l'épée à la main ou se porterait à quelque autre violence, qui servirait de prétexte aux soldats de la garde pour le tuer. Mais il le trouva plus patient qu'il ne se l'était promis. Le prince se contenta de faire avertir l'empereur par un de ses amis de l'indigne hauteur avec laquelle il était traité. Asaph-Khan fut appelé au dorbar, et l'empereur lui demanda s'il y avait long-temps qu'il n'avait vu son fils. Il répondit qu'il y avait deux jours. «Qu'est-ce qui se passa l'autre jour dans sa chambre?» continua l'empereur. Asaph-Khan répliqua qu'il n'y était allé que pour lui rendre une visite. Le monarque insistant sur la manière dont elle avait été rendue, Asaph-Khan jugea qu'il était informé de la vérité. Il raconta qu'il était allé voir le prince pour lui offrir son service, mais que l'entrée de sa chambre lui avait été refusée; que là-dessus, étant responsable de sa personne, il avait cru que son devoir l'obligeait de visiter la chambre de son prisonnier, et qu'à la vérité il y était entré malgré lui. L'empereur reprit sans s'émouvoir: «Eh bien! quand vous fûtes entré, que lui dîtes-vous? et quel respect, quelle soumission rendîtes-vous à mon fils?» Ce barbare demeura fort confus, et se vit forcé d'avouer qu'il ne lui avait fait aucune civilité. L'empereur lui dit d'un ton sévère qu'il lui ferait connaître que ses enfans étaient ses maîtres, et que, s'il apprenait une seconde fois qu'il eût manqué de respect à sultan Cosronroé, il commanderait à ce prince de lui mettre le pied sur la gorge et de l'étouffer. «J'aime sultan Coroné, ajouta-t-il, mais je veux que tout le monde sache que je n'ai pas mis mon fils aîné et mon successeur entre ses mains pour le perdre.»

L'armée mogole étant partie avant que Rhoé pût avoir fini ses préparatifs, il ne se vit en état de suivre l'empereur que vers la fin de novembre. Le premier jour du mois suivant, il arriva le soir à Brampour, après avoir trouvé en chemin les corps de cent voleurs qui avaient souffert les derniers supplices. Le 4, ayant fait cinq cosses, il rencontra un chameau chargé de trois cents têtes de rebelles, que le gouverneur de Candahar envoyait à l'empereur comme un présent. On fait souvent de pareilles rencontres dans les états despotiques, où de pareils messages sont très-fréquens.

Le 6, il fit quatre cosses jusqu'à Goddah, où il trouva l'empereur avec toute sa cour. Cette ville, qui est fermée de murailles et située dans le plus beau pays du monde, lui parut une des plus magnifiques et des mieux bâties qu'il eût vues dans les Indes. La plupart des maisons y sont à deux étages, ce qui est fort rare dans les autres villes. On y voit des rues toutes composées de boutiques, qui offrent les plus riches marchandises. Les édifices publics y sont superbes. On trouve dans les places des réservoirs d'eau environnés de galeries dont les arcades sont de pierres de taille et revêtues de la même pierre, avec des degrés qui, régnant alentour, donnent la commodité de descendre jusqu'au fond pour y puiser de l'eau ou pour s'y rafraîchir. La situation de Goddah l'emporte encore sur la beauté de la ville. Elle est dans une grande campagne, où l'on découvre une infinité de beaux villages. La terre y est extrêmement fertile en blé, en coton, en excellens pâturages. Rhoé y vit un jardin d'environ deux milles de long et large d'un quart de mille, planté de manguiers, de tamariniers et d'autres arbres à fruit, et divisé régulièrement en allées. De toutes parts on aperçoit des pagodes ou petits temples, des fontaines, des bains, des étangs et des pavillons de pierres de taille bâtis en dômes. Ce mélange forme un si beau spectacle, qu'au jugement de Rhoé, «il n'y a pas d'homme qui ne se crût heureux de passer sa vie dans un si beau lieu.» Goddah était autrefois plus florissante, lorsque, avant les conquêtes d'Akbar, elle était la demeure ordinaire d'un prince rasbout. Rhoé s'aperçut même en plusieurs endroits que les plus beaux bâtimens commencent à tomber en ruine; ce qu'il attribue à la négligence des possesseurs, qui ne se donnent pas le soin de conserver ce qui doit retourner à l'empereur après leur mort.

Le 9, il vit le camp impérial, qu'il nomme une des plus admirables choses qu'il eût jamais vues. Cette grande ville portative avait été dressée dans l'espace de quatre heures; son circuit était d'environ vingt milles d'Angleterre; les rues et les tentes y étaient ordonnées à la ligne, et les boutiques si bien distribuées, que chacun savait où trouver ce qui lui était nécessaire. Chaque personne de qualité, et chaque marchand sait également à quelle distance de l'atasikanha, ou de la tente du roi, la sienne doit être placée; il sait à quelle autre tente elle doit faire face, et quelle quantité de terrain elle doit occuper: cependant toutes ces tentes ensemble contiennent un terrain plus spacieux que la plus grande ville de l'Europe. On ne peut approcher des pavillons de l'empereur qu'à la portée du mousquet; ce qui s'observe avec tant d'exactitude, que les plus grands seigneurs n'y étaient point reçus, s'ils n'y étaient mandés. Pendant que l'empereur était en campagne, il ne tenait point de dorbar après midi; il employait ce temps à la chasse ou à faire voler ses oiseaux sur les étangs; quelquefois il se mettait seul dans un bateau pour tirer: on en portait toujours à sa suite sur des chariots. Il se laissait voir le matin au djarnéo; mais il était défendu de lui parler d'affaires dans ce lieu; elles se traitaient le soir au gouzalkan; du moins lorsque le temps qu'il y destinait au conseil n'était pas employé à boire avec excès.

Le 16, Rhoé s'étant rendu aux tentes de l'empereur, trouva ce monarque au retour de la chasse, avec une grande quantité de gibier et de poisson devant lui. Aussitôt qu'il eut aperçu l'ambassadeur anglais, il le pressa de choisir ce qui lui plairait le plus entre les fruits de sa chasse et de sa pêche; le reste fut distribué à sa noblesse. Il y avait au pied de son trône un vieillard fort sale et fort hideux. Ce pays est rempli d'une sorte de mendians qui, par la profession d'une vie pauvre et pénitente, parviennent à se faire une grande réputation de sainteté. Le vieillard, qui était de ce nombre, occupait près de l'empereur une place que les princes ses enfans n'auraient osé prendre. Il offrit à sa majesté un petit gâteau couvert de cendre, et cuit sur les charbons, qu'il se vantait d'avoir fait lui-même. L'empereur le reçut avec bonté, en rompit un morceau, et ne fit pas difficulté de le porter à sa bouche, quoiqu'une personne un peu délicate n'y eût pas touché sans répugnance. Il se fit apporter une centaine d'écus, et de ses propres mains non-seulement il les mit dans un pan de la robe du vieillard, mais il en ramassa quelques-uns qui étaient tombés. Lorsqu'on lui eut servi sa collation, il ne mangea rien dont il ne lui offrît une partie; et voyant que sa faiblesse ne lui permettait pas de se lever, il le prit entre ses bras pour l'aider lui-même; il l'embrassa étroitement, porta trois fois la main sur sa poitrine, et lui donna le nom de son père.

Le 6 février, on arriva sous les murs de Calléade, petite ville nouvellement rebâtie, où les tentes impériales furent dressées dans un lieu fort agréable, sur la rivière de Scepte, à un cosse d'Oughen, principale ville de la province de Mouloua. Calléade était autrefois la résidence des rois de Mandoa. On raconte qu'un de ces princes étant tombé dans une rivière, d'où il fut retiré par un esclave qui s'était jeté à la nage, et qui l'avait pris heureusement par les cheveux, son premier soin, en revenant à lui-même, fut de demander à qui il était redevable de la vie. On lui apprit l'obligation qu'il avait à l'esclave, dont on ne doutait pas que la récompense ne fût proportionnée à cet important service; mais il lui demanda comment il avait eu l'audace de mettre la main sur la tête de son prince, et sur-le-champ il lui fit donner la mort. Quelque temps après, étant assis, dans l'ivresse, sur le bord d'un bateau, près d'une de ses femmes, il se laissa tomber encore une fois dans l'eau: cette femme pouvait aisément le sauver, mais, croyant ce service trop dangereux, elle le laissa périr, en donnant pour excuse qu'elle se souvenait de l'histoire du malheureux esclave. Jamais il n'y eut de plus juste retour ni de meilleur raisonnement.

Le 11, tandis que l'empereur était allé dans la montagne d'Oughen pour y visiter un dervis âgé de cent trois ans, Rhoé fut averti par une lettre que sultan Coroné, malgré tous les ordres et les firmans de son père, s'était saisi des présens de la compagnie: on lui avais représenté inutilement qu'ils étaient pour l'empereur. Il s'était hâté de lui écrire qu'il avait fait arrêter quelques marchandises qui appartenaient aux Anglais; et, sans parler des présens, il lui avait demandé la permission d'ouvrir les caisses, et d'acheter ce qui conviendrait à son usage; mais les facteurs qui étaient chargés de ce dépôt, refusant de consentir à l'ouverture des caisses, du moins sans l'ordre de l'ambassadeur, il employait toutes sortes de mauvais traitemens pour les forcer à cette complaisance. C'était un droit qu'il s'attribuait de voir, avant l'empereur son père, tous les présens et toutes les marchandises, pour se donner la liberté de choisir le premier.

Rhoé, fort offensé de cette violence, prit d'abord la résolution de porter ses plaintes à l'empereur par la bouche d'Asaph-Kan, parce que ce seigneur aurait pris pour une injure qu'il eût employé d'autres voies. Cependant l'expérience lui ayant appris à s'en défier, il se réduisit à le prier de lui procurer une audience au gouzalkan. Ensuite les objections augmentant sa défiance, il se détermina, par le conseil de son interprète, à prendre l'occasion du retour de l'empereur pour lui parler en chemin. Il se rendit à cheval dans un lieu où ce monarque devait passer; et, l'ayant rencontré sur un éléphant, il mit pied à terre pour se présenter à lui. L'empereur l'aperçut et prévint ses plaintes. «Je sais, lui dit-il, que mon fils a pris vos marchandises. Soyez sans inquiétude. Il n'ouvrira point vos caisses, et j'enverrai ce soir l'ordre de vous les remettre.» Cette promesse, qui fut accompagnée de discours fort civils, n'empêcha point Rhoé de se rendre le soir au gouzalkan pour renouveler ses instances. L'empereur, qui le vit entrer, lui fit dire qu'il avait envoyé l'ordre auquel il s'était engagé, mais qu'il fallait oublier tous les mécontentemens passés. Quoiqu'un langage si vague laissât de fâcheux doutes aux Anglais, la présence d'Asaph-Khan, dont ils craignaient les artifices, leur fit remettre leurs explications à d'autres temps, d'autant plus que l'empereur, étant tombé sur les différens de religion, se mit à parler de celle des juifs, des chrétiens et des mahométans. Le vin l'avait rendu de si bonne humeur, que, se tournant vers

Rhoé, il lui dit: «Je suis le maître, vous serez tous heureux dans mes états, maures, juifs et chrétiens. Je ne me mêle point de vos controverses. Vivez en paix dans mon empire. Vous y serez à couvert de toutes sortes d'injures, vous y vivrez en sûreté, et j'empêcherai que personne ne vous opprime.» Si c'était le vin qui le faisait parler ainsi, il faut croire que ce prince n'avait jamais tant de raison que dans le vin.

Deux jours après, sultan Coroné arriva de Brampour. Rhoé était désespéré qu'on ne parût point penser à lui rendre justice, et l'arrivée du prince ne semblait propre qu'à reculer ses espérances. Comme il croyait l'avoir aigri par ses plaintes, et que les ménagemens n'étaient plus de saison, il résolut de faire un dernier effort auprès de l'empereur; mais, tandis qu'il en cherchait l'occasion, quel fut son étonnement d'apprendre que l'empereur s'était fait apporter secrètement les caisses et les avait fait ouvrir! C'est dans ses propres termes qu'il faut rapporter la conclusion de ce singulier démêlé, où l'on voit dans tout son jour la basse avidité qui forme un des caractères du despotisme.

«Je formai, dit-il, le dessein de m'en venger; et, dans une audience que mes sollicitations me firent obtenir, je lui en fis ouvertement mes plaintes: il les reçut avec des flatteries basses, et plus indignes encore de son rang que l'action même. Il me dit que je ne devais pas m'alarmer pour la sûreté de tout ce qui était à moi, qu'il avait trouvé dans les caisses diverses choses qui lui plaisaient extrêmement, surtout un verre travaillé à jour, et des coussins en broderie; qu'il avait aussi retenu les dogues, mais que s'il y avait quelque rareté que je ne voulusse pas lui vendre ou lui donner, il me la rendrait, et qu'il souhaitait que je fusse content de lui. Je lui répondis qu'il y en avait peu qui ne lui fussent destinées; mais que c'était un procédé fort incivil à l'égard du roi mon maître, et que je ne savais comment lui faire entendre que les présens qu'il envoyait avaient été saisis, au lieu d'être offerts par mes mains à ceux entre qui j'avais ordre de les distribuer; que plusieurs de ces présens étaient pour le prince Coroné et pour la princesse Nohormal; que d'autres devaient me demeurer entre les mains, pour les faire servir dans l'occasion à me procurer la faveur de sa majesté contre les injures que ma nation recevait tous les jours; qu'il y en avait pour mes amis et pour mon usage particulier; que le reste appartenait aux marchands, et que je n'avais pas le droit de disposer du bien d'autrui.

«Il me pria de ne pas trouver mauvais qu'il se les eût fait apporter. Toutes les pièces, me dit-il, lui avaient paru si belles, qu'il n'avait pas eu la patience d'attendre qu'elles lui fussent présentées de ma main. Son empressement ne m'avait fait aucun tort, puisqu'il était persuadé que dans ma distribution il aurait été servi le premier. À l'égard du roi d'Angleterre, il se proposait de lui faire des excuses. Je devais être sans embarras du côté du prince et de Nohormal, qui n'étaient qu'une même chose avec lui. Enfin, quant aux présens que je destinais pour les occasions où je croirais avoir besoin de sa faveur, c'était une cérémonie tout-à-fait inutile, parce qu'il me donnerait audience lorsqu'il me plairait de la demander; et que, n'ignorant pas qu'il ne me restait rien à lui offrir, il ne me recevrait pas plus mal lorsque je me présenterais les mains vides. Ensuite prenant les intérêts de son fils, il m'assura que ce prince me restituerait ce qu'il m'avait pris, et qu'il satisferait les facteurs pour les marchandises qu'il leur avait enlevées. Comme je demeurais en silence, il me pressa de lui déclarer ce que je pensais de son discours. Je lui répondis que j'étais charmé de voir sa majesté si contente. Il tourna ses yeux sur un ministre anglais, nommé Terry, dont je m'étais fait accompagner. «Padre, lui dit-il, cette maison est à vous; vous devez vous fier à moi. L'entrée vous sera libre lorsque vous aurez quelque demande à me faire, et je vous accorderai toutes les grâces que vous pouvez désirer.»

»Après ces flatteuses promesses, il reprit avec moi le ton le plus familier, mais avec une adresse que je n'ai connue qu'en Asie. Il se mit à faire le dénombrement de tout ce qu'il m'avait fait enlever, en commençant par les dogues, les coussins, le verre à jour et par un bel étui de chirurgie. «Ces trois choses, me dit-il, vous ne voulez pas que je vous les rende, car je suis bien aise de les garder. Il faut obéir à votre majesté, lui répondis-je. Pour les verres de ces deux caisses, reprit-il, ils sont fort communs: à qui les destiniez-vous? Je lui dis que l'une des deux caisses était pour sa majesté, et l'autre pour la princesse Nohormal. Hé bien! me dit-il, je n'en retiendrai qu'une? Et ces chapeaux, ajouta-t-il, pour qui sont-ils? ils plaisent fort à mes femmes. Je répondis qu'il y en avait trois pour sa majesté et un pour mon usage. Vous ne m'ôterez pas, continua-t-il, ceux qui étaient pour moi, car je les trouve fort beaux. Pour le vôtre, je vous le rendrai, si vous en avez besoin; mais vous m'obligerez beaucoup de me le donner aussi.» Il en fallut demeurer d'accord. «Et les peintures, reprit-il encore, à qui sont-elles?» Elles m'ont été envoyées, lui répondis-je, pour en disposer suivant l'occasion. Il donna ordre qu'elles lui fussent apportées; et faisant ouvrir la caisse, il me fit diverses questions sur les femmes dont elles représentaient la figure. Ensuite, s'étant tourné vers les seigneurs de sa cour, il les pressa de lui donner l'explication d'un tableau qui contenait une Vénus et un satyre; mais il défendit en même temps à mon interprète de m'expliquer ce qu'il leur disait. Ses observations regardaient principalement les cornes du satyre, sa peau qui était noire, et quelques autres particularités des deux figures. Chacun s'expliqua suivant ses idées; mais l'empereur, sans déclarer les siennes, leur dit qu'ils se trompaient et qu'ils en jugeaient mal. Là-dessus, recommandant encore à l'interprète de ne me pas informer de ce qu'il avait dit, il lui donna ordre de me demander mon sentiment sur le sujet de cette peinture. Je répondis de bonne foi que je la prenais pour une simple invention du peintre, et que l'usage de cet art était de chercher ses sujets dans les fictions des poëtes. J'ajoutai d'ailleurs que, voyant ce tableau pour la première fois, il m'était impossible d'expliquer mieux le dessein de l'artiste. Il fit faire la même demande à Terry, qui reconnut aussi son ignorance. «Pourquoi donc, reprit-il, m'apporter une chose dont vous ignorez l'explication?»

«Je m'arrête à cet incident, pour l'instruction des directeurs de la Compagnie, et de tous ceux qui me succéderont. C'est un avis qui doit leur faire apporter plus de choix à leurs présens, et leur faire supprimer tout ce qui est sujet à de mauvaises interprétations, parce qu'il n'y a point de cour plus maligne et plus défiante que celle du mogol. Quoique l'empereur n'eût pas expliqué ses sentimens, je crus reconnaître aux discours qu'il avait tenus que ce tableau passait dans son esprit pour une raillerie injurieuse des peuples de l'Asie, c'est-à-dire qu'il les y croyait représentés par le satyre, avec lequel on leur supposait une ressemblance de complexion, tandis que la Vénus qui menait le satyre par le nez exprimait l'empire que les femmes du pays ont sur les hommes. Il ne me pressa pas davantage d'en porter mon jugement, parce qu'étant persuadé, avec raison, que je n'avais jamais vu ce tableau, il ne le fut pas moins que l'ignorance dont je me faisais une excuse était sans artifice. Cependant il y a beaucoup d'apparence qu'il conserva le soupçon que je lui attribuais; car il me dit d'un air froid qu'il recevait cette peinture comme un présent.

«Pour les autres bagatelles, ajouta-t-il, je veux qu'elles soient envoyées à mon fils: elles lui seront agréables. D'ailleurs je lui écrirai avec des ordres si formels, que vous n'aurez plus besoin de solliciter auprès de lui. Il accompagna cette promesse de complimens, d'excuses, et de protestations, qui ne pouvaient venir que d'une âme fort généreuse ou fort basse.

«Il y avait dans une grande caisse diverses figures de bêtes qui n'étaient au fond que des masses de bois. On m'avait averti qu'elles étaient fort mal faites, et que la peinture dont elles étaient revêtues s'était écaillée en divers endroits. Je n'aurais jamais pensé à les mettre au nombre des présens, si j'avais eu la liberté du choix. Aussi l'empereur me demanda-t-il ce qu'elles signifiaient, et si elles étaient envoyées pour lui. Je me hâtai de répondre qu'on n'avait pas eu l'intention de lui faire un présent si peu digne de lui, mais que ces figures étaient envoyées pour faire voir la forme des animaux les plus communs de l'Europe. «Hé quoi! répliqua-t-il aussitôt, pense-t-on en Angleterre que je n'aie jamais vu de taureau ni de cheval? Cependant je veux les garder. Mais ce que je vous demande, c'est de me procurer un grand cheval de votre pays avec deux de vos lévriers d'Irlande, un mâle et une femelle, et d'autres espèces de chiens dont vous vous servez pour la chasse. Si vous m'accordez cette satisfaction, je vous donne ma parole de prince que vous en serez récompensé, et que vous obtiendrez de moi plus de priviléges que vous ne m'en demanderez. Ma réponse fut que je ne manquerais pas d'en faire mettre sur les vaisseaux de la première flotte; que je n'osais répondre qu'ils pussent résister aux fatigues d'un si long voyage; mais que, s'ils venaient à mourir, je promettais, pour témoignage de mon obéissance, de lui en faire voir les os et la peau.» Ce discours parut lui plaire. Il s'inclina plusieurs fois, il porta la main sur sa poitrine avec tant d'autres marques d'affection et de faveur, que les seigneurs mêmes qui se trouvaient présens m'assurèrent qu'il n'avait jamais traité personne avec cette distinction: aussi ces caresses furent-elles ma récompense. Il ajouta qu'il voulait réparer toutes les injustices que j'avais essuyées, et me renvoyer dans ma patrie comblé d'honneur et de grâces; il donna même sur-le-champ quelques ordres qui devaient faire cesser mes plaintes. «J'enverrai, me dit-il, un magnifique présent au roi d'Angleterre, et je l'accompagnerai d'une lettre où je lui rendrai témoignage de vos bons services; mais je souhaiterais de savoir quel présent lui sera le plus agréable.» Je répondis qu'il me conviendrait mal de lui demander un présent; que ce n'était pas l'usage de mon pays, et que l'honneur du roi mon maître en serait blessé, mais que, de quelque présent qu'il me fît l'honneur de me charger, je l'assurais que, de la part d'un monarque qui était également aimé et respecté en Angleterre, il y serait reçu avec beaucoup de joie: ces excuses ne purent le persuader. Il s'imagina que je prenais sa demande pour une raillerie; et, jurant par sa tête qu'il me chargerait d'un présent, il me pressa de lui nommer quelque chose qui méritât d'être envoyé si loin. Je me vis forcé de répondre qu'autant que j'étais capable d'en juger, les grands tapis de Perse seraient un présent convenable, parce que le roi mon maître n'en attendait pas d'une grande valeur. Il me dit qu'il en ferait préparer de diverses fabriques et de toutes sortes de grandeurs, et qu'il y joindrait ce qu'il jugerait de plus propre à prouver son estime pour le roi d'Angleterre. On avait apporté devant lui plusieurs pièces de gibier: il me donna la moitié d'un daim, en me disant qu'il l'avait tué de sa propre main, et qu'il destinait l'autre moitié pour ses femmes. En effet, cette autre moitié fut coupée sur-le-champ en plusieurs pièces de quatre livres chacune. Au même instant, son troisième fils et deux femmes vinrent du sérail; et prenant ces morceaux de viande entre leurs mains, les emportèrent eux-mêmes comme des mendians auxquels on aurait fait une aumône.

«Si des affronts pouvaient être réparés par des paroles, je devais être satisfait de cette audience. Mais je crus devoir continuer de me plaindre, dans la crainte qu'il n'eût fait toutes ces avances que pour mettre mon caractère à l'épreuve. Il parut surpris de me voir revenir au sujet de mes peines. Il me demanda si je n'étais pas content de lui; et lorsque j'eus répondu que sa faveur pouvait aisément remédier aux injustices qu'on m'avait faites dans ses états, il promit encore que j'aurais à me louer de l'avenir. Cependant ce qu'il ajouta me fit juger que ma fermeté lui déplaisait. «Je n'ai qu'une question à vous faire, me dit-il; quand je songe aux présens que vous m'avez envoyés depuis deux ans, je me suis étonné plusieurs fois que, le roi votre maître vous ayant revêtu de la qualité d'ambassadeur, ils aient été fort inférieurs en qualité comme en nombre à ceux d'un simple marchand qui était ici avant vous, et qui s'est heureusement servi des siens pour gagner l'affection de tout le monde. Je vous reconnais pour ambassadeur. Votre procédé sent l'homme de condition. Cependant je ne puis comprendre qu'on vous entretienne à ma cour avec si peu d'éclat.» Je voulais répondre à ce reproche. Il m'interrompit. «Je sais, reprit-il, que ce n'est pas votre faute ni celle de votre prince; et je veux vous faire voir que je fais plus cas de vous que de ceux qui vous ont envoyé. Lorsque vous retournerez en Angleterre, je vous accorderai des honneurs et des récompenses; et, sans égard pour les présens que vous m'avez apportés, je vous en donnerai un pour votre maître. Mais je vous charge d'une commission dont je ne veux pas me fier aux marchands. C'est de me faire faire dans votre pays un carquois pour des flèches, un étui pour mon arc, dont je vous ferai donner le modèle, un coussin à ma manière pour dormir dessus, une paire de brodequins de la plus riche broderie d'Angleterre, et une cotte de mailles pour mon usage. Je sais qu'on travaille mieux chez vous qu'en aucun lieu du monde. Si vous me faites ce présent, vous savez que je suis un puissant prince, et vous ne perdrez rien à vous être chargé de cette commission.» Je l'assurai que j'exécuterais fidèlement ses ordres. Il chargea aussitôt Azaph-Khan de m'envoyer les modèles. Ensuite il me demanda s'il me restait du vin de raisin. Je lui répondis que j'en avais encore une petite provision. «Eh bien! me dit-il, envoyez-le-moi ce soir. J'en goûterai; et si je le trouve bon, j'en boirai beaucoup.»

Ainsi, dans cette audience qui passa pour une faveur extraordinaire, Rhoé se vit dépouillé de ses caisses et de son vin, sans emporter d'autres fruits de ses libéralités que des promesses. Il faut convenir qu'il n'y a guère de spectacle plus vil et plus dégoûtant que celui d'un monarque des Indes faisant ainsi l'inventaire des caisses d'un étranger pour s'approprier sous divers prétextes, ou pour demander bassement ce qu'elles contiennent. Il semble que les princes d'Asie regardent comme une des marques de leur dignité le privilége de recevoir. Les princes d'Europe ont des idées plus justes de la grandeur. Ils ne se croient faits que pour donner; et c'est une faveur très-distinguée de leur part quand ils veulent bien recevoir.

Rhoé assure qu'avec beaucoup de recherches il ne trouva point dans le pays un seul prosélyte qui méritât le nom de chrétien, et qu'à la réserve d'un petit nombre de misérables qui étaient entretenus par la charité des jésuites, il y en avait même très-peu qui fissent profession du christianisme. Il ajoute que les jésuites, connaissant la mauvaise foi de cette nation, se lassaient d'une dépense inutile. Tel était, suivant son témoignage, le véritable état du christianisme dans l'Indoustan.

«Il n'y avait pas long-temps que l'église et la maison des jésuites avaient été brûlées. Le crucifix était échappé aux flammes, et sa conservation fut publiée comme un miracle. Pour moi, qui aurais béni tout accident dont on aurait tiré quelque avantage pour la propagation de l'Évangile, je gardai le silence. Le père Corsi me dit de bonne foi qu'il croyait cet événement fort naturel; mais que les mahométans mêmes l'ayant fait passer sans sa participation pour un miracle, il n'était pas fâché qu'ils en eussent conçu cette opinion.

«L'empereur, fort ardent pour toutes les nouveautés, appela le missionnaire, et lui fit diverses questions. Enfin, venant au sujet de sa curiosité: «Vous ne me parlez pas, lui dit-il, des grands miracles que vous avez faits au nom de votre prophète. Si vous voulez jeter son image dans le feu en ma présence, et qu'elle ne brûle pas, je me ferai chrétien.» Le père Corsi répondit que cette expérience blessait la raison, et que le ciel n'était pas obligé de faire des miracles chaque fois que les hommes en demandaient; que c'était le tenter, et que le choix des occasions n'appartenait qu'à lui: mais qu'il offrit d'entrer lui-même dans le feu pour preuve de la vérité de la foi. L'empereur n'accepta point cette offre. Cependant tous les courtisans firent beaucoup de bruit; et, demandant que la vérité de notre religion fût éprouvée par cette voie, ils ajoutèrent que, si le crucifix brûlait, le père Corsi serait obligé d'embrasser le mahométisme. Sultan Coroné apporta l'exemple de plusieurs miracles qui s'étaient faits dans des occasions moins importantes que celle de la conversion d'un si grand monarque, et conclut que, si les chrétiens refusaient cette expérience, il ne se croyait pas obligé de s'en rapporter à leurs discours.»

Un charlatan de Bengale offrit à l'empereur un grand singe qu'il donnait pour un animal divin. On a fait remarquer effectivement dans d'autres relations que plusieurs sectes des Indes attribuent quelque divinité à ces animaux. Comme il était question de vérifier cette qualité par des preuves, l'empereur tira d'un de ses doigts un anneau, et le fit cacher dans les vêtemens d'un de ses pages. Le singe, qui ne l'avait pas vu cacher, l'alla prendre dans le lieu où il était. L'empereur ne s'en rapportant point à cette expérience, fit écrire sur douze billets différens les noms de douze législateurs, tels que de Moïse, de Jésus-Christ, de Mahomet, d'Aly, etc., et les ayant mêlés dans un vase, il demanda au singe quel était celui qui avait publié la véritable loi. Le singe mit sa main dans le vase, et tira le nom du législateur des chrétiens. L'empereur, fort étonné, soupçonna le maître du singe de savoir lire les caractères persans, et d'avoir dressé l'animal à faire cette distinction. Il prit la peine d'écrire les mêmes noms de sa propre main, avec les chiffres qu'il employait pour donner des ordres secrets à ses ministres. Le singe ne s'y trompa point; il prit une seconde fois le nom de Jésus-Christ et le baisa. Un des principaux officiers de la cour dit à l'empereur qu'il y avait nécessairement quelque supercherie, et lui demanda la permission de mêler les billets, avec offre de se livrer à toutes sortes de supplices, si le singe ne manquait pas son rôle. Il écrivit encore une fois les douze noms; mais il n'en mit que onze dans le vase, et retint l'autre dans sa main. Le singe les toucha tous l'un après l'autre sans en vouloir prendre aucun. L'empereur, véritablement surpris, s'efforça de lui en faire prendre un. Mais l'animal se mit en furie, et fit entendre par divers signes que le nom du vrai législateur n'était pas dans le vase. L'empereur lui demanda où il était donc. Il courut vers l'officier, et lui prit la main dans laquelle était le nom qu'on lui demandait. Rhoé ajoute: quelque interprétation qu'on veuille donner à cette singerie, le fait est certain.

CHAPITRE VIII.

Voyage de Tavernier dans l'Indoustan.

Tavernier parcourut d'abord plusieurs contrées de l'Europe. Mais ces courses n'appartenant point à notre plan, nous le transporterons tout de suite dans l'Indoustan, en partant de Surate pour Agra.

Des deux routes de Surate à Agra, l'une est par Brampour et par Seronghe; l'autre par Amedabad. Tavernier, s'étant déterminé pour la première, passa par Balor et Kerkoa, et vint à Navapoura.

Navapoura est un gros bourg rempli de tisserands, quoique le riz fasse le principal commerce du canton. Il y passe une rivière qui rend son territoire excellent. Tout le riz qui croît dans cette contrée est plus petit de la moitié que le riz ordinaire, et devient en cuisant d'une blancheur admirable; ce qui le fait estimer particulièrement. On lui trouve aussi l'odeur du musc, et tous les grands de l'Inde n'en mangent point d'autre. En Perse même, un sac de ce riz passe pour un présent fort agréable.

De Navapoura, on compte quatre-vingt-quinze cosses jusqu'à Brampour. C'est une grande ville ruinée, dont la plupart des maisons sont couvertes de chaume. On voit encore au milieu de la place un grand château qui sert de logement au gouverneur. Le gouvernement de cette province est si considérable, qu'il est toujours le partage d'un fils ou d'un oncle de l'empereur. Aureng-Zeb, qui régnait alors, avait commandé long-temps à Brampour pendant le règne de son père. Le commerce est florissant à Brampour. Il se fait dans la ville et la province une prodigieuse quantité de toiles fort claires, qui se transportent en Perse, en Turquie, en Moscovie, en Pologne, en Arabie, au grand Caire, et dans d'autres lieux. Des unes, qui sont teintes de diverses couleurs à fleurs courantes, on fait des voiles et des écharpes pour les femmes, des couvertures de lit et des mouchoirs. D'autres sont toutes blanches, avec une raie d'or ou d'argent qui borde la pièce et les deux bouts depuis la largeur d'un pouce jusqu'à douze ou quinze. Cette bordure n'est qu'un tissu d'or ou d'argent et de soie, avec des fleurs dont la beauté est égale des deux côtés. Si celles qu'on porte en Pologne, où le commerce en est considérable, n'avaient aux deux bouts trois ou quatre pouces au moins d'or ou d'argent, ou si cet or et cet argent devenaient noirs en passant les mers de Surate à Ormuz, et de Trébizonde à Mangalia, ou dans d'autres ports de la mer Noire, on ne pourrait s'en défaire qu'avec beaucoup de peine. D'autres toiles sont par bandes, moitié coton, moitié d'or et d'argent, et cette espèce porte le nom d'*ornis*. Il s'en trouve depuis quinze jusqu'à vingt aunes, dont le prix est quelquefois de cent et de cent cinquante roupies; mais les moindres ne sont pas au-dessous de dix ou douze. En un mot, les Indes n'ont pas de province où le coton se trouve avec plus d'abondance qu'à Brampour.

Tavernier avertit que, dans tous les lieux dont le nom se termine par *séra*, on doit se représenter un grand enclos de murs ou de haies, dans lequel sont disposées en cercle cinquante ou soixante huttes couvertes de chaume. C'est une sorte d'hôtellerie fort inférieure aux caravansérails persans, où se trouvent quelques hommes et quelques femmes qui vendent de la farine, du riz, du beurre et des herbages, et qui prennent soin de faire cuire le pain et le riz des voyageurs. Ils nettoient les huttes, que chacun a la liberté de choisir; ils y mettent un petit lit de sangle, sur lequel on étend le matelas dont on doit être fourni lorsqu'on n'est point assez riche pour se faire accompagner d'une tente. S'il se trouve quelque mahométan parmi les voyageurs, il va chercher dans le bourg ou le village du mouton et des poules, qu'il distribue volontiers à ceux qui lui en rendent le prix.

Seronghe lui parut une grande ville, dont les habitans sont banians, et la plupart artisans de père en fils, ce qui les porte à bâtir des maisons de pierre et de brique. Il s'y fait un grand commerce de chites, sorte de toiles peintes, dont le bas peuple de Turquie et de Perse aime à se vêtir, et qui sert dans d'autres pays pour des couvertures de lit et des nappes à manger. On en fait dans d'autres lieux que Seronghe, mais de couleurs moins vives et plus sujettes à se ternir dans l'eau; tandis que celles de Seronghe deviennent plus belles chaque fois qu'on les lave. La rivière qui passe dans cette ville donne cette vivacité aux teintures. Pendant la saison des pluies, qui durent quatre mois, les ouvriers impriment leurs toiles suivant le modèle qu'ils reçoivent des marchands étrangers; et lorsque les pluies cessent, ils se hâtent de laver les toiles dans la rivière, parce que plus elle est trouble, plus les couleurs sont vives et résistent au temps. On fait aussi à Seronghe une sorte de gazes ou de toiles si fines, qu'étant sur le corps, elles laissent voir la chair à nu. Le transport n'en est pas permis aux marchands. Le gouverneur les prend toutes pour le sérail impérial et pour les principaux seigneurs de la cour. Les sultanes et les dames mogoles s'en font des chemises et des robes, que l'empereur et les grands se plaisent à leur voir porter dans les grandes chaleurs.

En passant à Baroche, il accepta un logement chez les Anglais, qui ont un fort beau comptoir dans cette ville. Quelques charlatans indiens ayant offert d'amuser l'assemblée par des tours de leur profession, il eut la curiosité de les voir. Pour premier spectacle, ils firent allumer un grand feu, dans lequel ils firent rougir des chaînes, dont ils se lièrent le corps à nu sans en ressentir aucun mal. Ensuite prenant un petit morceau de bois qu'ils plantèrent en terre, ils demandèrent quel fruit on souhaitait d'en voir sortir. On leur dit qu'on souhaitait des mangues. Alors un des charlatans, s'étant couvert d'un linceul, s'accroupit cinq ou six fois contre terre. Tavernier, qui voulait le suivre dans cette opération, prit une place d'où ses regards pouvaient pénétrer par une ouverture du linceul; et ce qu'il raconte ici semble demander beaucoup de confiance au témoignage de ses yeux.

«J'aperçus, dit-il, que cet homme, se coupant la chair sous les aisselles avec un rasoir, frottait de son sang le morceau de bois. Chaque fois qu'il se relevait le bois croissait à vue d'œil; et la troisième, il en sortit des branches avec des bourgeons. La quatrième fois, l'arbre fut couvert de feuilles. La cinquième, on y vit des fleurs. Un ministre anglais, qui était présent, avait protesté d'abord qu'il ne pouvait consentir que des chrétiens assistassent à ce spectacle: mais lorsque, d'un morceau de bois sec, il eut vu que ces gens-là faisaient venir, en moins d'une demi-heure, un arbre de quatre ou cinq pieds de haut, avec des feuilles et des fleurs comme au printemps, il se mit en devoir de l'aller rompre, et dit hautement qu'il ne donnerait jamais la communion à ceux qui demeureraient plus long-temps à voir de pareilles choses: ce qui obligea les Anglais de congédier les charlatans, après leur avoir donné la valeur de dix ou douze écus, dont ils parurent fort satisfaits.» Il faut avouer qu'il n'y a point de tour de Comus qui approche de celui-là.

Dans le petit voyage qu'il fit à Cambaye, en se détournant de cinq ou six cosses, il n'observa rien dont Mandelslo n'eût fait la description; mais, à son retour, il passa par un village qui n'est qu'à trois cosses de cette ville, où l'on voit une pagode célèbre par les offrandes de la plupart des courtisanes de l'Inde. Elle est remplie de nudités, entre lesquelles on découvre particulièrement une grande figure que Tavernier prit pour un Apollon, dans un état fort indécent. Les vieilles courtisanes qui ont amassé une somme d'argent dans leur jeunesse en achètent de petites esclaves qu'elles forment à tous les exercices de leur profession, et ces petites filles, que leurs maîtresses mènent à la pagode dès l'âge de onze ou douze ans, regardent comme un bonheur d'être offertes à l'idole. Cet infâme temple est à six cosses de Chid-Abad, où Mandelslo visita un des plus beaux jardins du grand mogol.

À l'occasion de la rivière d'Amedabad, qui est sans pont, et que les paysans passent à la nage, après s'être lié entre l'estomac et le ventre une peau de bouc qu'ils remplissent de vent, il remarque que, pour faire passer leurs enfans, ils les mettent dans des pots de terre dont l'embouchure est haute de quatre doigts, et qu'ils poussent devant eux. Pendant qu'il était dans cette ville, un paysan et sa femme passaient un jour avec un enfant de deux ans, qu'ils avaient mis dans un de ces pots, d'où il ne lui sortait que la tête. Vers le milieu de la rivière, ils trouvèrent un petit banc de sable, sur lequel était un gros arbre que les flots y avaient jeté. Ils poussèrent le pot dans cet endroit pour y prendre un peu de repos. Comme ils approchaient du pied de l'arbre, dont le tronc s'élevait un peu au-dessus de l'eau, un serpent qui sortit d'entre les racines sauta dans le pot. Le père et la mère, fort effrayés, abandonnèrent le pot, qui fut emporté par le courant de l'eau tandis qu'ils demeurèrent à demi morts au pied de l'arbre. Deux lieues plus bas, un banian et sa femme, avec leur enfant, se lavaient, suivant l'usage du pays, avant d'aller prendre leur nourriture. Ils virent de loin ce pot sur l'eau, et la moitié d'une tête qui paraissait hors de l'embouchure. Le banian se hâte d'aller au secours, et pousse le pot à la rive. Aussitôt la mère, suivie de son enfant, s'approche pour aider l'autre à sortir. Alors le serpent, qui n'avait fait aucun mal au premier, sort du pot, se jette sur l'enfant du banian, se lie autour de son corps par divers replis, le pique et lui jette son venin qui lui cause une prompte mort. Deux paysans superstitieux se persuadèrent facilement qu'une aventure si extraordinaire était arrivée par une secrète disposition du ciel, qui leur ôtait leur enfant pour leur en donner un autre. Mais le bruit de cet événement s'étant répandu, les parens du dernier, qui en furent informés, redemandèrent leur enfant; et leurs prétentions devinrent le sujet d'un différend fort vif. L'affaire fut portée devant l'empereur, qui ordonna que l'enfant fût restitué à son père.

Tavernier confirme ce qu'on a lu dans Mandelslo, de la multitude de singes qu'on rencontre sur la route, et du danger qu'il y a toujours à les irriter. Un Anglais, qui en tua un d'un coup d'arquebuse, faillit d'être étranglé par soixante de ces animaux qui descendirent du sommet des arbres, et dont il ne fut délivré que par le secours qu'il reçut d'un grand nombre de valets. En passant à Chitpour, assez bonne ville, qui tire son nom du commerce de ces toiles peintes qu'on nomme chites, Tavernier vit dans une grande place quatre ou cinq lions qu'on amenait pour les apprivoiser. La méthode des Indiens lui parut curieuse. On attache les lions par les pieds de derrière, de douze en douze pas l'un de l'autre, à un gros pieu bien affermi. Ils ont au cou une corde dont le maître tient le bout à la main. Les pieux sont plantés sur une même ligne; et sur une autre parallèle éloignée d'environ vingt pas on tend encore une corde de la longueur de l'espace qui est occupé par les lions. Les deux cordes qui tiennent chacun de ces animaux attachés par les pieds de derrière leur laissent la liberté de s'élancer jusqu'à la corde parallèle qui sert de rempart à des hommes qui sont placés au-delà pour les irriter par quelques pierres ou quelques petits morceaux de bois qu'ils leur jettent. Une partie du peuple accourt à ce spectacle. Lorsque le lion provoqué s'est élancé vers la corde, il est ramené au pieu par celle que le maître tient à la main. C'est ainsi qu'il s'apprivoise insensiblement; et Tavernier fut témoin de cet exercice à Chitpour, sans sortir de son carrosse.

Le jour suivant lui offrit un autre amusement dans la rencontre d'une bande de fakirs ou de dervis mahométans. Il en compta cinquante-sept, dont le chef ou le supérieur avait été grand écuyer de l'empereur Djehan-Ghir, et s'était dégoûté de la cour à l'occasion de la mort de son petit-fils, qui avait été étranglé par l'ordre de ce monarque. Quatre autres fakirs, qui tenaient le premier rang après le supérieur, avaient occupé des emplois considérables à la même cour. L'habillement de ces cinq chefs consistait en trois ou quatre aunes de toile couleur orangée, dont ils se faisaient comme des ceintures avec le bout passé entre les jambes et relevé par-derrière jusqu'au dos pour mettre la pudeur à couvert, et sur les épaules une peau de tigre attachée sous le menton. Devant eux on menait en main huit beaux chevaux, dont trois avaient des brides d'or et des selles couvertes aussi de lames d'argent, avec une peau de léopard sur chacune. L'habit du reste des dervis était une simple corde qui leur servait de ceinture, sans autre voile pour l'honnêteté qu'un petit morceau d'étoffe. Leurs cheveux étaient liés en tresse autour de la tête, et formaient une espèce de turban. Ils étaient tous armés la plupart d'arcs et de flèches, quelques-uns de mousquets, et d'autres de demi-piques avec une sorte d'arme inconnue en Europe, qui est, suivant la description de Tavernier, un cercle de fer tranchant, de la forme d'un plat dont on aurait ôté le fond; ils s'en passent huit ou dix autour du cou comme une fraise; et les tirant lorsqu'ils veulent s'en servir, ils les jettent avec tant de force, comme nous ferions voler une assiette, qu'ils coupent un homme presqu'en deux par le milieu du corps. Chaque dervis avait aussi une espèce de cor de chasse dont ils sonnent en arrivant dans quelque lieu, avec un autre instrument de fer à peu près de la forme d'une truelle. C'est avec cet instrument, que les Indiens portent ordinairement dans leurs voyages, qu'ils raclent et nettoient la terre dans les lieux où ils veulent s'arrêter, et qu'après avoir ramassé la poussière en monceau, ils s'en servent comme de matelas pour être couchés plus mollement. Trois des mêmes dervis étaient armés de longues épées, qu'ils avaient achetées apparemment des Anglais ou des Portugais. Leur bagage était composé de quatre coffres remplis de livres arabes ou persans, et de quelques ustensiles de cuisine. Dix ou douze bœufs qui faisaient l'arrière-garde servaient à porter ceux qui étaient incommodés de la marche.

Lorsque cette religieuse troupe fut arrivée dans le lieu où Tavernier s'était arrêté avec cinquante personnes de son escorte et de ses domestiques, le supérieur, qui le vit si bien accompagné, demanda qui était cet aga, et le fit prier ensuite de lui céder son poste, parce qu'il lui paraissait commode pour y camper avec les dervis. Tavernier, informé du rang des cinq chefs, se disposa de bonne grâce à leur faire cette civilité. Aussitôt la place fut arrosée de quantité d'eau et soigneusement raclée. Comme on était en hiver, et que le froid était assez piquant, on alluma deux feux pour les cinq principaux dervis, qui se placèrent au milieu, avec la facilité de pouvoir se chauffer devant et derrière. Dès le même soir ils reçurent dans leur camp la visite du gouverneur d'une ville voisine, qui leur fit apporter du riz et d'autres rafraîchissemens. Leur usage pendant leurs courses est d'envoyer quelques-uns d'entre eux à la quête dans les habitations voisines, et les vivres qu'ils obtiennent se distribuent avec égalité dans toute la troupe. Chacun fait cuire son riz; ce qu'ils ont de trop est donné aux pauvres, et jamais ils ne se réservent rien pour le lendemain.

Tavernier arrive enfin à la ville impériale d'Agra; elle est à 27 degrés 31 minutes de latitude nord, dans un terroir sablonneux, qui l'expose pendant l'été à d'excessives chaleurs. C'est la plus grande ville des Indes, et la résidence ordinaire des empereurs mogols; les maisons des grands y sont belles et bien bâties; mais celles des particuliers, comme dans toutes les autres villes des Indes, n'ont rien d'agréable; elles sont écartées les unes des autres, et cachées par la hauteur des murailles, dans la crainte qu'on n'y puisse apercevoir les femmes; ce qui rend toutes ces villes beaucoup moins riantes que celles de l'Europe.

Du côté de la ville, on trouve une autre place devant le palais; la première porte, qui n'a rien de magnifique, est gardée par quelques soldats. Lorsque les grandes chaleurs d'Agra forcent l'empereur de transporter sa cour à Delhy, ou lorsqu'il se met en campagne avec son armée, il donne la garde de son trésor au plus fidèle de ses omhras, qui ne s'éloigne pas nuit et jour de cette porte, où il a son logement. Ce fut dans une de ces absences du monarque que Tavernier obtint la permission de voir le palais. Toute la cour étant partie pour Delhy, le gouvernement du palais d'Agra fut confié à un seigneur qui aimait les Européens. Vélant, chef du comptoir hollandais, l'alla saluer, et lui offrit en épiceries, en cabinets du Japon, et en beaux draps de Hollande, un présent d'environ six mille écus. Tavernier, qui était présent, eut occasion d'admirer la générosité mogole. Ce seigneur reçut le compliment avec politesse; mais, se trouvant offensé du présent, il obligea les Hollandais de le remporter, en leur disant que, par considération et par amitié pour les Franguis, il prendrait seulement une petite canne, de six qu'ils lui offraient. C'était une de ces cannes du Japon qui croissent par petits nœuds; encore fallut-il ôter l'or dont on l'avait enrichie, parce qu'il ne la voulut recevoir que nue. Après les complimens, il demanda au directeur hollandais ce qu'il pouvait faire pour l'obliger; et Vélant l'ayant prié de permettre que, dans l'absence de la cour, il pût voir avec Tavernier l'intérieur du palais, cette grâce leur fut accordée: on leur donna six hommes pour les conduire.

La première porte, qui sert de logement au gouverneur, conduit à une voûte longue et obscure, après laquelle on entre dans une grande cour environnée de portiques comme la place Royale de Paris. La galerie qui est en face est plus large et plus haute que les autres; elle est soutenue de trois rangs de colonnes. Sous celles qui règnent des trois autres côtés de la cour, et qui sont plus étroites et plus basses, on a ménagé plusieurs petites chambres pour les soldats de la garde. Au milieu de la grande galerie on voit une niche pratiquée dans le mur, où l'empereur se rend par un petit escalier dérobé, et lorsqu'il y est assis, on ne le découvre que jusqu'à la poitrine, à peu près comme un buste. Il n'a point alors de gardes autour de lui, parce qu'il n'a rien à redouter, et que de tous les côtés cette place est inaccessible. Dans les grandes chaleurs, il a seulement près de sa personne un eunuque, ou même un de ses enfans pour l'éventer. Les grands de la cour se tiennent dans la galerie qui est au-dessous de cette niche.

Au fond de la cour, à main gauche, on trouve un second portail qui donne entrée dans une grande cour, environnée de galeries comme la première, sous lesquelles on voit aussi de petites chambres pour quelques officiers du palais. De cette seconde cour on passe dans une troisième, qui contient l'appartement impérial. Schah-Djehan avait entrepris de couvrir d'argent toute la voûte d'une grande galerie qui est à main droite. Il avait choisi pour l'exécution de cette magnifique entreprise un Français de Bordeaux qui se nommait Augustin; mais, ayant besoin d'un ministre intelligent pour quelques affaires qu'il avait à Goa, il y envoya cet artiste; et les Portugais, qui lui reconnurent assez d'esprit pour le trouver redoutable, l'empoisonnèrent à Cochin. La galerie est demeurée peinte de feuillage d'or et d'azur; tout le bas est revêtu de tapis. On y voit des portes qui donnent entrée dans plusieurs chambres carrées, mais fort petites. Tavernier se contenta d'en faire ouvrir deux, parce qu'on l'assura que toutes les autres leur ressemblaient. Les autres côtés de la cour sont ouverts, et n'ont qu'une simple muraille à hauteur d'appui; du côté qui regarde la rivière, on trouve un divan ou un belvédère en saillie, où l'empereur vient s'asseoir pour se donner le plaisir de voir ses brigantins ou le combat des bêtes farouches; une galerie lui sert de vestibule, et le dessein de Schah-Djehan était de la revêtir d'une treille de rubis et d'émeraudes, qui devaient représenter au naturel les raisins verts et ceux qui commencent à rougir; mais ce dessein, qui a fait beaucoup de bruit dans le monde, et qui demandait plus de richesses que l'Indoustan n'en peut fournir, est demeuré imparfait; on ne voit que deux ou trois ceps d'or avec leurs feuilles, qui, comme tout le reste, devaient être émaillés de leurs couleurs naturelles et chargés d'émeraudes, de rubis et de grenats qui font les grappes. Au milieu de la cour, on admire une grande cuve d'eau, d'une seule pierre grisâtre, de quarante pieds de diamètre, avec des degrés dedans et dehors, pratiqués dans la même pierre pour monter et descendre.

Il paraît que la curiosité de Tavernier ne put pas aller plus loin; ce qui s'accorde avec le témoignage des autres voyageurs, qui parlent des appartemens de l'empereur comme d'un lieu impénétrable. Il passe aux sépultures d'Agra, et des lieux voisins dont il vante la beauté. Les eunuques du palais ont presque tous l'ambition de se faire bâtir un magnifique tombeau; lorsqu'ils ont amassé beaucoup de biens, la plupart souhaiteraient d'aller à la Mecque pour y porter de riches présens; mais le grand-mogol, qui ne voit pas sortir volontiers l'argent de ses états, leur accorde rarement cette permission; et leurs richesses leur devenant inutiles, ils en consacrent la plus grande partie à ces édifices pour laisser quelque mémoire de leur nom. Entre tous les tombeaux d'Agra, on distingue particulièrement celui de l'impératrice, femme de Schah-Djehan. Ce monarque le fit élever près du Tasimakan, grand bazar où se rassemblent tous les étrangers, dans la seule vue de lui attirer plus d'admirateurs. Ce bazar, ou ce marché, est entouré de six grandes cours, bordées de portiques sous lesquels on voit des boutiques et des chambres, où il se fait un prodigieux commerce de toiles. Le tombeau de l'impératrice est au levant de la ville, le long de la rivière, dans un grand espace fermé de murailles sur lesquelles on a fait régner une petite galerie; cet espace est une sorte de jardin en compartimens, comme le parterre des nôtres, avec cette différence qu'au lieu de sable c'est du marbre blanc et noir: on y entre par un grand portail. À gauche, on découvre une belle galerie qui regarde la Mecque, avec trois ou quatre niches, où le mufti se rend à des heures réglées pour y faire la prière. Un peu au-delà du milieu de l'espace, on voit trois grandes plates-formes, d'où l'on annonce ces heures. Au-dessus s'élève un dôme qui n'a guère moins d'éclat que celui du Val-de-Grâce; le dedans et le dehors sont également revêtus de marbre blanc: c'est sous ce dôme qu'on a placé le tombeau, quoique le corps de l'impératrice ait été déposé sous une voûte qui est au-dessous de la première plate-forme. Les mêmes cérémonies qui se font dans ce lieu souterrain s'observent sous le dôme autour du tombeau; c'est-à-dire que de temps en temps on y change les tapis, les chandeliers et les autres ornemens. On y trouve toujours aussi quelques molahs en prière. Tavernier vit commencer et finir ce grand ouvrage, auquel il assure qu'on employa vingt-deux ans, et le travail continuel de vingt mille hommes. On prétend, dit-il, que les seuls échafaudages ont coûté plus que l'ouvrage entier, parce que, manquant de bois, on était contraint de les faire de brique, comme les cintres de toutes les voûtes; ce qui demandait un travail et des frais immenses. Schah-Djehan avait commencé à se bâtir un tombeau de l'autre côté de la rivière: mais la guerre qu'il eut avec ses enfans interrompit ce dessein, et l'heureux Aureng-Zeb, son successeur, ne se fit pas un devoir de l'achever. Deux mille hommes, sous le commandement d'un eunuque, veillent sans cesse à la garde du mausolée de l'impératrice et du tasimakan.

Les tombeaux des eunuques n'ont qu'une seule plate-forme, avec quatre petites chambres aux quatre coins. À la distance d'une lieue des murs d'Agra, on visite la sépulture de l'empereur Akbar. En arrivant du côté de Delhy, on rencontre, près d'un grand bazar, un jardin qui est celui de Djehan-Ghir, père de Schah-Djehan. Le dessus du portail offre une peinture de son tombeau, qui est couvert d'un grand voile noir, avec plusieurs flambeaux de cire blanche, et la figure de deux jésuites aux deux bouts. On est étonné que Schah-Djehan, contre l'usage du mahométisme qui défend les images, ait souffert cette représentation. Tavernier la regarde comme un monument de reconnaissance pour quelques leçons de mathématiques que ce prince et son père avaient reçues des jésuites. Il ajoute que dans une autre occasion Schah-Djehan n'eut pas pour eux la même indulgence. Un jour qu'il était allé voir un Arménien nommé Corgia, qu'il aimait beaucoup, et qui était tombé malade, les jésuites, dont la maison était voisine, firent malheureusement sonner leur cloche. Ce bruit, qui pouvait incommoder l'Arménien, irrita tellement l'empereur, que dans sa colère il ordonna que la cloche fût enlevée, et pendue au cou de son éléphant. Quelques jours après, revoyant cet animal avec un fardeau qui était capable de lui nuire, il fit porter cette cloche à la place du katoual, où elle est demeurée depuis. Corgia passait pour excellent poëte. Il avait été élevé avec Schah-Djehan, qui prit du goût pour son esprit, et qui le comblait de richesses et d'honneurs; mais ni les promesses ni les menaces n'avaient pu lui faire embrasser la religion de Mahomet.

Tavernier décrit la route d'Agra à Delhy, sans expliquer à quelle occasion ni dans quel temps il fit ce voyage; il compte soixante-huit cosses entre ces deux villes. Delhy est une grande ville, située sur le Djemna, qui coule du nord au sud, et qui, prenant ensuite son cours du couchant au levant, après avoir passé par Agra et Kadiove, va se perdre dans le Gange. Schah-Djehan, rebuté des chaleurs d'Agra, fit bâtir près de Delhy une nouvelle ville, à laquelle il donna le nom de Djehanabad, qui signifie ville de Djehan: le climat y est plus tempéré. Mais depuis cette fondation, Delhy est tombée presqu'en ruine, et n'a que des pauvres pour habitans, à l'exception de trois ou quatre seigneurs, qui, lorsque la cour est à Djehanabad, s'y établissent dans de grands enclos, où ils font dresser leurs tentes. Un jésuite qui suivait la cour d'Aureng-Zeb prenait aussi son logement à Delhy.

Djehanabad, que le peuple, par corruption, nomme aujourd'hui Djenabab, est devenue une fort grande ville, et n'est séparée de l'autre que par une simple muraille. Toutes ses maisons sont bâties au milieu de grands enclos; on entre du côté de Delhy par une longue et large rue, bordée de voûtes, dont le dessus est une plate-forme, et qui sert de retraite aux marchands; cette rue se termine à la grande place où est le palais de l'empereur. Dans une autre, fort droite et fort large, qui vient se rendre à la même place, vers une autre porte du palais, on ne trouve que de gros marchands qui n'ont point de boutique extérieure.

Le palais impérial n'a pas moins d'une demi-lieue de circuit; les murailles sont de belle pierre de taille, avec des créneaux et des tours; les fossés sont pleins d'eau, et revêtus de la même pierre; le grand portail du palais n'a rien de magnifique, non plus que la première cour, où les seigneurs peuvent entrer sur leurs éléphans; mais après cette cour on trouve une sorte de rue ou de grand passage, dont les deux côtés sont bordés de beaux portiques, sous lesquels une partie de la garde à cheval se retire dans plusieurs petites chambres. Ils sont élevés d'environ deux pieds; et les chevaux, qui sont attachés au-dehors à des anneaux de fer, ont leurs mangeoires sur les bords. Dans quelques endroits on voit de grandes portes qui conduisent à divers appartemens. Ce passage est divisé par un canal plein d'eau qui laisse un beau chemin des deux côtés, et qui forme de petits bassins à d'égales distances; il mène jusqu'à l'entrée d'une grande cour où les omhras font la garde en personne: cette cour est environnée de logemens assez bas, et les chevaux sont attachés devant chaque porte. De la seconde on passe dans une troisième par un grand portail, à côté duquel on voit une petite salle élevée de deux ou trois pieds, où l'on prend les vestes dont l'empereur honore ses sujets ou les étrangers. Un peu plus loin, sous le même portail, est le lieu où se tiennent les tambours, les trompettes et les hautbois qui se font entendre quelques momens avant que l'empereur se montre au public et lorsqu'il est prêt à se retirer. Au fond de cette troisième cour, on découvre le divan ou la salle d'audience, qui est élevée de quatre pieds au-dessus du rez-de-chaussée, et tout-à-fait ouverte de trois côtés; trente-deux colonnes de marbre, d'environ quatre pieds en carré, avec leurs piédestaux et leurs moulures, soutiennent la voûte. Schah-Djehan s'était proposé d'enrichir cette salle des plus beaux ouvrages mosaïques, dans le goût de la chapelle de Florence; mais, après en avoir fait faire l'essai sur deux ou trois colonnes, il désespéra de pouvoir trouver assez de pierres précieuses pour un si grand dessein; et n'étant pas moins rebuté par la dépense, il se détermina pour une peinture en fleurs.

C'est au milieu de cette salle, et près du bord qui regarde la cour, en forme de théâtre, qu'on dresse le trône où l'empereur donne audience et dispense la justice: c'est un petit lit, de la grandeur de nos lits de camp, avec ses quatre colonnes, un ciel, un dossier, un traversin et la courte-pointe. Toutes ces pièces sont couvertes de diamans; mais lorsque l'empereur s'y vient asseoir, on étend sur le lit une couverture de brocart d'or, ou de quelque riche étoffe piquée. Il y monte par trois petites marches de deux pieds de long. À l'un des côtés on élève un parasol sur un bâton de la longueur d'une demi-pique, et l'on attache à chaque colonne du lit une des armes de l'empereur; c'est-à-dire sa rondache, son sabre, son arc, son carquois et ses flèches.

Dans la cour, au-dessous du trône, on a ménagé une place de vingt pieds en carré, entourée de balustres, qui sont couverts tantôt de lames d'argent, et tantôt de lames d'or. Les quatre coins de ce parquet sont la place des secrétaires d'état, qui font aussi la fonction d'avocats dans les causes civiles et criminelles. Le tour de la balustrade est occupé par les seigneurs et par les musiciens; car, pendant le divan même, on ne cesse pas d'entendre une musique fort douce, dont le bruit n'est pas capable d'apporter de l'interruption aux affaires les plus sérieuses. L'empereur, assis sur un trône, a près de lui quelqu'un des premiers seigneurs, ou ses seuls enfans. Entre onze heures et midi, le premier ministre d'état vient lui faire l'exposition de tout ce qui s'est passé dans la chambre où il préside, qui est à l'entrée de la première cour; et lorsque son rapport est fini, l'empereur se lève; mais pendant que ce monarque est sur le trône, il n'est permis à personne de sortir du palais. Tavernier fait valoir l'honneur qu'on lui fit de l'exempter de cette loi.

Vers le milieu de la cour, on trouve un petit canal large d'environ six pouces, où pendant que le roi est sur son trône, tous ceux qui viennent à l'audience doivent s'arrêter; il ne leur est pas permis d'avancer plus loin sans être appelés; et les ambassadeurs mêmes ne sont pas exempts de cette loi. Lorsqu'un ambassadeur est venu jusqu'au canal, l'introducteur crie, vers le divan où l'empereur est assis, que le ministre de telle puissance souhaite de parler à sa majesté: alors un secrétaire d'état en avertit l'empereur, qui feint souvent de ne pas l'entendre; mais, quelques momens après, il lève les yeux, et les jetant sur l'ambassadeur, il donne ordre au même secrétaire de lui faire signe qu'il peut s'approcher.

De la salle du divan on passe à gauche sur une terrasse d'où l'on découvre la rivière, et sur laquelle donne la porte d'une petite chambre, d'où l'empereur passe au sérail. À la gauche de cette même cour, on voit une petite mosquée fort bien bâtie, dont le dôme est couvert de plomb si parfaitement doré, qu'on le croirait d'or massif. C'est dans cette chapelle que l'empereur fait chaque jour sa prière, excepté le vendredi, qu'il doit se rendre à la grande mosquée. On tend ce jour-là autour des degrés un gros rets de cinq ou six pieds de haut, dans la crainte que les éléphans n'en approchent, et par respect pour la mosquée même. Cet édifice, que Tavernier trouva très-beau, est assis sur une grande plate-forme plus élevée que les maisons de la ville, et l'on y monte par divers escaliers.

Le côté droit de la cour du trône est occupé par des portiques qui forment une longue galerie, élevée d'environ un pied et demi au-dessus du rez-de-chaussée. Plusieurs portes qui règnent le long de ces portiques donnent entrée dans les écuries impériales, qui sont toujours remplies de très-beaux chevaux. Tavernier assure que le moindre a coûté trois mille écus, et que le prix de quelques-uns va jusqu'à dix mille. Au-devant de chaque porte on suspend une natte de bambou, qui se fend aussi menu que l'osier; mais, au lieu que nos petites tresses d'osier se lient avec l'osier même, celles du bambou sont liées avec de la soie torse qui représente des fleurs; et ce travail, qui est fort délicat, demande beaucoup de patience: l'effet de ces nattes est d'empêcher que les chevaux ne soient tourmentés des mouches; chacun a d'ailleurs deux palefreniers, dont l'un ne s'occupe qu'à l'éventer. Devant les portiques, comme devant les portes des écuries, on met aussi des nattes, qui se lèvent et qui se baissent suivant le besoin; et le bas de la galerie est couvert de fort beaux tapis qu'on retire le soir, pour faire dans le même lieu la litière des chevaux: elle ne se fait que de leur fiente, qu'on écrase un peu après l'avoir fait sécher au soleil. Les chevaux qui passent aux Indes, de Perse ou d'Arabie, ou du pays des Ousbeks, trouvent un grand changement dans leur nourriture. Dans l'Indoustan comme dans le reste des Indes, on ne connaît ni le foin ni l'avoine. Chaque cheval reçoit le matin, pour sa portion, deux ou trois pelotes composées de farine de froment et de beurre, de la grosseur de nos pains d'un sou. Ce n'est pas sans peine qu'on les accoutume à cette nourriture, et souvent on a besoin de quatre à cinq mois pour leur en faire prendre le goût:

le palefrenier leur tient la langue d'une main, et de l'autre il leur fourre la pelote dans le gosier. Dans la saison des cannes à sucre ou du millet, on leur en donne à midi; le soir, une heure ou deux avant le coucher de soleil, ils ont une mesure de pois chiches, écrasés entre deux pierres et trempés dans de l'eau.

Tavernier partit d'Agra le 25 novembre 1665, pour visiter quelques villes de l'empire, avec Bernier, auquel il donne le titre de médecin de l'empereur. Le 1er. décembre, ils rencontrèrent cent quarante charrettes, tirées chacune par six bœufs, et chacune portant cinquante mille roupies: c'était le revenu de la province de Bengale, qui, toutes charges payées, et la bourse du gouverneur remplie, montait à cinq millions cinq cent mille roupies. Près de la petite ville de Djianabad, ils virent un rhinocéros qui mangeait des cannes de millet. Il les recevait de la main d'un petit garçon de neuf ou dix ans; et Tavernier en ayant pris quelques-unes, cet animal s'approcha de lui pour les recevoir aussi de la sienne.

Les deux voyageurs arrivèrent à Alemkhand. À deux cosses de ce bourg on rencontre le fameux fleuve du Gange. Bernier parut fort surpris qu'il ne fût pas plus large que la Seine devant le Louvre. Il y a même si peu d'eau depuis le mois de mars jusqu'au mois de juin ou de juillet, c'est-à-dire, jusqu'à la saison des pluies, qu'il est impossible aux bateaux de remonter. En arrivant sur ses bords, les deux Français burent un verre de vin dans lequel ils mirent de l'eau de ce fleuve, qui leur causa quelques tranchées. Leurs valets, qui la burent seule, en furent beaucoup plus tourmentés. Aussi les Hollandais, qui ont des comptoirs sur les rives du Gange, ne boivent-ils jamais de cette eau sans l'avoir fait bouillir. L'habitude la rend si saine pour les habitans du pays, que l'empereur même et toute la cour n'en boivent point d'autre. On voit continuellement un grand nombre de chameaux sur lesquels on vient charger de l'eau du Gange.

Allahabad, où l'on arrive à neuf cosses d'Alemkhand, est une grande ville bâtie sur une pointe de terre où se joignent le Gange et la Djemna. Le château, qui est de pierres de taille, et ceint d'un double fossé, sert de palais au gouverneur. C'était alors un des plus grands seigneurs de l'empire: sa mauvaise santé l'obligeait d'entretenir plusieurs médecins indiens et persans, entre lesquels était Claude Maillé, Français, né à Bourges, et qui exerçait tout à la fois la médecine et la chirurgie. Le premier de ses médecins persans jeta un jour sa femme du haut d'une terrasse en bas, dans un transport de jalousie; elle ne se rompit heureusement que deux ou trois côtes: ses parens demandèrent justice au gouverneur, qui fit venir le médecin, et qui le congédia. Il n'était qu'à deux ou trois journées de la ville, lorsque le gouverneur, se trouvant plus mal, l'envoya rappeler. Alors ce furieux poignarda sa femme et quatre enfans qu'il avait d'elle, avec treize filles esclaves; après quoi il revint trouver le gouverneur, qui, feignant d'ignorer son crime, ne fit pas difficulté de le reprendre à son service.

Sous le grand portail de la pagode de Banaron, un des principaux bramines se tient assis près d'une grande cuve remplie d'eau, dans laquelle on a délayé quelque matière jaune. Tous les banians viennent se présenter à lui pour recevoir une empreinte de cette couleur, qui leur descend entre les deux yeux et sur le bout du nez, puis sur les bras et devant l'estomac: c'est à cette marque qu'on reconnaît ceux qui se sont lavés de l'eau du Gange, car, lorsqu'ils n'ont employé que de l'eau de puits dans leurs maisons, ils ne se croient pas bien purifiés, ni par conséquent en état de manger saintement. Chaque tribu a son onction de différentes couleurs; mais l'onction jaune est celle de la tribu la plus nombreuse, et passe aussi pour la plus pure.

Assez près de la pagode, du côté qui regarde l'ouest, Djesseing, le plus puissant des radjas idolâtres, avait fait bâtir un collége pour l'éducation de la jeunesse. Tavernier y vit deux enfans de ce prince dont les précepteurs étaient des bramines, qui leur enseignaient à lire et à écrire dans un langage fort différent de celui du peuple. La cour de ce collége est environnée d'une double galerie, et c'était dans la plus basse que les deux princes recevaient leurs leçons, accompagnés de plusieurs jeunes seigneurs et d'un grand nombre de bramines, qui traçaient sur la terre, avec de la craie, diverses figures de mathématique. Aussitôt que Tavernier fut entré, ils envoyèrent demander qui il était; et sachant qu'il était Français, ils le firent approcher pour lui faire plusieurs questions sur l'Europe, et particulièrement sur la France. Un bramine apporta deux globes, dont les Hollandais lui avaient fait présent. Tavernier leur en fit distinguer les parties, et leur montra la France. Après quelques autres discours, on lui servit le bétel. Mais il ne se retira point sans avoir demandé à quelle heure il pouvait voir la pagode du collége. On lui dit de revenir le lendemain, un peu avant le lever du soleil: il ne manqua point de se rendre à la porte de cette pagode, qui est aussi l'ouvrage de Djesseing, et qui se présente à gauche en entrant dans la cour. Devant la porte on trouve une espèce de galerie, soutenue par des piliers, qui était déjà remplie d'un grand nombre d'adorateurs. Huit bramines s'avancèrent l'encensoir à la main, quatre de chaque côté de la porte, au bruit de plusieurs tambours et de quantité d'autres instrumens. Deux des plus vieux bramines entonnèrent un cantique. Le peuple suivit, et les instrumens accompagnaient les voix. Chacun avait à la main une queue de paon, ou quelque autre éventail, pour chasser les mouches au moment où la pagode devait s'ouvrir. Cette musique et l'exercice des éventails durèrent plus d'une demi-heure. Enfin les deux principaux bramines firent entendre trois fois deux grosses sonnettes qu'ils prirent d'une main, et de l'autre ils frappèrent avec une espèce de petit maillet contre la porte. Elle fut ouverte aussitôt par six bramines qui étaient dans la pagode. Tavernier découvrit alors sur un autel, à sept ou huit pas de la porte, la grande idole de Ram-Khan, qui passe pour la sœur de Morli-ram. À sa droite, il vit un enfant, de la forme d'un cupidon, que les banians nomment Lokemin, et sur son bras gauche une petite fille, qu'ils appellent Sita. Aussitôt que la porte fut ouverte, et qu'on eut tiré un grand rideau qui laissa voir l'idole, tous les assistans se jetèrent à terre en mettant les mains sur leurs têtes, et se prosternèrent trois fois. Ensuite, s'étant relevés, ils jetèrent quantité de bouquets et de chaînes en forme de chapelets, que les bramines faisaient toucher à l'idole et rendaient à ceux qui les avaient présentés. Un vieux bramine qui était devant l'autel tenait à la main une lampe à neuf mèches allumées, sur lesquelles il jetait par intervalles une sorte d'encens, en approchant la lampe fort près de l'idole. Après toutes ces cérémonies, qui durèrent l'espace d'une heure, on fit retirer le peuple, et la pagode fut fermée. On avait présenté à Ram-Khan quantité de riz, de beurre, d'huile et de laitage, dont les bramines n'avaient laissé rien perdre. Comme l'idole représente une femme, elle est particulièrement invoquée de ce sexe, qui la regarde comme sa patronne. Djesseing, pour la tirer de la grande pagode, et lui donner un autel dans la sienne, avait employé, tant en présens pour les bramines qu'en aumônes pour les pauvres, plus de cinq laks de roupies, qui font sept cent cinquante mille livres de notre monnaie.

À cinq cents pas de Banaron, au nord-ouest, Tavernier et Bernier visitèrent une mosquée où l'on montre plusieurs tombeaux mahométans, dont quelques-uns sont d'une fort belle architecture. Les plus curieux sont dans un jardin fermé de murs, qui laissent des jours par où ils peuvent être vus des passans. On en distingue un qui compose une grande masse carrée, dont chaque face est d'environ quinze pas. Au milieu de cette plate-forme s'élève une colonne de trente-quatre ou trente-cinq pieds de haut, tout d'une pièce, et que trois hommes pourraient à peine embrasser. Elle est d'une pierre grisâtre si dure, que Tavernier ne put la gratter avec un couteau. Elle se termine en pyramide, avec une grosse boule sur la pointe, et un cercle de gros grains au-dessous de la boule. Toutes les faces sont couvertes de figures d'animaux en relief. Plusieurs vieillards qui gardaient le jardin assurèrent Tavernier que ce beau monument avait été beaucoup plus élevé, et que depuis cinquante ans il s'était enfoncé de plus de trente pieds. Ils ajoutèrent que c'était la sépulture d'un roi de Boutan, qui était mort dans le pays après être sorti du sien pour en faire la conquête.

Patna, une des plus grandes villes de l'Inde, est située sur la rive occidentale du Gange. Tavernier ne lui donne guère moins de deux cosses de longueur. Les maisons n'y sont pas plus belles que dans la plupart des autres villes indiennes, c'est-à-dire qu'elles sont couvertes de chaume ou de bambou. La compagnie hollandaise s'y est fait un comptoir pour le commerce du salpêtre, qu'elle fait raffiner à Tchoupar, gros village situé aussi sur la rive droite du Gange, dix cosses au-dessus de Patna. La liberté règne dans cette ville, au point que Tavernier et Bernier, ayant rencontré, en arrivant, les Hollandais de Tchoupar qui retournaient chez eux dans leurs voitures, s'arrêtèrent pour vider avec eux quelques bouteilles de vin de Chypre en pleine rue. Pendant huit jours qu'ils passèrent à Patna, ils furent témoins d'un événement qui leur fit perdre l'opinion où ils étaient que certains crimes étaient impunis dans le mahométisme. Un mimbachi, qui commandait mille hommes de pied, voulait abuser d'un jeune garçon qu'il avait à son service, et qui s'était défendu plusieurs fois contre ses attaques. Il saisit, à la campagne, un moment qui le fit triompher de toutes les résistances du jeune homme. Celui-ci, outré de douleur, prit aussi son temps pour se venger. Un jour qu'il était à la chasse avec son maître, il le surprit à l'écart, et d'un coup de sabre il lui abattit la tête. Aussitôt il courut à bride abattue vers la ville en criant qu'il avait tué son maître pour se venger du plus infâme outrage. Il alla faire la même déclaration au gouverneur, qui le fit jeter d'abord en prison; mais, après de justes éclaircissemens, il obtint la liberté; et, malgré les sollicitations de la famille du mort, aucun tribunal n'osa le poursuivre, dans la crainte d'irriter le peuple, qui applaudissait hautement son action.

À Patna, les deux voyageurs prirent un bateau sur le Gange pour descendre à Daca. Après quelques jours de navigation, Tavernier eut le chagrin de se séparer du compagnon de son voyage, qui, devant se rendre à Casambazar, et passer de là jusqu'à Ougli, se vit forcé de prendre par terre. Un grand banc de sable, qui se trouve devant la ville de Soutiqui, ne permet pas de faire cette route par eau lorsque la rivière est basse. Ainsi, pendant que Bernier prit son chemin par terre, Tavernier continua de descendre le Gange jusqu'à Toutipour, qui est à deux cosses de Raghi-Mehalé. Ce fut dans ce lieu qu'il commença le lendemain, au lever du soleil, à voir un grand nombre de crocodiles couchés sur le sable. Pendant tout le jour, jusqu'au bourg d'Acerat, qui est à vingt-cinq cosses de Toutipour, il ne cessa pas d'en voir une si grande quantité, qu'il lui prit envie d'en tirer un, pour essayer s'il est vrai, comme on le croit aux Indes, qu'un coup de fusil ne leur fait rien. Le coup lui donna dans la mâchoire, et lui fit couler du sang, mais il ne s'en retira pas moins dans la rivière. Le lendemain on n'en aperçut pas un moindre nombre, qui étaient couchés sur le bord de la rivière, et l'auteur en tira deux, de trois balles à chaque coup. Au même instant, ils se renversèrent sur le dos en ouvrant la gueule, et tous deux moururent dans le même lieu.

Daca est une grande ville qui ne s'étend qu'en longueur, parce que les habitans ne veulent pas être éloignés du Gange. Elle a plus de deux cosses, sans compter que, depuis le dernier pont de brique, on ne rencontre qu'une suite de maisons écartées l'une de l'autre, et la plupart habitées par des charpentiers, qui construisent des galéasses et d'autres bâtimens. Toutes ces maisons, dont Tavernier n'excepte point celles de Daca, ne sont que de mauvaises cabanes composées de terre grasse et de bambou. Le palais même du gouverneur est de bois; mais il loge ordinairement sous des tentes qu'il fait dresser dans une cour de son enclos. Les Hollandais et les Anglais ne jugeant point leurs marchandises en sûreté dans les édifices de Daca, se sont fait bâtir d'assez beaux comptoirs. On y voit aussi une fort belle église de brique, dont les pères augustins sont en possession. Tavernier observe, à l'occasion des galéasses qui se font à Daca, qu'on est étonné de leur vitesse. Il s'en fait de si longues, qu'elles ont jusqu'à cinquante rames de chaque côté, mais on ne met que deux hommes à chaque rame. Quelques-unes sont fort ornées. L'or et l'azur y sont prodigués.

On lit dans une autre partie de sa relation qu'étant allé au palais pour prendre congé de l'empereur avant de quitter sa cour, ce monarque lui fit dire qu'il ne voulait pas le laisser partir sans lui montrer ses joyaux. Le lendemain, de grand matin, cinq où six officiers vinrent l'avertir que l'empereur le demandait. Il se rendit au palais, où les courtiers des joyaux le présentèrent à sa majesté, et le menèrent ensuite dans une petite chambre qui est au bout de la salle où l'empereur était sur son trône, et d'où il pouvait les voir.

Akel-Khan, chef du trésor des joyaux, était déjà dans cette chambre. Il donna ordre à quatre eunuques de la cour d'aller chercher les joyaux, qu'ils apportèrent dans deux grands plats de bois lacrés, avec des feuilles d'or, et couverts de petits tapis faits exprès, l'un de velours rouge, l'autre de velours vert en broderie. On les découvrit: on compta trois fois toutes les pièces; trois écrivains en firent la liste. Les Indiens observent toutes ces formalités avec autant de patience que de circonspection; et s'ils voient quelqu'un qui se presse trop ou qui se fâche, ils le regardent sans rien dire, en riant de sa chaleur comme d'une extravagance.

La première pièce qu'Akel-Khan mit entre les mains de Tavernier fut un grand diamant, qui est une rose ronde, fort haute d'un côté. À l'arête d'en bas, on voit un petit cran dans lequel on découvre une petite glace. L'eau en est belle. Il pèse trois cent dix-neuf ratis et demi, qui font deux cent quatre-vingts de nos carats. C'est un présent que Mirghimola fit à l'empereur Schah-Djehan lorsqu'il vint lui demander une retraite à sa cour, après avoir trahi le roi de Golconde son maître. Cette pierre était brute, et pesait alors neuf cents ratis, qui font sept cent quatre-vingts carats et demi. Elle avait plusieurs glaces. En Europe on l'aurait gouvernée fort différemment, c'est-à-dire qu'on en aurait tiré de bons morceaux, et qu'elle serait demeurée plus pesante. Schah-Djehan la fit tailler par un Vénitien nommé Hortensio Borgis, mauvais lapidaire qui se trouvait à la cour. Aussi fut-il mal récompensé. On lui reprocha d'avoir gâté une si belle pierre, qu'on aurait pu conserver dans un plus grand poids, et dont Tavernier ajoute qu'il aurait pu tirer quelque bon morceau sans en faire tort à l'empereur. Il ne reçut pour prix de son travail que dix milles roupies.

Après avoir admiré ce beau diamant, et l'avoir remis entre les mains d'Akel-Khan, Tavernier en vit un autre en poire, de fort bonne forme et de belle eau, avec trois autres diamans à table, deux nets, et l'autre qui a de petits points noirs. Chacun pèse cinquante-cinq à soixante ratis, et la poire soixante-deux et demi; ensuite on lui montra un joyau de douze diamans, chaque pierre de quinze à seize ratis, et toutes roses. Celle du milieu est une rose en cœur, de belle eau, mais avec trois petites glaces; et cette rose peut peser trente-cinq à quarante ratis. On lui fit voir un autre joyau de dix-sept diamans, moitié table, moitié rose, dont le plus grand ne pèse pas plus de sept ou huit ratis, à la réserve de celui du milieu, qui peut en peser seize. Toutes ces pierres sont de la première eau, nettes, de bonne forme, et les plus belles qui se puissent trouver.

Deux grandes perles en poire, l'une d'environ soixante-dix ratis, un peu plate des deux côtés, de belle eau et de bonne forme; un bouton de perle de cinquante-cinq à soixante ratis, de bonne forme et de belle eau; une perle ronde, belle en perfection, un peu plate d'un côté, et de cinquante-six ratis; c'est un présent au grand-mogol, de Schah-Abas II, roi de Perse; trois autres perles rondes, chacune de vingt-cinq à vingt-huit ratis, mais dont l'eau tire sur le jaune; une perle de parfaite rondeur, pesant trente-six ratis et demi, d'une eau vive, blanche, et de la plus haute perfection; c'était le seul joyau qu'Aureng-Zeb eût acheté par admiration pour sa beauté; tout le reste lui venait en grande partie de Daracha, son frère aîné, dont il avait eu la dépouille après lui avoir fait couper la tête, en partie des présens qu'il avait reçus depuis qu'il était monté sur le trône. Ce prince avait moins d'inclination pour les pierreries que pour l'or et l'argent: tels sont les bijoux que l'on mit entre les mains de Tavernier, en lui laissant tout le temps de satisfaire sa curiosité. Il vit encore deux autres perles parfaitement rondes et égales, qui pèsent chacune vingt-cinq ratis et un quart. L'une est un peu jaune; mais l'autre est d'une eau très-vive, et la plus belle qui soit au monde. Il est vrai que le prince arabe qui a pris Mascate sur les Portugais en a une qui passe pour la première en beauté; mais quoiqu'elle soit parfaitement ronde, et d'une blancheur si vive, qu'elle en est comme transparente, elle ne pèse que quatorze carats. L'Asie a peu de monarques qui n'aient sollicité ce prince de leur vendre une perle si rare.

Tavernier admira deux chaînes, l'une de perles et de rubis de diverses formes, percés comme les perles; l'autre de perles et d'émeraudes rondes et percées. Toutes les perles sont de plusieurs eaux, et chacune de dix ou douze ratis. Le milieu de la chaîne de rubis offre une grande émeraude de vieille roche, taillée au cadran et fort haute en couleur, mais avec plusieurs glaces. Elle pèse environ trente ratis. Au milieu de la chaîne d'émeraudes, on admire une améthyste orientale à table longue, d'un poids d'environ quarante ratis, et belle en perfection.

Un rubis balais cabochon, de belle couleur, et percé par le haut, qui pèse dix mescals, dont six font une once; un autre rubis cabochon, parfait en couleur, mais un peu glacé, et percé plus haut, du poids de douze mescals; une topaze orientale, de couleur fort haute, taillée à huit pans, qui pèse six mescals, mais qui a d'un côté un petit nuage blanc; tels étaient les plus précieux joyaux du grand-mogol. Tavernier vante l'honneur qu'il eut de les voir et de les tenir tous dans sa main, comme une faveur qu'aucun autre Européen n'avait jamais obtenue.

Tavernier, entre plusieurs observations sur Goa, qui lui sont communes avec les autres voyageurs, remarque particulièrement que le port de Goa, celui de Constantinople et celui de Toulon, sont les trois plus beaux du grand continent de notre ancien monde. «Avant que les Hollandais, dit-il, eussent abattu la puissance des Portugais dans les Indes, on ne voyait à Goa que de la richesse et de la magnificence; mais, depuis que les sources d'or et d'argent ont changé de maîtres, l'ancienne splendeur de cette ville a disparu. À mon second voyage, ajoute Tavernier, je vis des gens, que j'avais connus riches de deux mille écus de rente, venir le soir, en cachette, me demander l'aumône, sans rien rabattre néanmoins de leur orgueil, surtout les femmes, qui viennent en palekis, et qui demeurent à la porte, tandis qu'un valet qui les accompagne vient vous faire un compliment de leur part. On leur envoie ce qu'on veut, ou bien on le porte soi-même, quand on a la curiosité de voir leur visage; ce qui arrive rarement, parce qu'elles se couvrent la tête d'un voile; mais elles présentent ordinairement un billet de quelque religieux qui les recommande, et qui rend témoignage de leurs richesses passées, en exposant leur misère présente. Ainsi le plus souvent on entre en discours avec la belle; et, par honneur, on la prie d'entrer pour faire une collation, qui dure quelquefois jusqu'au lendemain. Il est constant, ajoute encore Tavernier, que, si les Hollandais n'étaient pas venus aux Indes, on ne trouverait pas aujourd'hui, chez la plupart des Portugais de Goa un morceau de fer, parce que tout y serait d'or ou d'argent.»

Le vice-roi, l'archevêque et le grand-inquisiteur, auxquels Tavernier rendit ses premiers devoirs, le reçurent avec d'autant plus de civilité, que ses visites étaient toujours accompagnées de quelque présent. C'était don Philippe de Mascarenhas qui gouvernait alors les Indes portugaises. Il n'admettait personne à sa table, pas même ses enfans; mais dans la salle où il mangeait on avait ménagé un petit retranchement où l'on mettait le couvert pour les principaux officiers et pour ceux qu'il invitait; ancien usage d'un temps dont il ne restait que la fierté. Le grand-inquisiteur, chez lequel Tavernier s'était présenté, s'excusa d'abord sur ses affaires, et lui fit dire ensuite qu'il l'entretiendrait dans la maison de l'inquisition, quoiqu'il eût son palais dans un autre quartier. Cette affectation pouvait lui causer quelque défiance, parce qu'il était protestant. Cependant il ne fit aucune difficulté d'entrer dans l'inquisition à l'heure marquée. Un page l'introduisit dans une grande salle, où il demeura seul l'espace d'un quart d'heure. Enfin un officier qui vint le prendre le fit passer par deux grandes galeries et par quelques appartemens, pour arriver dans une petite chambre où l'inquisiteur l'attendait, assis au bout d'une grande table en forme de billard. Tout l'ameublement, comme la table, était couvert de drap vert d'Angleterre. Après le premier compliment, l'inquisiteur lui demanda de quelle religion il était. Il répondit qu'il faisait profession de la religion protestante. La seconde question regarda son père et sa mère, dont on voulut savoir aussi la religion: et lorsqu'il eut répondu qu'ils étaient protestans comme lui, l'inquisiteur l'assura qu'il était le bienvenu, comme s'il eût été justifié par le hasard de sa naissance. Alors l'inquisiteur cria qu'on pouvait entrer. Un bout de tapisserie qui fut levé au coin de la chambre fit paraître aussitôt dix ou douze personnes qui étaient dans la chambre voisine. C'étaient deux religieux augustins, deux dominicains, deux carmes et d'autres ecclésiastiques, à qui l'inquisiteur apprit d'abord que Tavernier était né protestant, mais qu'il n'avait avec lui aucun livre défendu, et que, sachant les ordres du tribunal, il avait laissé sa bible à Mengrela. L'entretien devint fort agréable, et roula sur les voyages de Tavernier, dont toute l'assemblée parut entendre volontiers le récit. Trois jours après, l'inquisiteur le fit prier à dîner avec lui, dans une fort belle maison qui est à une demi-lieue de la ville, et qui appartient aux carmes déchaussés. C'est un des plus beaux édifices de toutes les Indes. Un gentilhomme portugais, dont le père et l'aïeul s'étaient enrichis par le commerce, avait fait bâtir cette maison, qui peut passer pour un beau palais. Il vécut sans goût pour le mariage; et, s'étant livré à la dévotion, il passait la plus grande partie de sa vie chez les augustins, pour lesquels il conçut tant d'affection, qu'il fit un testament par lequel il leur donnait tout son bien, à condition qu'après sa mort ils lui élevassent un tombeau au côté droit du grand-autel. Quelques-uns de ces religieux lui ayant représenté que cette place ne convenait qu'à un vice-roi, et l'ayant prié d'en choisir une autre, il fut si piqué de cette proposition, qu'il cessa de voir les augustins; et sa dévotion s'étant tournée vers les carmes, qui le reçurent à bras ouverts, il leur laissa son héritage à la même condition.

Tavernier, voulant visiter l'île de Java, résolut de porter des pierreries au roi de Bantam. Il trouva ce prince assis à la manière des Orientaux, avec trois des principaux seigneurs de la cour. Ils avaient devant eux cinq grands plats de riz de différentes couleurs, du vin d'Espagne, de l'eau-de-vie, et plusieurs espèces de sorbets. Aussitôt que Tavernier eut salué le roi, en lui faisant présent d'un anneau de diamans, et d'un petit bracelet de diamans, de rubis et de saphirs bleus, ce prince lui commanda de s'asseoir, et lui fit donner une tasse d'eau-de-vie, qui ne contenait pas moins d'un demi-setier. Il parut étonné du refus que Tavernier fit de toucher à cette liqueur; et lui ayant fait servir du vin d'Espagne, il ne tarda guère à se lever, dans l'impatience de voir les joyaux. Il alla s'asseoir dans un fauteuil dont le bois était doré comme les bordures de nos tableaux, et qui était placé sur un petit tapis de Perse d'or et de soie. Son habit était une pièce de toile, dont une partie lui couvrait le corps depuis la ceinture jusqu'aux genoux, et le reste était rejeté derrière son dos en manière d'écharpe. Il avait les pieds et les jambes nus. Autour de sa tête une sorte de mouchoir à trois pointes formait un bandeau. Ses cheveux, qui paraissaient fort longs, étaient liés par-dessus. On voyait à côté du fauteuil une paire de sandales, dont les courroies étaient brodées d'or et parsemées de petites perles. Deux de ses officiers se placèrent derrière lui avec de gros éventails dont les bâtons étaient longs de cinq à six pieds, terminés par un faisceau de plumes de paon, de la grosseur d'un tonneau. À la droite, une vieille femme noire tenait dans ses mains un petit mortier et un pilon d'or, où elle pilait des feuilles de bétel, parmi lesquelles elle mêlait des noix d'arek, avec de la semence de perles qu'on y avait fait dissoudre. Lorsqu'elle en voyait quelque partie bien préparée, elle frappait de la main sur le dos du roi, qui ouvrait aussitôt la bouche, et qui recevait ce qu'elle y mettait avec le doigt comme on donne de la bouillie aux enfans. Il avait mâché tant de bétel et bu tant de tabac, qu'il avait perdu toutes ses dents.

Son palais ne faisait pas honneur à l'habileté de l'architecte. C'était un espace carré, ceint d'un grand nombre de petits piliers revêtus de différens vernis, et d'environ deux pieds de haut. Quatre piliers plus gros faisaient les quatre coins, à quarante pieds de distance. Le plancher était couvert d'une natte tissue de l'écorce d'un certain arbre dont aucune sorte de vermine n'approche jamais; et le toit était de simples branches de cocotier. Assez proche, sous un autre toit, soutenu aussi par quatre gros piliers, on voyait seize éléphans. La garde royale, qui était d'environ deux mille hommes, était assise par bandes à l'ombre de quelques arbres. Tavernier ne prit pas une haute opinion du logement des femmes. La porte paraissait fort mauvaise, et l'enceinte n'était qu'une sorte de palissade entremêlée de terre et de fiente de vache. Deux vieilles femmes noires en sortirent successivement pour venir prendre de la main du roi les joyaux de Tavernier, qu'elles allaient montrer apparemment aux dames. Il observa qu'elles ne rapportaient rien; d'où il conclut qu'il devait tenir ferme pour le prix. Aussi vendit-il fort avantageusement tout ce qui était entré au sérail, avec la satisfaction d'être payé sur-le-champ.

Dans un autre voyage qu'il fit à la même cour, il ne tira pas moins d'avantage de tout ce qu'il y avait porté pour le roi. Mais sa vie fut exposée au dernier danger par la fureur d'un Indien mahométan qui revenait de la Mecque. Il passait avec son frère et un chirurgien hollandais dans un chemin où d'un côté on a la rivière, et de l'autre un grand jardin fermé de palissades, entre lesquelles il reste des intervalles ouverts. L'assassin, qui était armé d'une pique, et caché derrière les palissades, poussa son arme pour l'enfoncer dans le corps d'un des trois étrangers. Il fut trop prompt, et la pointe leur passa devant le ventre à tous trois, ou du moins elle ne toucha qu'au vaste haut-de-chausses du chirurgien hollandais, qui saisit aussitôt le bois de la pique; Tavernier le prit aussi de ses deux mains, tandis que son frère, plus jeune et plus dispos, sauta par-dessus la palissade, et perça l'Indien de trois coups d'épée dont il mourut sur-le-champ. Aussitôt quantité de Chinois et d'Indiens idolâtres, qui se trouvaient aux environs, vinrent baiser les mains au capitaine Tavernier en applaudissant à son action. Le roi même, qui en fut bientôt informé, lui fit présent d'une ceinture, comme d'un témoignage de sa reconnaissance. Tavernier jette plus de jour sur une aventure si singulière. Les pèlerins javans, de l'ordre du peuple, surtout les fakirs qui vont à la Mecque, s'arment ordinairement à leur retour de leur cric, espèce de poignard dont la moitié de la lame est empoisonnée; et quelques-uns s'engagent par vœu à tuer tout ce qu'ils rencontreront d'infidèles, c'est-à-dire de gens opposés à la loi de Mahomet. Ces fanatiques exécutent leur résolution avec une rage incroyable, jusqu'à ce qu'ils soient tués eux-mêmes. Alors ils sont regardés comme saints par toute la populace, qui les enterre avec beaucoup de cérémonies, et qui contribuent volontairement à leur élever de magnifiques tombeaux. Quelque dervis se construit une hutte auprès du monument, et se consacre pour toute sa vie à le tenir propre, avec le soin continuel d'y jeter des fleurs. Les ornemens croissent avec les aumônes, parce que plus la sépulture est belle, plus la dévotion augmente avec l'opinion de sa sainteté.

Tavernier raconte une autre aventure du même genre qui fait frémir. «Je me souviens, dit-il, qu'en 1642 il arriva au port de Surate un vaisseau du grand-mogol revenant de la Mecque, où il y avait quantité de ces fakirs; car tous les ans ce monarque envoie deux grands vaisseaux à la Mecque pour y porter gratuitement les pèlerins. Ces bâtimens sont chargés d'ailleurs de bonnes marchandises qui se vendent, et dont le profit est pour eux. On ne rapporte que le principal, qui sert pour l'année suivante, et qui est au moins de six cent mille roupies. Un des fakirs qui revenait alors ne fut pas plus tôt descendu à terre, qu'il donna des marques d'une furie diabolique. Après avoir fait sa prière, il prit son poignard, et courut se jeter au milieu de plusieurs matelots hollandais, qui faisaient décharger les marchandises de quatre vaisseaux qu'ils avaient au port. Cet enragé, sans leur laisser le temps de se reconnaître, en frappa dix-sept, dont treize moururent. Il était armé d'un cangiar, sorte de poignard dont la lame a trois doigts de large par le haut. Enfin le soldat hollandais qui était en sentinelle à l'entrée de la tente des marchands lui donna au milieu de l'estomac un coup de fusil dont il tomba mort. Aussitôt tous les autres fakirs qui se trouvèrent dans le même lieu, accompagnés de quantité d'autres mahométans, prirent le corps et l'enterrèrent. Dans l'espace de quinze jours il eut une belle sépulture. Elle est renversée tous les ans par les matelots anglais et hollandais, pendant que leurs vaisseaux sont au port, parce qu'ils sont les plus forts; mais à peine sont-ils partis, que les mahométans la font rétablir, et qu'ils y plantent des enseignes.»

Tavernier s'était proposé de passer à Batavia les trois mois qui restaient jusqu'au départ des vaisseaux pour l'Europe; mais l'ennuyeuse vie qu'on y mène, sans autre amusement, dit-il, que de jouer et de boire, lui fit prendre la résolution d'employer une partie de ce temps à visiter la cour du roi de Japara, qu'on nomme aussi l'empereur de la Jave. L'île entière était autrefois réunie sous sa domination, avant que le roi de Bantam, celui de Jacatra, et d'autres princes qui n'étaient que ses gouverneurs, eussent secoué le joug de la soumission. Les Hollandais ne s'étaient d'abord maintenus dans le pays que par la division de toutes ces puissances. Lorsque le roi de Japara s'était disposé à les attaquer, le roi de Bantam les avait secourus; et le premier, au contraire, s'était empressé de les aider lorsqu'ils avaient été menacés de l'autre. Aussi, quand la guerre s'élevait entre ces deux princes, les Hollandais prenaient toujours parti pour le plus faible.

Le roi de Japara fait sa résidence dans une ville dont son état porte le nom; éloignée de Batavia d'environ trente lieues, on n'y va que par mer, le long de la côte, d'où l'on fait ensuite près de huit lieues dans les terres, par une belle rivière qui remonte jusqu'à la ville; le port, qui est fort bon, offre de plus belles maisons que la ville, et serait la résidence ordinaire du roi, s'il s'y croyait en sûreté; mais, ayant conçu, depuis l'établissement de Batavia, une haine mortelle pour les Hollandais, il craint de s'exposer à leurs attaques dans un lieu qui n'est pas propre à leur résister. Tavernier raconte un sujet d'animosité plus récent, tel qu'il l'avait appris d'un conseiller de Batavia. Le roi, père de celui qui régnait alors, n'avait jamais voulu entendre parler de paix avec la compagnie; il s'était saisi de quelques Hollandais. La compagnie, qui, par représailles, lui avait enlevé un beaucoup plus grand nombre de ses sujets, lui fit offrir inutilement de lui rendre dix prisonniers pour un; l'offre des plus grandes sommes n'eut pas plus de pouvoir sur sa haine; et se voyant au lit de mort, il avait recommandé à son fils de ne jamais rendre la liberté aux Hollandais qu'il tenait captifs, ni à ceux qui tomberaient entre ses mains. Cette opiniâtreté fit chercher au grand-général de Batavia quelque moyen d'en tirer raison. C'est l'usage, après la mort d'un roi mahométan, que celui qui lui succède envoie quelques seigneurs de sa cour à la Mecque avec des présens pour le prophète; ce devoir fut embarrassant pour le nouveau roi, qui n'avait que de petits vaisseaux, et qui n'ignorait pas que les Hollandais cherchaient sans cesse l'occasion de les enlever. Il prit la résolution de s'adresser aux Anglais de Bantam, dans l'espérance que les Hollandais respecteraient un vaisseau de cette nation. Le président anglais lui en promit un des plus grands et des mieux montés que sa compagnie eût jamais envoyés dans ces mers, à condition qu'elle ne paierait désormais que la moitié des droits ordinaires du commerce sur les terres de Japara. Ce traité fut signé solennellement, et les Anglais équipèrent en effet un fort beau vaisseau, sur lequel ils mirent beaucoup de monde et d'artillerie. Le roi, charmé de le voir entrer dans son port, ne douta pas que ses envoyés ne fissent le voyage de la Mecque en sûreté. Neuf des principaux seigneurs de sa cour, dont la plupart lui touchaient de près par le sang, s'embarquèrent avec un cortége d'environ cent personnes, sans y comprendre quantité de particuliers qui saisirent une occasion si favorable pour faire le plus saint pèlerinage de leur religion: mais ces préparatifs ne purent tromper la vigilance des Hollandais. Comme il faut passer nécessairement devant Bantam pour sortir du détroit, les officiers de la compagnie avaient eu le temps de faire préparer trois gros vaisseaux de guerre, qui rencontrèrent le navire anglais vers Bantam, et qui lui envoyèrent d'abord une volée de canon pour l'obliger d'amener; ensuite, paraissant irrités de sa lenteur, ils commencèrent à faire jouer toute leur artillerie. Les Anglais, qui se virent en danger d'être coulés à fond, baissèrent leurs voiles et voulurent se rendre; mais les seigneurs japarois, et tous les Javans qui étaient à bord, les traitèrent de perfides, et leur reprochèrent de n'avoir fait un traité avec le roi leur maître que pour les livrer à leurs ennemis; enfin, perdant l'espérance d'échapper aux Hollandais qu'ils voyaient prêts à les aborder, ils tirèrent leurs poignards et se jetèrent sur les Anglais, dont ils tuèrent un grand nombre avant qu'ils fussent en état de se défendre. Ils auraient peut-être massacré jusqu'au dernier, si les Hollandais n'étaient arrivés à bord. Plusieurs de ces désespérés ne voulurent point de quartier, et fondant au nombre de vingt ou trente sur ceux qui leur offraient la vie, ils vengèrent leur mort par celle de sept ou huit Hollandais. Le vaisseau fut mené à Batavia, où le général fit beaucoup de civilités aux Anglais, et se hâta de les renvoyer à leur président; ensuite il fit offrir au roi de Japara l'échange de ses gens pour les Hollandais qu'il avait dans ses fers; mais ce prince, plus irréconciliable que jamais, rejeta cette proposition avec mépris. Ainsi les esclaves hollandais perdirent l'espérance de la liberté, et les Javans moururent de misère à Batavia.

La mort du capitaine Tavernier, frère de celui que nous suivons ici, mort qui fut attribuée aux débauches qu'il avait la complaisance de faire avec le roi de Bantam, donne occasion à notre voyageur de se plaindre des usages de Batavia. Il lui en coûta, dit-il, une si grosse somme pour faire enterrer son frère, qu'il en devint plus attentif à sa propre santé, pour ne pas mourir dans un pays où les enterremens sont si chers. La première dépense se fait pour ceux qui sont chargés d'inviter à la cérémonie funèbre. Plus on en prend, plus l'enterrement est honorable; si l'on n'en emploie qu'un, on lui donne deux écus; mais si l'on en prend deux, il leur faut quatre écus à chacun; et si l'on en prend trois, chacun doit en avoir six. La somme augmente avec les mêmes proportions, quand on en prendrait une douzaine. Tavernier, qui voulait faire honneur à la mémoire de son frère, et qui n'était pas instruit de cet usage, en prit six, pour lesquels il fut étonné de se voir demander soixante-douze écus. Le poêle qui se met sur la bière lui en coûta vingt, et peut aller jusqu'à trente; on l'emprunte de l'hôpital; le moindre est de drap, et les trois autres sont de velours, l'un sans frange, l'autre avec des franges, le troisième avec des franges et des houppes aux quatre coins. Un tonneau de vin d'Espagne qui fut bu à l'enterrement lui revint à deux cents piastres; il en paya vingt-six pour des jambons et des langues de bœuf; vingt-deux pour de la pâtisserie; vingt pour ceux qui portèrent le corps en terre, et seize pour le lieu de la sépulture: on en demandait cent pour l'enterrer dans l'église. Ces coutumes parurent étranges à Tavernier, plaisantes, et inventées, dit-il, pour tirer de l'argent des héritiers d'un mort.

Trois jours qu'il eut encore à passer dans la rade de Batavia lui firent connaître toutes les précautions que les Hollandais apportent à leurs embarquemens. Le premier jour, un officier qui tient registre de toutes les marchandises qui s'embarquent, soit pour la Hollande ou d'autres lieux, vint à bord pour y lire le mémoire de tout ce qu'on avait embarqué, et pour le faire signer non-seulement au capitaine, mais encore à tous les marchands qui partaient avec lui. Ce mémoire fut enfermé dans la même caisse où l'on enferme tous les livres de compte, et le rôle de tout ce qui s'est passé dans les comptoirs des Indes. Ensuite on scella le couvert sous lequel sont toutes les marchandises. Le second jour, le major de la ville, l'avocat fiscal et le premier chirurgien vinrent visiter à bord tous ceux qui s'étaient embarqués pour la Hollande. Le major, pour s'assurer qu'il n'y a point de soldats qui partent sans congé; l'avocat fiscal, pour voir si quelque écrivain de la compagnie ne se dérobe point avant l'expiration de son terme; le chirurgien, pour examiner tous les malades qu'on fait partir, et pour décider avec serment que leur mal est incurable aux Indes. Enfin le troisième jour est donné aux adieux des habitans de la ville, qui apportent des rafraîchissemens pour traiter leurs amis, et qui joignent la musique à la bonne chère.

Cinquante-six jours d'une heureuse navigation firent arriver la flotte hollandaise au cap de Bonne-Espérance. Elle y passa trois semaines, pendant lesquelles Tavernier se fit un amusement de ses observations. On ne s'arrêtera qu'à celles qui ne lui sont pas communes avec les autres voyageurs. Il est persuadé, dit-il, que ce n'est pas l'air ni la chaleur qui causent la noirceur des Cafres. Une jeune fille, qui avait été prise à sa mère dès le moment de sa naissance, et nourrie ensuite parmi les Hollandais, était aussi blanche que les femmes de l'Europe. Un Français lui avait fait un enfant; mais la compagnie ne voulut pas souffrir qu'il l'épousât, et le punit même par la confiscation de huit cents livres de ses gages. Cette fille dit à Tavernier que les Cafres ne sont noirs que parce qu'ils se frottent d'une graisse composée de plusieurs simples; et que, s'ils ne s'en frottaient souvent, ils deviendraient hydropiques. Il confirme par le témoignage de ses yeux que les Cafres ont une connaissance fort particulière des simples, et qu'ils en savent parfaitement l'application. De dix-neuf malades qui se trouvaient sur son vaisseau, la plupart affligés d'ulcères aux jambes, ou de coups reçus à la guerre, quinze furent mis entre leurs mains, et se virent guéris en peu de jours, quoique le chirurgien de

Batavia n'eût fait espérer leur guérison qu'en Europe. Chaque malade avait deux Cafres qui le venaient panser; c'est-à-dire qui, apportant des simples, suivant l'état des ulcères ou de la plaie, les appliquaient sur le mal après les avoir broyés entre deux cailloux. Pendant le séjour de Tavernier, quelques soldats, ayant été commandés pour une expédition, et s'étant avancés dans le pays, firent pendant la nuit un grand feu, moins pour se chauffer que pour écarter les lions: ce qui n'empêcha point que, pendant qu'ils se reposaient, un lion ne vînt prendre un d'entre eux par le bras. Il fut tué aussitôt d'un coup de fusil; mais on fut obligé de lui ouvrir la gueule avec beaucoup de peine, pour en tirer le bras du soldat qui était percé de part en part. Les Cafres le guérirent en moins de douze jours. Tavernier conclut du même événement que c'est une erreur de croire que les lions soient effrayés par le feu. Il vit dans le fort hollandais quantité de peaux de lions et de tigres, mais avec moins d'admiration que celle d'un cheval sauvage tué par les Cafres, qui est blanche, traversée de raies noires, picotée comme celle d'un léopard, et sans queue. À deux ou trois lieues du fort, quelques Hollandais trouvèrent un lion mort, avec quatre pointes de porc-épic dans le corps, dont les trois quarts entraient dans la chair; ce qui fit juger que le porc-épic avait tué le lion. Comme le pays est incommodé par la multitude de ces animaux, les Hollandais emploient une assez bonne invention pour s'en garantir. Ils attachent un fusil à quelque pieu bien planté, avec un morceau de viande retenu par une corde attachée à la détente. Lorsque l'animal saisit la viande, cette corde se bande, tire la détente et fait partir le coup, qui lui donne dans la gueule ou dans le corps. Ils n'ont pas moins d'industrie pour prendre les jeunes autruches. Après avoir observé leurs nids, ils attendent qu'elles aient sept ou huit jours. Alors plantant un pieu en terre, ils les lient par un pied dans le nid, afin qu'elles ne puissent fuir; et les laissant nourrir par les grandes jusqu'à l'âge qu'ils désirent, ils les prennent enfin pour les vendre ou les manger.

Lorsqu'on aperçut les côtes de Hollande, tous les matelots de la flotte des Indes, dans la joie de revoir leur pays, allumèrent tant de feux autour de la poupe et de la proue des vaisseaux, qu'on les aurait crus près d'être consumés par les flammes. Tavernier compta sur son seul vaisseau plus de dix-sept cents cierges. Il explique d'où venait cette abondance. Une partie des matelots de sa flotte avaient servi dans celle que les Hollandais avaient envoyée contre les Manilles; et quoique cette expédition eût été sans succès, ils avaient pillé quelques couvens, d'où ils avaient emporté une prodigieuse quantité de cierges. Ils n'en avaient pas moins trouvé dans Pointe-de-Galle, après avoir enlevé cette place aux Portugais. La cire, dit Tavernier, était à vil prix dans les Indes; chaque maison religieuse a toujours une prodigieuse quantité de cierges. Le moindre Hollandais en eut pour sa part trente ou quarante.

Le vice-amiral qui avait apporté Tavernier devait relâcher en Zélande, suivant les distributions établies. Il fut sept jours entiers sans pouvoir entrer dans

Flessingue, parce que les sables avaient changé de place; mais aussitôt qu'il eut jeté l'ancre, il se vit environné d'une multitude de petites barques, malgré le soin qu'on prenait de les écarter. On entendait mille voix s'élever de toutes parts pour demander les noms des parens et des amis que chacun attendait. Le lendemain, deux officiers de la compagnie vinrent à bord et firent assembler tout le monde entre la poupe et le grand mât; ils prirent le capitaine à leur côté: «Messieurs, dirent-ils à tout l'équipage; nous vous commandons au nom de toute la compagnie de nous déclarer si vous avez reçu quelque mauvais traitement dans ce voyage.» L'impatience de tant de gens qui se voyaient attendus sur le rivage par leur père, leur mère, ou leurs plus chers amis, les fit crier tout d'une voix que le capitaine était honnête homme. À l'instant chacun eut la liberté de sauter dans les chaloupes et de se rendre à terre. Tavernier reçut beaucoup de civilités des deux officiers, qui lui demandèrent à son tour s'il n'avait aucune plainte à faire des commandans du vaisseau.

Il n'avait pas d'autre motif pour s'arrêter en Hollande que le paiement des sommes qu'on lui avait retenues à Batavia; mais ses longues et pressantes sollicitations ne purent lui en faire obtenir qu'un peu plus de la moitié. «S'il ne m'était rien dû, s'écrie-t-il dans l'amertume de son cœur, pourquoi satisfaire à la moitié de mes demandes? et si je ne redemandais que mon bien, pourquoi m'en retenir une partie?» Il prend occasion de cette injustice pour relever sans ménagement les abus qui se commettaient dans l'administration des affaires de la compagnie.

CHAPITRE IX.

Indoustan.

La belle région, qui se nomme proprement l'Inde, et que les Persans et les Arabes ont nommé l'Indoustan, est bornée à l'est par le royaume d'Arrakan; à l'ouest, par une partie de la Perse et par la mer des Indes; au nord, par le mont Himalaya et la Tartarie; au sud, par le royaume de Décan et par le golfe de Bengale. On ne lui donne pas moins de six cents lieues de l'est à l'ouest, depuis le fleuve Indus jusqu'au Gange, ni moins de sept cents du nord au sud, en plaçant ses frontières les plus avancées vers le sud, à 20 degrés; et les plus avancées vers le nord, à 43. Dans cet espace, elle contient trente-sept grandes provinces, qui étaient anciennement autant de royaumes. Nous ne nous proposons point d'en donner une description géographique, que l'on peut trouver ailleurs. Nous suivons notre plan, qui consiste à présenter toujours une vue générale, en nous arrêtant sur les détails les plus curieux.

Agra, dont la ville capitale porte aussi le même nom, est une des plus grandes provinces de l'empire, et celle qui tient aujourd'hui le premier rang. Elle est arrosée par le Djemna, qui la traverse entièrement; on y trouve les villes de Scander, d'Adipour et Felipour. Le pays est sans montagnes; et depuis sa capitale jusqu'à Lahor, qui sont les deux plus belles villes de l'Indoustan, on voit une allée d'arbres, à laquelle Terry donne quatre cents milles d'Angleterre de longueur. Bernier trouve beaucoup de ressemblance entre la ville d'Agra et celle de Delhy, ou plutôt de Djehanabad, telle qu'on a pu s'en former l'idée dans la description de Tavernier. «À la vérité, dit-il, l'avantage d'Agra est, qu'ayant été long-temps la demeure des souverains, depuis Akbar qui la fit bâtir, et qui la nomma de son nom Akbar-Abad, quoiqu'elle ne l'ait pas conservé, elle a plus d'étendue que Delhy, plus de belles maisons de radias et d'omhras, plus de grands caravansérails, et plus d'édifices de pierre et de brique, outre les fameux tombeaux d'Akbar et de Tadje-Mehal, femme de Schah-Djehan; mais elle a aussi le désavantage de n'être pas fermée de murs, sans compter que, n'ayant pas été bâtie sur un plan général, elle n'a pas ces belles et larges rues de même structure qu'on admire à Delhy. Si l'on excepte quatre ou cinq principales rues marchandes qui sont très-longues et fort bien bâties, la plupart des autres sont étroites, sans symétrie, et n'offrent que des détours et des recoins qui causent beaucoup d'embarras lorsque la cour y fait sa résidence. Agra, lorsque la vue s'y promène de quelque lieu éminent, paraît plus champêtre que Delhy. Comme les maisons des seigneurs y sont entremêlées de grands arbres verts, dont chacun a pris plaisir de remplir son jardin et sa cour pour se procurer de l'ombre, et que les maisons de pierre des marchands, qui sont dispersées entre ces arbres, ont l'apparence d'autant de vieux châteaux, elles forment toutes ensemble des perspectives fort agréables, surtout dans un pays fort sec et fort chaud, où les yeux ne semblent demander que de la verdure et de l'ombrage.

Agra est deux fois plus grande qu'Ispahan, et l'on n'en fait pas le tour à cheval en moins d'un jour. La ville est fortifiée d'une fort belle muraille de pierre de taille rouge et d'un fossé large de plus de trente toises.

Ses rues sont belles et spacieuses. Il s'en trouve de voûtées qui ont plus d'un quart de lieue de long, où les marchands et les artisans ont leurs boutiques distinguées par l'espèce des métiers et par la qualité des marchandises. Les méidans et les bazars sont au nombre de quinze, dont le plus grand est celui qui forme comme l'avant-cour du château. On y voit soixante pièces de canon de toutes sortes de calibres, mais en assez mauvais ordre et peu capables de servir. Cette place, comme celle d'Ispahan, offre une grosse et haute perche, où les seigneurs de la cour, et quelquefois le grand-mogol même, s'exercent à tirer au blanc.

On compte dans la ville quatre-vingts caravansérails pour les marchands étrangers, la plupart à trois étages, avec de très-beaux appartemens, des magasins, des portiques et des écuries, accompagnées de galeries et de corridors pour la communication des chambres. Ces espèces d'hôtelleries ont leurs concierges, qui doivent veiller à la conservation des marchandises et qui vendent des vivres à ceux qu'ils doivent loger gratuitement.

Comme le grand-mogol et la plupart des seigneurs de sa cour font profession du mahométisme, on voit dans Agra un grand nombre de metschids ou de mosquées. On en distingue soixante-dix grandes, dont les six principales portent le nom de *metschidadine*, c'est-à-dire *quotidiennes*, parce que chaque jour le peuple y fait ses dévotions. On voit dans une de ces six mosquées le sépulcre d'un saint mahométan qui se nomme *Scander*, et qui est de la postérité d'Ali. Dans une autre, on voit une tombe de trente pieds de long, sur seize de large, qui passe pour celle d'un héros guerrier: elle est couverte de petites banderoles. Un grand nombre de pèlerins qui s'y rendent de toutes parts ont assez enrichi la mosquée pour la mettre en état de nourrir chaque jour un très-grand nombre de pauvres. Ces metschids et les cours qui en dépendent servent d'asile aux criminels, et même à ceux qui peuvent être arrêtés pour dettes. Ce sont les allacapi de Perse que les Mogols nomment *allades*, et qui sont si respectés, que l'empereur même n'a pas le pouvoir d'y faire enlever un coupable. On trouve dans Agra jusqu'à huit cents bains, dont le grand-mogol tire annuellement des sommes considérables, parce que, cette sorte de purification faisant une des principales parties de la religion du pays, il n'y a point de jour où ces lieux ne soient fréquentés d'une multitude infinie de peuple.

Les seigneurs de la cour ont leurs hôtels dans la ville et leurs maisons à la campagne: tous ces édifices sont bien bâtis et richement meublés. L'empereur a plusieurs maisons hors de la ville, où il prend quelquefois plaisir à se retirer. Mais rien ne donne une plus haute idée de la grandeur de ce prince que son palais, qui est situé sur le bord de la rivière. Mandelslo lui donne environ quatre cents toises de tour. Il est parfaitement bien fortifié, dit-il, du moins pour le pays; et cette fortification consiste dans une muraille de pierres de taille, un grand fossé et un pont-levis à chaque porte, avec quelques autres ouvrages aux avenues, surtout à la porte du nord.

Celle qui donne sur le bazar, et qui regarde l'occident, s'appelle *cistery*. C'est sous cette porte qu'est le divan, c'est-à-dire le lieu où le grand-mogol fait administrer la justice à ses sujets, près d'une grande salle où le premier visir fait expédier et sceller les ordonnances pour toutes sortes de levées. Les minutes en sont gardées au même lieu. En entrant par cette porte, on se trouve dans une grande rue, bordée d'un double rang de boutiques, et qui mène droit au palais impérial.

La porte qui donne entrée dans le palais se nomme *Akbar-dervagé*, c'est-à-dire porte de l'empereur Akbar. Elle est si respectée, qu'à la réserve des seuls princes du sang, tous les autres seigneurs sont obligés d'y descendre et d'entrer à pied. C'est dans ce quartier que sont logées les femmes qui chantent et qui dansent devant le grand-mogol et sa famille.

La quatrième porte, nommée *Dersané*, donne sur la rivière; et c'est là que sa majesté se rend tous les jours pour saluer le soleil à son lever. C'est du même côté que les grands de l'empire, qui se trouvent à la cour, viennent rendre chaque jour leur hommage au souverain, dans un lieu élevé où ce monarque peut les voir. Les hadys ou les officiers de cavalerie s'y trouvent aussi; mais ils se tiennent plus éloignés, et n'approchent point de l'empereur sans un ordre exprès. C'est de là qu'il voit combattre les éléphans, les taureaux, les lions et d'autres bêtes féroces; amusement qu'il prenait tous les jours, à la réserve du vendredi, qu'il donnait à ses dévotions.

La porte qui donne entrée dans la salle des gardes se nomme *Attesanna*. On passe de cette salle dans une cour pavée, au fond de laquelle on voit sous un portail une balustrade d'argent, dont l'approche est défendue au peuple, et n'est permise qu'aux seigneurs de la cour. Mandelslo rencontra dans cette cour un valet persan qui l'avait quitté à Surate. Il en reçut des offres de service, et celle même de le faire entrer dans la balustrade; mais les gardes s'y opposèrent. Cependant, comme c'est par cette balustrade qu'on entre dans la chambre du trône, il vit dans une autre petite balustrade d'or le trône du grand-mogol, qui est d'or massif enrichi de diamans, de perles et d'autres pierres précieuses; au-dessus est une galerie où ce puissant monarque se fait voir tous les jours pour rendre justice à ceux qui la demandent. Plusieurs clochettes d'or sont suspendues en l'air au-dessus de la balustrade. Ceux qui ont des plaintes à faire doivent en sonner une; mais si l'on n'a des preuves convaincantes, il ne faut pas se hasarder d'y toucher, sous peine de la vie.

On montre en dehors un autre appartement du palais, qu'on distingue par une grosse tour dont le toit est couvert de lames d'or, et qui contient, dit-on, huit grandes voûtes pleines d'or, d'argent et de pierres précieuses d'une valeur inestimable.

Mandelslo paraît persuadé que d'une ville aussi grande, aussi peuplée qu'Agra, on peut tirer deux cent mille hommes capables de porter les armes. La plupart de ses habitans suivent la religion de Mahomet. Sa juridiction, qui s'étend dans une circonférence de plus de cent vingt lieues, comprend plus de quarante petites villes et trois mille six cents villages. Le terroir est bon et fertile. Il produit quantité d'indigo, de coton, de salpêtre et d'autres richesses dont les habitans font un commerce avantageux.

On compte dans l'Indoustan quatre-vingt-quatre princes indiens qui conservent encore une espèce de souveraineté dans leur ancien pays, en payant un tribut au grand-mogol, et le servent dans sa milice. Ils sont distingués par le nom de *radjas*; et la plupart demeurent fidèles à l'idolâtrie, parce qu'ils sont persuadés que le lien d'une religion commune sert beaucoup à les soutenir dans la propriété de leurs petits états, qu'ils transmettent ainsi à leur postérité: mais c'est presque le seul avantage qu'ils aient sur les omhras mahométans, avec lesquels ils partagent d'ailleurs à la cour toutes les humiliations de la dépendance. Cependant on en distingue quelques-uns qui conservent encore une ombre de grandeur, dans la présence même du mogol. Le premier, qu'on a nommé dans diverses relations, prétend tirer son origine de l'ancien Porus, et se fait nommer le fils de celui qui se sauva du déluge, comme si c'était un titre de noblesse qui le distinguât des autres hommes. Ses états se nomment *Zédussié*; sa capitale est *Usepour*. Tous les princes de cette race prennent, de père en fils, le nom de *Rana*, qui signifie *homme de bonne mine*. On prétend qu'il peut mettre sur pied cinquante mille chevaux, et jusqu'à deux cent mille hommes d'infanterie. C'est le seul des princes indiens qui ait conservé le droit de marcher sous le parasol, honneur réservé au seul monarque de l'Indoustan.

Le radja de Rator égale celui de Zédussié en richesses et en puissance; il gouverne neuf provinces avec les droits de souveraineté. Son nom était *Djakons-Sing*, c'est-à-dire *le maître-lion*, lorsque Aureng-Zeb monta sur le trône. Comme il peut lever une aussi grosse armée que le rana, il jouit de la même considération à la cour. On raconte qu'un jour Schah-Djehan l'ayant menacé de rendre une visite à ses états, il lui répondit fièrement que le lendemain il lui donnerait un spectacle capable de le dégoûter de ce voyage. En effet, comme c'était son tour à monter la garde à la porte du palais, il rangea vingt mille hommes de sa cavalerie sur les bords du fleuve. Ensuite il alla prier l'empereur de jeter les yeux du haut du balcon sur la milice de ses états. Schah-Djehan vit avec surprise les armes brillantes et la contenance guerrière de cette troupe. «Seigneur, lui dit alors le radja, tu as vu sans frayeur, des fenêtres de ton palais, la bonne mine de mes soldats. Tu ne la verrais peut-être pas sans péril, si tu entreprenais de faire violence à leur liberté.» Ce discours fut applaudi, et Djakons-Sing reçut un présent.

Outre ces principaux radjas, on n'en compte pas moins de trente, dont les forces ne sont pas méprisables, et quatre particulièrement qui entretiennent à leur solde plus de vingt-cinq mille hommes de cavalerie. Dans les besoins de l'état, tous ces princes joignent leurs troupes à celles du mogol. Il les commande en personne; ils reçoivent pour leurs gens la même solde qu'on donne à ceux de l'empereur, et pour eux-mêmes des appointemens égaux à ceux du premier général mahométan.

Sans vouloir entrer dans les détails qui appartiennent à l'histoire, il suffira de rappeler ici que l'ancien empire des Tartares-Mogols, fondé par Tamerlan vers la fin du quatorzième siècle, fut partagé, au commencement du seizième, en deux branches principales: la race d'Ousbeck-Khan, un des descendans de Tamerlan, régna dans Samarkand sur les Tartares-Ousbecks; et Baber, autre prince de la même race, régna dans l'Indoustan: ce partage subsiste encore.

Le prodigieux nombre de troupes que les empereurs mogols ne cessent point d'entretenir à leur solde en font sans comparaison les plus redoutables souverains des Indes. On croit en Europe que leurs armées sont moins à craindre par la valeur que par la multitude des combattans; mais c'est moins le courage qui manque à cette milice que la science de la guerre et l'adresse à se servir des armes. Elle serait fort inférieure à la nôtre par la discipline et l'habileté; mais de ce côté même elle surpasse toutes les autres nations indiennes, et la plupart ne l'égalent point en bravoure. Sans remonter à ces conquérans tartares qui peuvent être regardés comme les ancêtres des mogols, il est certain que c'est par la valeur de leurs troupes qu'Akbar et Aureng-Zeb ont étendu si loin les limites de leur empire, et que le dernier a si long-temps rempli l'Orient de la terreur de son nom.

On peut rapporter à trois ordres toute la milice de ce grand empire: le premier est composé d'une armée toujours subsistante que le grand-mogol entretient dans sa capitale, et qui monte la garde chaque jour devant son palais; le second, des troupes qui sont répandues dans toutes les provinces; et le troisième, des troupes auxiliaires que ses radjas, vassaux de l'empereur, sont obligés de lui fournir.

L'armée, qui campe tous les jours aux portes du palais, dans quelque lieu que soit la cour, monte au moins à cinquante mille hommes de cavalerie, sans compter une prodigieuse multitude d'infanterie, dont Delhy et Agra, les deux principales résidences des grands-mogols, sont toujours remplies; aussi, lorsqu'ils se mettent en campagne, ces deux villes ne ressemblent plus qu'à deux camps déserts dont une grosse armée serait sortie. Tout suit la cour; et si l'on excepte le quartier des banians, ou des gros négocians, le reste a l'air d'une ville dépeuplée. Un nombre incroyable de vivandiers, portefaix, d'esclaves et de petits marchands, accompagnent les armées, pour leur rendre le même service que dans les villes; mais toute cette milice de garde n'est pas sur le même pied. Le plus considérable de tous les corps militaires est celui des quatre mille esclaves de l'empereur, qui est distingué par ce nom pour marquer son dévouement à sa personne. Leur chef, nommé *le deroga*, est un officier de considération auquel on confie souvent le commandement des armées. Tous les soldats qu'on admet dans une troupe si relevée sont marqués au front. C'est de là qu'on tire les mansebdards et d'autres officiers subalternes pour les faire monter par degrés jusqu'au rang d'omhras de guerre: titre qui répond assez à celui de nos lieutenans-généraux.

Les gardes de la masse d'or, de la masse d'argent et de la masse de fer, composent aussi trois différentes compagnies, dont les soldats sont marqués diversement au front. Leur paie est plus grosse et leur rang plus respecté, suivant le métal dont leurs masses sont revêtues. Tous ces corps sont remplis de soldats d'élite, que leur valeur a rendus dignes d'y être admis; il faut nécessairement avoir servi dans quelques-unes de ces troupes, et s'y être distingué, pour s'élever aux dignités de l'état. Dans les armées du mogol, la naissance ne donne point de rang; c'est le mérite qui règle les prééminences, et souvent le fils d'un omhra se voit confondu dans les derniers degrés de la milice: aussi ne reconnaît-on guère d'autre noblesse parmi les mahométans des Indes que celle de quelques descendans de Mahomet, qui sont respectés dans tous les lieux où l'on observe l'Alcoran.

En général, lorsque la cour réside dans la ville de Delhy ou dans celle d'Agra, l'empereur y entretient, même en temps de paix, près de deux cent mille hommes. Lorsqu'elle est absente d'Agra, on ne laisse pas d'y entretenir ordinairement une garnison de quinze mille hommes de cavalerie et de trente mille hommes d'infanterie; règle qu'il faut observer dans le dénombrement des troupes du mogol, où les gens de pied sont toujours au double des gens de cheval. Deux raisons obligent de tenir toujours dans Agra une petite armée sur pied: la première, c'est qu'en tout temps on y conserve le trésor de l'empire; la seconde, qu'on y est presque toujours en guerre avec les paysans du district, gens intraitables et belliqueux, qui n'ont jamais été bien soumis depuis la conquête de l'Indoustan.

Si ce grand nombre de soldats et d'officiers qui ne vivent que de la solde du prince est capable d'assurer la tranquillité de l'état, il sert aussi quelquefois à la détruire. Tant que le souverain conserve assez d'autorité sur les vice-rois et sur les troupes pour n'avoir rien à redouter de leur fidélité, les soulèvemens sont impossibles; mais, aussitôt que les princes du sang se révoltent contre la cour, ils trouvent souvent dans les troupes de leur souverain de puissans secours pour lui faire la guerre. Aureng-Zeb s'éleva ainsi sur le trône; et l'adresse avec laquelle il ménagea l'affection des gouverneurs de provinces fit tourner en sa faveur toutes les forces que Schah-Djehan son père entretenait pour sa défense.

Des armées si formidables, répandues dans toutes les parties de l'empire, procurent ordinairement de la sûreté aux frontières, et de la tranquillité au centre de l'état; il n'y a point de petite bourgade qui n'ait au moins deux cavaliers et quatre fantassins: ce sont les espions de la cour qui sont obligés de rendre compte de tout ce qui arrive sous leurs yeux, et qui donnent occasion, par leurs rapports, à la plupart des ordres qui passent dans les provinces.

Les armes offensives des cavaliers mogols sont l'arc, le carquois, chargé de quarante ou cinquante flèches, le javelot ou la zagaie, qu'ils lancent avec beaucoup d'adresse, le cimeterre d'un côté et le poignard de l'autre; pour armes défensives, ils ont l'écu, espèce de petit bouclier qu'ils portent toujours pendu au cou; mais ils n'ont pas d'armes à feu.

L'infanterie se sert du mousquet avec assez d'adresse; ceux qui n'ont pas de mousquet portent, avec l'arc et la flèche, une pique de dix ou douze pieds, qu'ils emploient au commencement du combat en la lançant contre l'ennemi. D'autres sont armés de cottes de mailles qui leur vont jusqu'aux genoux; mais il s'en trouve fort peu qui se servent de casques, parce que rien ne serait plus incommode dans les grandes chaleurs du pays. D'ailleurs les Mogols n'ont pas d'ordre militaire; ils ne connaissent point les distinctions d'avant-garde, de corps de bataille, ni d'arrière-garde; ils n'ont ni front ni file, et leurs combats se font avec beaucoup de confusion. Comme ils n'ont point d'arsenaux, chaque chef de troupe est obligé de fournir des armes à ses soldats: de là vient le mélange de leurs armes, qui souvent ne sont pas les mêmes dans chaque corps: c'est un désordre qu'Aureng-Zeb avait entrepris de réformer. Mais l'arsenal particulier de l'empereur est d'une magnificence éclatante; ses javelines, ses carquois, et surtout ses sabres, y sont rangés dans le plus bel ordre; tout y brille de pierres précieuses. Il prend plaisir à donner lui-même des noms à ses armes: un de ses cimeterres s'appelle *alom-guir*, c'est-à-dire *le conquérant de la terre*; un autre, *faté-alom*, qui signifie *le vainqueur du monde*. Tous les vendredis au matin, le grand-mogol fait sa prière dans son arsenal pour demander à Dieu qu'avec ses sabres il puisse remporter des victoires et faire respecter le nom de l'Éternel à ses ennemis. On pourrait demander comment se nommaient tous ces cimeterres lorsque, par la suite, Nadir-Schah tenait l'empereur captif dans son palais de Delhy.

Les écuries du grand-mogol répondent au nombre de ses soldats. Elles sont peuplées d'une multitude prodigieuse de chevaux et d'éléphans. Le nombre de ses chevaux est d'environ douze mille, dont on ne choisit à la vérité que vingt ou trente pour le service de sa personne; le reste est pour la pompe ou destiné à faire des présens. C'est l'usage des grands-mogols de donner un habit et un cheval à tous ceux dont ils ont reçu le plus léger service. On fait venir tous ces chevaux de Perse, d'Arabie, et surtout de la Tartarie. Ceux qu'on élève aux Indes sont rétifs, ombrageux, mous, et sans vigueur. Il en vient tous les ans plus de cent mille de Bockara et de Kaboul; profit considérable pour les douanes de l'empire, qui font payer vingt-cinq pour cent de leur valeur. Les meilleurs sont séparés pour le service du prince, et le reste se vend à ceux qui, par leur emploi, sont obligés de monter la cavalerie. On a fait remarquer dans plusieurs relations que leur nourriture aux Indes n'est pas semblable à celle qu'on leur donne en Europe, parce que dans un pays si chaud, on ne recueille guère de fourrage que sur le bord des rivières. On y supplée par des pâtes assaisonnées.

Les éléphans sont tout à la fois une des forces de l'empereur mogol, et l'un des principaux ornemens de son palais. Il en nourrit jusqu'à cinq cents, pour lui servir de monture, sous de grands portiques bâtis exprès. Il leur donne lui-même des noms pleins de majesté, qui conviennent aux propriétés naturelles de ces grands animaux. Leurs harnais sont d'une magnificence qui étonne. Celui que monte l'empereur a sur le dos un trône éclatant d'or et de pierres précieuses. Les autres sont couverts de plaques d'or et d'argent, de housses en broderies d'or, de campanes et de franges d'or. L'éléphant du trône, qui porte le nom d'*Aureng-gas*, c'est-à-dire capitaine des éléphans, a toujours un train nombreux à sa suite. Il ne marche jamais sans être précédé de timbales, de trompettes et de bannières. Il a triple paie pour sa dépense. La cour entretient d'ailleurs dix hommes pour le service de chaque éléphant: deux qui ont soin de l'exercer, de le conduire et de le gouverner; deux qui lui attachent ses chaînes; deux qui lui fournissent son vin et l'eau qu'on lui fait boire; deux qui portent la lance devant lui, et qui font écarter le peuple; deux qui allument des feux d'artifice devant ses yeux pour l'accoutumer à cette vue; un pour lui ôter sa litière et lui en fournir de nouvelle; un autre enfin pour chasser les mouches qui l'importunent, et pour le rafraîchir, en lui versant par intervalles de l'eau sur le corps. Ces éléphans du palais sont également dressés pour la chasse et pour le combat. On les accoutume au carnage en leur faisant attaquer des lions et des tigres.

L'artillerie de l'empereur est nombreuse, et la plupart des pièces de canon qu'il emploie dans ses armées sont plus anciennes qu'il ne s'en trouve en Europe. On ne saurait douter que le canon et la poudre ne fussent connus aux Indes long-temps avant la conquête de Tamerlan. C'est une tradition du pays, que les Chinois avaient fondu de l'artillerie à Delhy, dans le temps qu'ils en étaient les maîtres. Chaque pièce est distinguée par son nom. Sous les empereurs qui ont précédé Aureng-Zeb, presque tous les canonniers de l'empire étaient européens; mais le zèle de la religion porta ce prince à n'admettre que des mahométans à son service. On ne voit plus guère à cette cour d'autres Franguis que des médecins et des orfévres. On n'y a que trop appris à se passer de nos canonniers et de presque tous nos artistes.

Une cour si puissante et si magnifique ne peut fournir à ses dépenses que par des revenus proportionnés. Mais quelque idée qu'on ait pu prendre de son opulence par le dénombrement de tant de royaumes, dont les terres appartiennent toutes au souverain, ce n'est pas le produit des terres qui fait la principale richesse du grand-mogol. On voit aux Indes de grands pays peu propres à la culture, et d'autres dont le fonds serait fertile, mais qui demeure négligé par les habitans. On ne s'applique point dans l'Indoustan à faire valoir son propre domaine; c'est un mal qui suit naturellement du despotisme que les mogols ont établi dans leurs conquêtes. L'empereur Akbar, pour y remédier et mettre quelque réformation dans ses finances, cessa de payer en argent les vice-rois et les gouverneurs. Il leur abandonna quelques terres de leurs départemens pour les faire cultiver en leur propre nom. Il exigea d'eux, pour les autres terres de leur district, une somme plus ou moins forte, suivant que leurs provinces étaient plus ou moins fertiles. Ces gouverneurs, qui ne sont proprement que les fermiers de l'empire, afferment à leur tour ces mêmes terres à des officiers subalternes. La difficulté consiste à trouver dans les campagnes des laboureurs qui veuillent se charger du travail de la culture, toujours sans profit, et seulement pour la nourriture. C'est par la violence qu'on assujettit les paysans à l'ouvrage. De là leurs révoltes et leur fuite dans les terres des radjas indiens, qui les traitent avec un peu plus d'humanité. Ces rigoureuses méthodes servent à dépeupler insensiblement les terres du Mogol, et les font demeurer en friche.

Mais l'or et l'argent que le commerce apporte dans l'empire suppléent au défaut de la culture, et multiplient sans cesse les trésors du souverain. S'il en faut croire Bernier, qu'on ne croit pas livré à l'exagération comme la plupart des voyageurs, l'Indoustan est comme l'abîme de tous les trésors qu'on transporte de l'Amérique dans le reste du monde. Tout l'argent du Mexique, dit-il, et tout l'or du Pérou, après avoir circulé quelque temps dans l'Europe et dans l'Asie, aboutit enfin à l'empire du Mogol pour n'en plus sortir. On sait, continue-t-il, qu'une partie de ces trésors se transporte en Turquie pour payer les marchandises qu'on en tire; de la Turquie ils passent dans la Perse, par Smyrne, pour le paiement des soies qu'on y va prendre; de la Perse ils entrent dans l'Indoustan, par le commerce de Moka, de Babel-Mandel, de Bassora et de Bender-Abassi; d'ailleurs il en vient immédiatement d'Europe aux Indes par les vaisseaux des compagnies de commerce. Presque tout l'argent que les Hollandais tirent du Japon s'arrête sur les terres du Mogol; on trouve son compte à laisser son argent dans ce pays, pour en rapporter des marchandises. Il est vrai que l'Indoustan tire quelque chose de l'Europe et des autres régions de l'Asie; on y transporte du cuivre qui vient du Japon, du plomb et des draps d'Angleterre; de la cannelle, de la muscade et des éléphans de l'île de Ceylan; des chevaux d'Arabie, de Perse et de Tartarie, etc. Mais la plupart des marchands paient en marchandises, dont ils chargent aux Indes les vaisseaux sur lesquels ils ont apporté leurs effets; ainsi la plus grande partie de l'or et de l'argent du monde trouve mille voies pour entrer dans l'Indoustan, et n'en a presque point pour en sortir.

Bernier ajoute une réflexion singulière. Malgré cette quantité presque infinie d'or et d'argent qui entre dans l'empire mogol, et qui n'en sort point, il est surprenant, dit-il, de n'y en pas trouver plus qu'ailleurs dans les mains des particuliers; on ne peut disconvenir que les toiles et les brocarts d'or et d'argent qui s'y fabriquent sans cesse, les ouvrages d'orfévrerie, et surtout les dorures, n'y consomment une assez grande partie de ces espèces; mais cette raison ne suffit pas seule. Il est vrai encore que les Indiens ont des opinions superstitieuses qui les portent à déposer leur argent dans la terre, et à faire disparaître les trésors qu'ils ont amassés. Une partie des plus précieux métaux retourne ainsi; dans l'Indoustan, au sein de la terre dont on les avait tirés dans l'Amérique; mais ce qui paraît contribuer le plus à la diminution des espèces dans l'empire mogol, c'est la conduite ordinaire de la cour. Les empereurs amassent de grands trésors, et quoiqu'on n'ait accusé que Schah-Djehan d'une avarice outrée, ils aiment tous à renfermer dans des caves souterraines une abondance d'or et d'argent qu'ils croient pernicieuse entre les mains du public, lorsqu'elle y est excessive. C'est donc dans les trésors du souverain que tout ce qui se transporte d'argent aux Indes par la voie du commerce va fondre, comme à son dernier terme. Ce qu'il en reste après avoir acquitté tous les frais de l'empire n'en sort guère que dans les plus pressans besoins de l'état; et l'on doit conclure que Nadir-Schah n'avait pas réduit le grand-mogol à la pauvreté, lorsque, suivant le récit d'Otter, il eut enlevé plus de dix-sept cents millions à ses états.

Ce voyageur, homme très-éclairé, donne une liste des revenus de ce monarque tels qu'ils étaient en 1697, tirée des archives de l'empire: elle est trop curieuse pour être supprimée; mais il faut se souvenir qu'un krore vaut cent laks, un lak cent mille roupies, et la roupie, suivant l'évaluation d'Otter, environ quarante-cinq sous de France. Il faut remarquer aussi que tous les royaumes dont l'empire est composé se divisent en sarkars, qui signifie provinces, et que les sarkars se subdivisent en parganas, c'est-à-dire en gouvernemens particuliers.

Le royaume de Delhy a dans son gouvernement général huit sarkars et deux cent vingt parganas, qui rendent un krore vingt-cinq laks et cinquante mille roupies.

Le royaume d'Agra compte dans son enceinte quatorze sarkars et deux cent soixante-dix-huit parganas; ils rendent deux krores vingt-deux laks et trois mille cinq cent cinquante roupies.

Le royaume de Lahor a cinq sarkars et trois cent quatorze parganas, qui rendent deux krores trente-trois laks et cinq mille roupies.

Le royaume d'Asmire, dans ses sarkars et ses parganas, paie deux krores trente-trois laks et cinq mille roupies.

Guzarate, divisé en neuf sarkars et dix-neuf parganas, donne deux krores trente-trois laks et quatre-vingt-quinze mille roupies.

Malvay, qui contient onze sarkars et deux cent cinquante petits parganas, ne rend que quatre-vingt-dix-neuf laks six mille deux cent cinquante roupies.

Béar compte huit sarkars et deux cent quarante-cinq petits parganas, dont l'empereur tire un krore vingt-un laks et cinquante mille roupies.

Moultan, qui se divise en quatorze sarkars et quatre-vingt-seize parganas, ne donne à l'empereur que cinquante laks et vingt-cinq mille roupies.

Kaboul, divisé en trente-cinq parganas, rend trente-deux laks et sept mille deux cent cinquante roupies.

Tata paie soixante laks et deux mille roupies. Tata donne seulement vingt-quatre laks.

Urécha, quoiqu'on y compte onze sarkars, et un assez grand nombre de parganas, ne paie que cinquante-sept laks et sept mille cinq cents roupies.

Illavas donne soixante-dix-sept laks et trente-huit mille roupies.

Cachemire, avec ses quarante-six parganas, ne rend que trente-six laks et cinq mille roupies.

Le Décan, que l'on divise en huit sarkars et soixante-dix-neuf parganas, paie un krore soixante-deux laks et quatre-vingt mille sept cent cinquante roupies.

Brar compte dix sarkars et cent quatre-vingt-onze petits parganas, qui rendent un krore cinquante-huit laks et sept mille cinq cents roupies.

Candesch rend au mogol un krore, onze laks et cinq mille roupies.

Nandé ne paie que soixante-douze laks.

Baglana, divisé en quarante-trois parganas, donne soixante-huit laks et quatre-vingt-cinq mille roupies.

Le Bengale rend quatre krores. Ugen, deux krores. Raghi-Mehal, un krore et cinquante mille roupies.

Le Visapour paie à titre de tribut, avec une partie de la province de Carnate, cinq krores.

Golconde et l'autre partie de Carnate paient aussi cinq krores au même titre.

Total. Trois cent quatre-vingt-sept millions cent quatre-vingt-quatorze mille roupies.

Outre ses revenus fixes, qui se tirent seulement des fruits de la terre, le casuel de l'empire est une autre source de richesses pour l'empereur: 1°. on exige tous les ans un tribut par tête de tous les Indiens idolâtres; comme la mort, les voyages et les fruits de ces anciens habitans de l'Indoustan en rendent le nombre incertain, on le diminue beaucoup à l'empereur, et les gouverneurs profitent de ce déguisement; 2°. toutes les marchandises que les négocians idolâtres font transporter paient aux douanes cinq pour cent de leur valeur: les mahométans sont affranchis de ces sortes d'impôts; 3°. le blanchissage de cette multitude infinie de toiles qu'on fabrique aux Indes est encore la matière d'un tribut; 4°. le fermier de la mine de diamans paie à l'empereur une très-grosse somme: il doit lui donner les plus beaux et les plus parfaits; 5°. les ports de mer, particulièrement ceux de Sindy, de Barothe, de Surate et de Cambaye, sont taxés à de grosses sommes. Surate seule rend ordinairement trois laks pour les droits d'entrée, et onze pour le profit des monnaies qu'on y fait battre; 6°. toute la côte de Coromandel et les ports situés sur les bords du Gange produisent de gros revenus; 7°. l'empereur recueille l'héritage de tous les sujets mahométans qui sont à sa solde. Tous les meubles, tout l'argent et tous les effets de ceux qui meurent lui appartiennent de plein droit. Il arrive de là que les femmes des gouverneurs de provinces et des généraux d'année sont souvent réduites à des pensions modiques, et que leurs enfans, s'ils sont sans mérite, tombent dans une extrême pauvreté; enfin les tributs des radjas sont assez considérables pour tenir place entre les principaux revenus du grand-mogol.

Ce casuel de l'empire égale à peu près ou surpasse même les immenses richesses que l'empereur tire des seuls fonds de son domaine. On serait étonné d'une si prodigieuse opulence, si l'on ne considérait qu'une partie de ces trésors sort tous les ans de ses mains, et recommence à couler sur ses terres. La moitié de l'empire subsiste par les libéralités du souverain, ou du moins elle est constamment à ses gages. Outre ce grand nombre d'officiers et de soldats qui ne vivent que de leur paie, tous les paysans qui laboureur pour lui sont nourris à ses frais, et la plus grande partie des artisans des villes, qui ne travaillent que pour son service, sont payés du trésor impérial. Cette politique, rendant la dépendance de tant de sujets plus étroite, augmente au même degré leur respect et leur attachement pour leur maître.

Joignons à cet article quelques remarques de Mandelslo. Il vit dans le palais d'Agra une grosse tour dont le toit est couvert de lames d'or, qui marquent les richesses qu'elle renferme en huit grandes voûtes remplies d'or, d'argent et de pierres précieuses. On l'assura que le grand-mogol qui régnait de son temps avait un trésor dont la valeur montait à plus de quinze cents millions d'écus; mais ce qu'il ajoute est beaucoup plus positif: «Je suis assez heureux, dit-il, pour avoir entre les mains l'inventaire du trésor qui fut trouvé après la mort de Schah-Akbar, tant en or et en argent monnayé qu'en lingots et en barres, en or et argent travaillés, en pierreries, en brocarts et autres étoffes, en porcelaines, en manuscrits, en munitions de guerre, armes, etc.; inventaire si fidèle, que j'en dois la communication aux lecteurs.

«Akbar avait fait battre des monnaies de vingt-cinq, de cinquante et de cent toles, jusqu'à la valeur de six millions neuf cent soixante-dix mille massas, qui font quatre-vingt-dix-sept millions cinq cent quatre-vingt mille roupies. Il avait fait battre cent millions de roupies en une autre espèce de monnaie, qui prirent de lui le nom de *roupies d'Akbar*, et deux cent trente millions d'une monnaie qui s'appelle *paises*, dont trente font une roupie.

«En diamans, rubis, émeraudes, saphirs, perles et autres pierreries, il avait la valeur de soixante millions vingt mille cinq cent une roupies; en or façonné, savoir, en figures et statues d'éléphans, de chameaux, de chevaux et autres ouvrages, la valeur de dix-neuf millions six mille sept cent quatre-vingt-cinq roupies; en meubles et vaisselle d'or, la valeur de onze millions sept cent trente-trois mille sept cent quatre-vingt-dix roupies; en meubles et ouvrages de cuivre, cinquante-un mille deux cent vingt-cinq roupies; en porcelaine, vases de terre sigillée et autres, la valeur de deux millions cinq cent sept mille sept cent quarante-sept roupies; en brocarts, draps d'or et d'argent, et autres étoffes de soie et de coton de Perse, de Turquie, d'Europe et de Guzarate, quinze millions cinq cent neuf mille neuf cent soixante-dix-neuf roupies; en draps de laine d'Europe, de Perse et de Tartarie, cinq cent trois mille deux cent cinquante-deux roupies; en tentes, tapisseries et autres meubles, neuf millions neuf cent vingt-cinq mille cinq cent quarante-cinq roupies; vingt-quatre mille manuscrits, ou livres écrits à la main, et si richement reliés, qu'ils étaient estimés six millions quatre cent soixante-trois mille sept cents roupies; en artillerie, poudre, boulets, balles et autres munitions de guerre, la valeur de huit millions cinq cent soixante-quinze mille neuf cent soixante-onze roupies; en armes offensives et défensives, comme épées, rondaches, piques, arcs, flèches, etc., la valeur de sept millions cinq cent cinquante-cinq mille cinq cent vingt-cinq roupies; en selles, brides, étriers et autres harnais d'or et d'argent, deux millions cinq cent vingt-cinq mille six cent quarante-huit roupies; en couvertures de chevaux et d'éléphans, brodées d'or, d'argent et de perles, cinq millions de roupies.» Toutes ces sommes ensemble, ne faisant que celle de trois cent quarante-huit millions deux cent vingt-six mille roupies, n'approchent point des richesses de l'arrière-petit-fils d'Akbar, que

Mandelslo trouva sur le trône; ce qui confirme que le trésor des grands-mogols grossit tous les jours.

Rien n'est plus simple que les ressorts qui remuent ce grand empire: le souverain seul en est l'âme. Comme sa juridiction n'est pas plus partagée que son domaine, toute l'autorité réside uniquement dans sa personne. Il n'y a proprement qu'un seul maître dans l'Indoustan: tout le reste des habitans doit moins porter le nom de sujets que d'esclaves.

À la cour, les affaires de l'état sont entre les mains de trois ou quatre omhras du premier ordre, qui les règlent sous l'autorité du souverain. L'itimadoulet, ou le premier ministre, tient auprès du mogol le même rang que le grand visir occupe en Turquie; mais ce n'est souvent qu'un titre sans emploi, et une dignité sans fonction. L'empereur choisit quelquefois pour grand-visir un homme sans expérience, auquel il ne laisse que les appointemens de sa charge; tantôt c'est un prince du sang mogol, qui s'est assez bien conduit pour mériter qu'on le laisse vivre jusqu'à la vieillesse, tantôt c'est le père d'une reine favorite, sorti quelquefois du plus bas rang de la milice ou de la plus vile populace; alors tout le poids du gouvernement retombe sur les deux secrétaires d'état. L'un rassemble les trésors de l'empire, et l'autre les dispense; celui-ci paie les officiers de la couronne, les troupes et les laboureurs; celui-là lève les revenus du domaine, exige les impôts et reçoit les tributs. Un troisième officier des finances, mais d'une moindre considération que les secrétaires d'état, est chargé de recueillir les héritages de ceux qui meurent au service du prince, commission lucrative, mais odieuse. Au reste, on n'arrive à ces postes éminens de l'empire que par le service des armes. C'est toujours de l'ordre militaire que se tirent également et les ministres qui gouvernent l'état, et les généraux qui conduisent les troupes. Lorsqu'on a besoin de leur entremise auprès du maître, on ne les aborde jamais que les présens à la main: mais cet usage vient moins de l'avarice des ombras que du respect des cliens. On fait peu d'attention à la valeur de l'offre. L'essentiel est de ne pas se présenter les mains vides devant les grands officiers de la cour.

Si l'empereur ne marche pas lui-même à la tête de ses troupes, le commandement des armées est confié à quelqu'un des princes du sang, ou à deux généraux choisis par le souverain; l'un du nombre des omhras mahométans, l'autre parmi des radjas indiens. Les troupes de l'empire sont commandées par l'omhra. Les troupes auxiliaires n'obéissent qu'aux radjas de leur nation. Akbar, ayant entrepris de régler les armées, y établit l'ordre suivant, qui s'observe depuis son règne. Il voulut que tous les officiers de ses troupes fussent payés sous trois titres différens: les premiers, sous le titre de douze mois; les seconds, sous le titre de six mois, et les troisièmes, sous celui de quatre. Ainsi, lorsque l'empereur donne à un mansebdar, c'est-à-dire à un bas-officier de l'empire, vingt roupies par mois au premier titre, sa paie monte par an à sept cent cinquante roupies, car on en ajoute toujours dix de plus.

Celui à qui l'on assigne par mois la même paie au second titre en reçoit par an trois cent soixante-quinze. Celui dont la paie n'est qu'au troisième titre, n'a par an que deux cent cinquante roupies d'appointemens. Ce règlement est d'autant plus bizarre, que ceux qui ne sont payés que sur le pied de quatre mois, ne rendent pas un service moins assidu pendant l'année que ceux qui reçoivent la paie sur le pied de douze mois.

Lorsque la pension d'un officier de l'armée ou de la cour monte par mois jusqu'à mille roupies au premier titre, il quitte l'ordre des mansebdars pour prendre la qualité d'omhra. Ainsi ce titre de grandeur est tiré de la paie qu'on reçoit. On est obligé d'entretenir alors un éléphant et deux cent cinquante cavaliers pour le service du prince. La pension de cinquante mille roupies ne suffirait pas même aux Indes pour l'entretien d'une si grosse compagnie; car l'omhra est obligé de fournir au moins deux chevaux à chaque cavalier: mais l'empereur y pourvoit autrement. Il assigne à l'officier quelques terres de son domaine. On lui compte la dépensé de chaque cavalier à dix roupies par jour; mais les fonds de terre, qu'on abandonne aux omhras pour les faire cultiver, produisent beaucoup au-delà de cette dépense.

Les appointemens de tous les omhras ne sont pas égaux: les uns ont deux azaris de paie, d'autres trois, d'autres quatre, quelques-uns cinq; et ceux du premier rang en reçoivent jusqu'à six; c'est-à-dire qu'à tout prendre, la pension annuelle des principaux peut monter jusqu'à trois millions de roupies; aussi leur train est magnifique, et la cavalerie qu'ils entretiennent égale nos petites armées. On a vu quelquefois ces omhras devenir redoutables au souverain. Mais c'est un règlement d'Akbar, auquel ses inconvéniens mêmes ne permettent pas de donner atteinte. On compte ordinairement six omhras de la grosse pension, l'itimadoulet, les deux secrétaires d'état, le vice-roi de Kaboul, celui de Bengale et celui d'Ughen. À l'égard des simples cavaliers et du reste de la milice, leur paie est à la discrétion des omhras, qui les lèvent et qui les entretiennent; l'ordre oblige de les payer chaque jour; mais il est mal observé. On se contente de leur faire tous les mois quelque distribution d'argent; et souvent on les oblige d'accepter en paiement les vieux meubles du palais, et les habits que les femmes des omhras ont quittés. C'est par ces vexations que les premiers officiers de l'empire accumulent de grands trésors, qui rentrent après leur mort dans les coffres du souverain.

La justice s'exerce avec beaucoup d'uniformité dans les états du grand-mogol. Les vice-rois, les gouverneurs des provinces, les chefs des villes et des simples bourgades, font précisément dans le lieu de leur juridiction, sous la dépendance de l'empereur, ce que ce monarque fait dans Agra et dans Delhy; c'est-à-dire que, par des sentences qu'ils prononcent seuls, ils décident des biens et de la vie des sujets. Chaque ville a néanmoins son katoual et son cadi pour le jugement de certaines affaires; mais les particuliers sont libres de ne pas s'adresser à ces tribunaux subalternes; et le droit de tous les sujets de l'empire est de recourir immédiatement, ou à l'empereur même dans le lieu de sa résidence, ou aux vice-rois dans leur capitale, ou aux gouverneurs dans les villes de leur dépendance. Le katoual fait tout à la fois les fonctions de juge de police et de grand-prévôt. Sous Aureng-Zeb, observateur zélé de l'Alcoran, le principal objet du juge de police était d'empêcher l'ivrognerie, d'exterminer les cabarets à vin, et généralement tous lieux de débauche; de punir ceux qui distillaient de l'arak ou d'autres liqueurs fortes. Il doit rendre compte à l'empereur des désordres domestiques de toutes les familles, des querelles et des assemblées nocturnes. Il y a dans tous les quartiers de la ville un prodigieux nombre d'espions, dont les plus redoutables sont une espèce de valets publics, qui se nomment *alarcos*. Leur office est de balayer les maisons et de remettre en ordre tout ce qu'il y a de dérangé dans les meubles. Chaque jour au matin, ils entrent chez les citoyens, ils s'instruisent du secret des familles, ils interrogent les esclaves, et font le rapport au katoual. Cet officier, en qualité de grand-prévôt, est responsable, sur ses appointemens, de tous les vols qui se font dans son district, à la campagne comme à la ville. Sa vigilance et son zèle ne se relâchent jamais. Il a sans cesse des soldats en campagne et des émissaires déguisés dans les villes, dont l'unique soin est de veiller au maintien de l'ordre.

La juridiction du cadi ne s'étend guère au-delà des matières de religion, des divorces et des autres difficultés qui regardent le mariage. Au reste, il n'appartient ni à l'un ni à l'autre de ces deux juges subalternes de prononcer des sentences de mort sans avoir fait leur rapport à l'empereur ou aux vice-rois des provinces; et suivant les statuts d'Akbar, ces juges suprêmes doivent avoir approuvé trois fois, à trois jours différens, l'arrêt de condamnation avant qu'on l'exécute.

Quoique diverses explications répandues dans les articles précédens aient déjà pu faire prendre quelque idée de la majestueuse forme de cette justice impériale, on croit devoir en rassembler ici tous les traits, d'après un peintre exact et fidèle.

Après avoir décrit divers appartemens, on vient, dit-il, à l'amkas, qui m'a semblé quelque chose de royal. C'est une grande cour carrée, avec des arcades qui ressemblent assez à celles de la place Royale de Paris, excepté qu'il n'y a point de bâtimens au-dessus, et qu'elles sont séparées les unes des autres par une muraille; de sorte néanmoins qu'il y a une petite porte pour passer de l'une à l'autre. Sur la grande porte, qui est au milieu d'un des côtés de cette place, on voit un divan, tout couvert du côté de la cour, qu'on nomme *nagar-kanay*, parce que c'est le lieu où sont les trompettes, ou plutôt les hautbois et les timbales qui jouent ensemble à certaines heures du jour et de la nuit. Mais c'est un concert bien étrange aux oreilles d'un Européen qui n'y est pas encore accoutumé; car dix ou douze de ces hautbois et autant de timbales se font entendre tout à la fois, et quelques hautbois, tels que celui qu'on appelle *karna*, sont longs d'une brasse et demie, et n'ont pas moins d'un pied d'ouverture par le bas; comme il y a des timbales de cuivre et de fer qui n'ont pas moins d'une brasse de diamètre. Bernier raconte que, dans les premiers temps, cette musique le pénétrait, et lui causait un étourdissement insupportable. Cependant l'habitude eut le pouvoir de la lui faire trouver très-agréable, surtout la nuit, lorsqu'il l'entendait de loin dans son lit et de sa terrasse. Il parvint même à lui trouver beaucoup de mélodie et de majesté. Comme elle a ses règles et ses mesures, et que d'excellens maîtres, instruits dès leur jeunesse, savent modérer et fléchir la rudesse des sons, on doit concevoir, dit-il, qu'ils en doivent tirer une symphonie qui flatte l'oreille dans l'éloignement.

À l'opposite de la grande porte du nagar-kanay, au-delà de toute la cour, s'offre une grande et magnifique salle à plusieurs rangs de piliers, haute et bien éclairée, ouverte de trois côtés, et dont les piliers et le plafond sont peints et dorés. Dans le milieu de la muraille qui sépare cette salle d'avec le sérail on a laissé une ouverture, ou une espèce de grande fenêtre haute et large, à laquelle l'homme le plus grand n'atteindrait point d'en bas avec la main. C'est là qu'Aureng-Zeb se montrait en public, assis sur un trône, quelques-uns de ses fils à ses côtés, et plusieurs eunuques debout; les uns pour chasser les mouches avec des queues de paon, les autres pour le rafraîchir avec de grands éventails, et d'autres pour être prêts à recevoir ses ordres. De là il voyait en bas autour de lui tous les omhras, les radjas et les ambassadeurs, debout aussi sur un divan entouré d'un balustre d'argent, les yeux baissés et les mains croisées sur l'estomac. Plus loin, il voyait les mansebdars, ou les moindres omhras debout comme les autres, et dans le même respect. Plus avant, dans le reste de la salle et dans la cour, sa vue pouvait s'étendre sur une foule de toutes sortes de gens. C'était dans ce lieu qu'il donnait audience à tout le monde, chaque jour à midi; et de là venait à cette salle le nom d'*amkas*, qui signifie lieu d'assemblée commun aux grands et aux petits.

Pendant une heure et demie, qui était la durée ordinaire de cette auguste scène, l'empereur s'amusait d'abord à voir passer devant ses yeux un certain nombre des plus beaux chevaux de ses écuries, pour juger s'ils étaient en bon état et bien traités. Il se faisait amener aussi quelques éléphans, dont la propreté attirait toujours l'admiration de Bernier. Non-seulement, dit-il, leur sale et vilain corps était alors bien lavé et bien net, mais il était peint en noir, à la réserve de deux grosses raies de peinture rouge, qui, descendant du haut de la tête, venaient se joindre vers la trompe. Ils avaient aussi quelques belles couvertures en broderie, avec deux clochettes d'argent qui leur pendaient des deux côtés, attachées aux deux bouts d'une grosse chaîne d'argent qui leur passait par-dessus le dos, et plusieurs de ces belles queues de vaches du Thibet, qui leur pendaient aux oreilles en forme de grandes moustaches.

Deux petits éléphans bien parés marchaient à leurs côtés, comme des esclaves destinés à les servir. Ces grands colosses paraissaient fiers de leurs ornemens, et marchaient avec beaucoup de gravité. Lorsqu'ils arrivaient devant l'empereur, leur guide, qui était assis sur leurs épaules avec un crochet de fer à la main, les piquait, leur parlait, et leur faisait incliner un genou, lever la trompe en l'air, et pousser une espèce de hurlement que le peuple prenait pour un *taslim*, c'est-à-dire une salutation libre et réfléchie. Après les éléphans on amenait des gazelles apprivoisées, des nilgauts ou bœufs gris, que Bernier croit une espèce d'élans; des rhinocéros, des buffles de Bengale, qui ont de prodigieuses cornes; des léopards ou des panthères apprivoisés, dont on se sert à la chasse des gazelles; de beaux chiens de chasse ousbecks, chacun avec sa petite couverture rouge; quantité d'oiseaux de proie, dont les uns étaient pour les perdrix, les autres pour la grue, et d'autres pour les lièvres, et même pour les gazelles, qu'ils aveuglent de leurs ailes et de leurs griffes. Souvent un ou deux omhras faisaient alors passer leur cavalerie en revue devant l'empereur; ce monarque prenait même plaisir à faire quelquefois essayer des coutelas sur des moutons morts qu'on apportait sans entrailles, et fort proprement empaquetés. Les jeunes omhras s'efforçaient de faire admirer leur force et leur adresse en coupant d'un seul coup les quatre pieds joints ensemble et le corps d'un mouton.

Mais tous ces amusemens n'étaient qu'autant d'intermèdes pour des occupations plus sérieuses. Aureng-Zeb se faisait apporter chaque jour les requêtes qu'on lui montrait de loin dans la foule du peuple; il faisait approcher les parties, il les examinait lui-même, et quelquefois il prononçait sur-le-champ leur sentence. Outre cette justice publique, il assistait régulièrement une fois la semaine à la chambre qui se nomme *adaletkanay*, accompagné de ses deux premiers cadis, ou chefs de justice. D'autres fois il avait la patience d'entendre en particulier, pendant deux heures, dix personnes du peuple qu'un vieil officier lui présentait.

Ce que Bernier trouvait de choquant dans la grande assemblée de l'amkas, c'était une flatterie trop basse et trop fade qu'on y voyait régner continuellement; l'empereur ne prononçait pas un mot qui ne fût relevé avec admiration, et qui ne fît lever les mains aux principaux omhras, en criant *karamat*, c'est-à-dire merveille.

De la salle de l'amkas on passe dans un lieu plus retiré, qui se nomme le *gosel-kanay*, et dont l'entrée ne s'accorde pas sans distinction: aussi la cour n'en est-elle pas si grande que celle de l'amkas: mais la salle est spacieuse, peinte, enrichie de dorures et relevée de quatre ou cinq pieds au-dessus du rez-de-chaussée, comme une grande estrade; c'est là que l'empereur, assis dans un fauteuil, et ses omhras debout autour de lui, donnait une audience plus particulière à ses officiers, recevait leurs comptes, et traitait des plus importantes affaires de l'état. Tous les seigneurs étaient obligés de se trouver chaque jour au soir à cette assemblée, comme le matin à l'amkas, sans quoi on leur retranchait quelque chose de leur paie. Bernier regarde comme une distinction fort honorable pour les sciences que Danech-Mend-Khan, son maître, fût dispensé de cette servitude en faveur de ses études continuelles, à la réserve néanmoins du mercredi, qui était son jour de garde. Il ajoute qu'il n'était pas surprenant que tous les autres omhras y fussent assujettis, lorsque l'empereur même se faisait une loi de ne jamais manquer à ces deux assemblées. Dans ses plus dangereuses maladies, il s'y faisait porter du moins une fois le jour; et c'est alors qu'il croyait sa personne plus nécessaire, parce qu'au moindre soupçon qu'on aurait eu de sa mort, on aurait vu tout l'empire en désordre et les boutiques fermées dans la ville.

Pendant qu'il était occupé dans cette salle, on n'en faisait pas moins passer devant lui la plupart des mêmes choses qu'il prenait plaisir à voir dans l'amkas, avec cette différence que, la cour étant plus petite, et l'assemblée se tenant au soir, on n'y faisait point la revue de la cavalerie; mais, pour y suppléer, les mansebdars de garde venaient passer devant l'empereur avec beaucoup de cérémonie. Ils étaient précédés du *kours*, c'est-à-dire de diverses figures d'argent, portées sur le bout de plusieurs gros bâtons d'argent fort bien travaillés. Deux représentent de grands poissons; deux autres un animal fantastique d'horrible figure, que les Mogols nomment *eicdeha*; d'autres deux lions; d'autres deux mains; d'autres des balances, et quantité de figures aussi mystérieuses. Cette procession était mêlée de plusieurs gouzeberdars, ou porte-massues, gens de bonne mine, dont l'emploi consiste à faire régner l'ordre dans les assemblées.

Joignons à cet article une peinture de l'amkas, tel que le même voyageur eut la curiosité de le voir dans l'une des principales fêtes de l'année, qui était en même temps celle d'une réjouissance extraordinaire pour le succès des armes de l'empire. On ne s'arrête à cette description que pour mettre un lecteur attentif en état de la comparer avec celle de Tavernier et de Rhoé.

 L'empereur était assis sur son trône, dans le fond de la grande salle. Sa veste était d'un satin blanc à petites fleurs, relevée d'une fine broderie d'or et de soie. Son turban était de toile d'or, avec une aigrette dont le pied était couvert de diamans d'une grandeur et d'un prix extraordinaires, au milieu desquels on voyait une grande topaze orientale, qui n'a rien d'égal au monde, et qui jetait un éclat merveilleux. Un collier de grosses perles lui pendait du cou sur l'estomac. Son trône était soutenu par six gros pieds d'or massif, et parsemés de rubis, d'émeraudes et de diamans. Bernier n'entreprend pas de fixer le prix ni la quantité de cet amas de pierres précieuses, parce qu'il ne put en approcher assez pour les compter et pour juger de leur eau. Mais il assure que les gros diamans y sont en très-grand nombre, et que tout le trône est estimé quatre krores, c'est-à-dire quarante millions de roupies. C'était l'ouvrage de Schah-Djehan, père d'Aureng-Zeb, qui l'avait fait faire pour employer une multitude de pierreries accumulées dans son trésor, des dépouilles de plusieurs anciens radjas, et des présens que les omhras sont obligés de faire à leurs empereurs dans certaines fêtes. L'art ne répondait pas à la matière. Ce qu'il y avait de mieux imaginé, c'étaient deux paons couverts de pierres précieuses et de perles, dont on attribuait l'invention à un orfévre français, qui, après avoir trompé plusieurs princes de l'Europe par les doublets qu'il faisait merveilleusement, s'était réfugié à la cour du mogol, où il avait fait sa fortune.

Au pied du trône, tous les omhras, magnifiquement vêtus, étaient rangés sur une estrade couverte d'un grand dais de brocart, à grandes franges d'or, environnée d'une balustrade d'argent. Les piliers de la salle étaient revêtus de brocart à fond d'or. De toutes les parties du plafond pendaient de grands dais de satin à fleurs, attachés par des cordons de soie rouge, avec de grosses houppes de soie, mêlées de filets d'or. Tout le bas était couvert de grands tapis de soie très-riches, d'une longueur et d'une largeur étonnantes. Dans la cour, on avait dressé une tente, qu'on nomme *l'aspek*, aussi longue et aussi large que la salle à laquelle elle était jointe par le haut. Du côté de la cour, elle était environnée d'un grand balustre couvert de plaques d'argent, et soutenu par des piliers de différentes grosseurs, tous couverts aussi de plaques du même métal. Elle est rouge en dehors, mais doublée en dedans de ces belles chites, ou toiles peintes au pinceau, ordonnées exprès, avec des couleurs si vives, et des fleurs si naturelles, qu'on les aurait prises pour un parterre suspendu. Les arcades qui environnent la cour n'avaient pas moins d'éclat. Chaque omhras était chargé des ornemens de la sienne, et s'était efforcé de l'emporter par sa magnificence. Le troisième jour de cette superbe fête, l'empereur se fit peser avec beaucoup de cérémonie, et quelques omhras à son exemple, dans de riches balances d'or massif comme les poids. Tout le monde applaudit, avec la plus grande joie en apprenant que cette année l'empereur pesait deux livres de plus que la précédente. Son intention, dans cette fête, était de favoriser les marchands de soie et de brocart, qui, depuis quatre ou cinq ans de guerre, en avaient des magasins dont ils n'avaient pu trouver le débit.

Ces fêtes sont accompagnées d'un ancien usage qui ne plaît point à la plupart des omhras. Ils sont obligés de faire à l'empereur des présens proportionnés à leurs forces. Quelques-uns, pour se distinguer par leur magnificence, ou dans la crainte d'être recherchés par leurs vols et leurs concussions, ou dans l'espérance de faire augmenter leurs appointemens ordinaires, en font d'une richesse surprenante. Ce sont ordinairement de beaux vases d'or couverts de pierreries, de belles perles, des diamans, des rubis, des émeraudes. Quelquefois c'est plus simplement un nombre de ces pièces d'or qui valent une pistole et demie. Bernier raconte que, pendant la fête dont il fut témoin, Aureng-Zeb étant allé visiter Djafer-Khan, son visir, non en qualité de visir, mais comme son proche parent, et sous prétexte de voir un bâtiment qu'il avait fait depuis peu, ce seigneur lui offrit vingt-cinq mille de ces pièces d'or, avec quelques belles perles et un rubis qui fut estimé quarante mille écus.

«Qu'on la lui charge, dit-il, sur les épaules, et qu'il l'emporte.»

Un spectacle fort bizarre, qui accompagne quelquefois les mêmes fêtes, c'est une espèce de foire qui se tient dans le méhalu ou le sérail de l'empereur. Les femmes des omhras et des grands mansebdars sont les marchandes. L'empereur, les princesses et toutes les dames du sérail viennent acheter ce qu'elles voient étalé. Les marchandises sont de beaux brocarts, de riches broderies d'une nouvelle mode, de riches turbans, et ce qu'on peut rassembler de plus précieux. Outre que ces femmes sont les plus belles et les plus galantes de la cour, celles qui ont des filles d'une beauté distinguée ne manquent point de les mener avec elles pour les faire voir à l'empereur. Ce monarque vient marchander sou à sou tout ce qu'il achète, comme le dernier de ses sujets, avec le langage des petits marchands qui se plaignent de la cherté et qui contestent pour le prix. Les dames se défendent de même; et ce badinage est poussé jusqu'aux injures. Tout se paie argent comptant. Quelquefois, au lieu de roupies d'argent, les princesses laissent couler, comme par mégarde, des roupies d'or en faveur des marchandes qui leur plaisent. Mais, après avoir loué des usages si galans, Bernier traite de licence la liberté qu'on accorde alors aux femmes publiques d'entrer dans le sérail. À la vérité, dit-il, ce ne sont pas celles des bazars, mais celles qu'on nomme *kenchanys*, c'est-à-dire, dorées et fleuries, et qui vont danser aux fêtes chez les omhras et les mansebdars. La plupart sont belles et richement vêtues; elles savent chanter et danser parfaitement à la mode du pays. Mais, comme elles n'en sont pas moins publiques, Aureng-Zeb, plus sérieux que ses prédécesseurs, abolit l'usage de les admettre au sérail; et pour en conserver quelque reste, il permit seulement qu'elles vinssent tous les mercredis lui faire de loin le salam ou la révérence, à l'amkas. Un médecin français, nommé Bernard, qui s'était établi dans cette cour, s'y était rendu si familier, qu'il faisait quelquefois la débauche avec l'empereur. Il avait par jour dix écus d'appointemens; mais il gagnait beaucoup davantage à traiter les dames du sérail et les grands omhras, qui lui faisaient des présens comme à l'envi. Son malheur était de ne pouvoir rien garder: ce qu'il recevait d'une main, il le donnait de l'autre. Cette profusion le faisait aimer de tout le monde, surtout des kenchanys, avec lesquelles il faisait beaucoup de dépense. Il devint amoureux d'une de ces femmes, qui joignait des talens distingués aux charmes de la jeunesse et de la beauté. Mais sa mère, appréhendant que la débauché ne lui fit perdre les forces nécessaires pour les exercices de sa profession, ne la perdait point de vue. Bernard fut désespéré de cette rigueur. Enfin l'amour lui inspira le moyen de se satisfaire. Un jour que l'empereur le remerciait à l'amkas, et lui faisait quelques présens pour la guérison d'une femme du sérail, il supplia ce prince de lui donner la jeune kenchany dont il était amoureux, et qui était debout derrière l'assemblée pour faire le salam avec toute sa troupe. Il avoua publiquement la violence de sa passion, et l'obstacle qu'il y avait trouvé. Tous les spectateurs rirent beaucoup de le voir réduit à souffrir par les rigueurs d'une fille de cet ordre. L'empereur, après avoir ri lui-même, ordonna qu'elle lui fût livrée, sans s'embarrasser qu'elle fût mahométane, et que le médecin fût chrétien. «Qu'on la lui charge, dit-il, sur les épaules, et qu'il l'emporte.» Aussitôt Bernard, ne s'embarrassant plus des railleries de l'assemblée se laissa mettre la kenchany sur le dos, et sortit chargé de sa proie.

Dans un si grand nombre de provinces, qui formaient autrefois différens royaumes, dont chacun devait avoir ses propres lois et ses usages, on conçoit que, malgré la ressemblance du gouvernement qui introduit presque toujours celle de la police et de la religion, en changeant par degrés les idées, les mœurs et les autres habitudes, un espace de quelques siècles qui se sont écoulés depuis la conquête des Mogols, n'a pu mettre encore une parfaite uniformité entre tant de peuples. Ainsi la description de tous les points sur lesquels ils diffèrent serait une entreprise impossible. Mais les voyageurs les plus exacts ont jeté quelque jour dans ce chaos, en divisant les sujets du grand-mogol en mahométans, qu'ils appellent Maures, et en païens ou gentous de différentes sectes. Cette division paraît d'autant plus propre à faire connaître les uns et les autres, qu'en Orient, comme dans les autres parties du monde, c'est la religion qui règle ordinairement les usages.

L'empereur, les princes et tous les seigneurs de l'Indoustan professent le mahométisme. Les gouverneurs, les commandans et les katouals des provinces, des villes et des bourgs, doivent être de la même religion. Ainsi c'est entre les mains des mahométans ou des Maures que réside toute l'autorité, non-seulement par rapport à l'administration, mais pour tout ce qui regarde aussi les finances et le commerce; ils travaillent tous avec beaucoup de zèle au progrès de leurs opinions. On sait que le mahométisme est divisé en quatre sectes: celle d'Aboubekre, d'Ali, d'Omar et d'Otman. Les Mogols sont attachés à celle d'Ali, qui leur est commune avec les Persans; avec cette seule différence que, dans l'explication de l'Alcoran, ils suivent les sentimens des Hembili et de Maléki, au lieu que les Persans s'attachent à l'explication d'Ali et du Tzafer-Sadouek, opposés les uns et les autres aux Turcs, qui suivent celle de Hanif.

La plupart des fêtes mogoles sont celles des Persans. Ils célèbrent fort solennellement le premier jour de leur année, qui commence le premier jour de la lune de mars. Elle dure neuf jours, sous le nom de *nourous*, et se passe en festins. Le jour de la naissance de l'empereur est une autre solennité, pour laquelle il se fait des dépenses extraordinaires à la cour. On en célèbre une au mois de juin en mémoire du sacrifice d'Abraham, et l'on y mêle aussi celle d'Ismaël. L'usage est d'y sacrifier quantité de boucs, que les dévots mangent ensuite avec beaucoup de réjouissances et de cérémonies. Ils ont encore la fêté des deux frères Hassan et Hossein, fils d'Ali, qui, étant allés par zèle de religion vers la côte de Coromandel, y furent massacrés par les banians et d'autres gentous, le dixième jour de la nouvelle lune de juillet: ce jour est consacré à pleurer leur mort. On porte en procession, dans les rues, deux cercueils avec des trophées d'arcs, de flèches, de sabres et de turbans. Les Maures suivent à pied en chantant des cantiques funèbres. Quelques-uns dansent et sautent autour des cercueils; d'autres escriment avec des épées nues; d'autres crient de toutes leurs forces, et font un bruit effrayant; d'autres se font volontairement des plaies avec des couteaux dans la chair du visage et des bras, ou se la percent avec des poinçons, qui font couler leur sang le long des joues et sur leurs habits. Il s'en trouve de si furieux, qu'on ne peut attribuer leur transports qu'à la vertu de l'opium. On juge du degré de leur dévotion par celui de leur fureur. Ces processions se font dans les principaux quartiers et dans les plus belles rues des villes. Vers le soir, on voit, dans la grande place du méidan ou du marché, des figures de paille ou de papier, ou d'autre substance légère, qui représentent les meurtriers de ces deux saints.

Une partie des spectateurs leur tirent des flèches, les percent d'un grand nombre de coups, et les brûlent au milieu des acclamations du peuple. Cette cérémonie réveille si furieusement la haine des Maures, et leur inspire tant d'ardeur pour la vengeance, que les banians et les autres idolâtres prennent le parti de se tenir renfermés dans leurs maisons. Ceux qui oseraient paraître dans les rues, ou montrer la tête à leurs fenêtres, s'exposeraient au risque d'être massacrés ou de se voir tirer des flèches. Les Mogols célèbrent aussi la fête de Pâques au mois de septembre, et celle de la confrérie le 25 novembre, où ils se pardonnent tout ce qu'ils se sont fait mutuellement.

Les mosquées de l'Indoustan sont assez basses; mais la plupart sont bâties sur des éminences, qui les font paraître plus hautes que les autres édifices. Elles sont construites de pierre et de chaux, carrées par le bas et plates par le haut. L'usage est de les environner de fort beaux appartemens, de salles et de chambres. On y voit des tombes de pierre, et surtout des murs d'une extrême blancheur; les principales ont ordinairement une ou deux hautes tours. Les Maures y vont avec une lanterne pendant le ramadan, qui est leur carême, parce que ces édifices sont fort obscurs. Autour de quelques-unes on a creusé de grands et larges fossés remplis d'eau. Celles qui sont sans fossés ou sans rivières, ont de grandes citernes à l'entrée, où les fidèles se lavent le visage, les pieds et les mains. On n'y voit point de statues ni de peintures.

Chaque ville a plusieurs petites mosquées, entre lesquelles on en distingue une plus grande qui passe pour la principale, où personne ne manque de se rendre tous les vendredis et les jours de fête. Au lieu de cloches, un homme crie du haut de la tour, comme en Turquie, pour assembler le peuple, et tient, en criant, le visage tourné vers le soleil. La chaire du prédicateur est placée du côté de l'orient: on y monte par trois ou quatre marches. Les docteurs, qui portent le nom de *mollahs*, s'y mettent pour faire les prières et pour lire quelque passage de l'Alcoran, dont ils donnent l'explication, avec le soin d'y faire entrer les miracles de Mahomet et d'Ali, ou de réfuter les opinions d'Aboubekre, d'Otman et d'Omar.

On a vu dans le journal de Tavernier la description de la grande mosquée d'Agra. Celle de Delhy ne paraît pas moins brillante dans la relation de Bernier. On la voit de loin, dit-il, élevée au milieu de la ville, sur un rocher qu'on a fort bien aplani pour la bâtir, et pour l'entourer d'une belle place, à laquelle viennent aboutir quatre belles et longues rues, qui répondent aux quatre côtés de la mosquée, c'est-à-dire une au frontispice, une autre derrière, et les deux autres aux deux portes du milieu de chaque côté. On arrive aux portes par vingt-cinq ou trente degrés de pierre qui règnent autour de l'édifice, à l'exception du derrière, qu'on a revêtu d'autres belles pierres de taille pour couvrir les inégalités du rocher qu'on a coupé; ce qui contribue beaucoup à relever l'éclat de ce bâtiment. Les trois entrées sont magnifiques. Tout y est revêtu de marbre, et les grandes portes sont couvertes de grandes plaques de cuivre d'un fort beau travail. Au-dessus de la principale porte, qui est beaucoup plus magnifique que les deux autres, on voit plusieurs tourelles de marbre blanc qui lui donnent une grâce singulière. Sur le derrière de la mosquée s'élèvent trois grands dômes de front, qui sont aussi de marbre blanc, et dont celui du milieu est plus gros et plus élevé que les deux autres. Tout le reste de l'édifice, depuis ces trois dômes jusqu'à la porte principale, est sans couverture, à cause de la chaleur du pays, et le pavé n'est composé que de grands carreaux de marbre. Quoique ce temple ne soit pas dans les règles d'une exacte architecture, Bernier en trouva le dessin bien entendu et les proportions fort justes. Si l'on excepte les trois grands dômes et les tourelles ou minarets, on croirait tout le reste de marbre rouge, quoiqu'il ne soit que de pierres très-faciles à tailler, et qui s'altèrent même avec le temps.

C'est à cette mosquée que l'empereur se rend le vendredi, qui est le dimanche des mahométans, pour y faire sa prière. Avant qu'il sorte du palais, les rues par lesquelles il doit passer ne manquent pas d'être arrosées pour diminuer la chaleur et la poussière. Deux ou trois cents mousquetaires sont en haie pour l'attendre, et d'autres en même nombre bordent les deux côtés d'une grande rue qui aboutit à la mosquée. Leurs mousquets sont petits, bien travaillés, et revêtus d'un fourreau d'écarlate, avec une petite banderole par-dessus. Cinq ou six cavaliers bien montés doivent aussi se tenir prêts à la porte, et courir bien loin devant lui, dans la crainte d'élever de la poussière en écartant le peuple. Après ces préparatifs, le monarque sort du palais, monté sur un éléphant richement équipé, et sous un dais peint et doré, ou dans un trône éclatant d'or et d'azur, sur un brancard couvert d'écarlate ou de drap d'or, que huit hommes choisis et bien vêtus portent sur leurs épaules. Il est suivi d'une troupe d'omhras, dont quelques-uns sont à cheval, et d'autres en palekis. Cette marche avait aux yeux de Bernier un air de grandeur qu'il trouvait digne de la majesté impériale.

Les revenus des mosquées sont médiocres. Ce qu'elles ont d'assuré consiste dans le loyer des maisons qui les environnent. Le reste vient des présens qu'on leur fait, ou des dispositions testamentaires. Les mollahs n'ont pas de revenus fixes: ils ne vivent que des libéralités volontaires des fidèles, avec le logement pour eux et leur famille dans les maisons qui sont autour des mosquées. Mais ils tirent un profit considérable de leurs écoles, et de l'instruction de la jeunesse, à laquelle ils apprennent à lire et à écrire. Quelques-uns passent pour savans; d'autres vivent avec beaucoup d'austérité, ne boivent jamais de liqueurs fortes, et renoncent au mariage; d'autres se renferment dans la solitude, et passent les jours et les nuits dans la méditation ou la prière. Le ramadan ou le carême des Mogols dure trente jours, et commence à la nouvelle lune de février. Ils l'observent par un jeûne rigoureux qui ne finit qu'après le coucher du soleil. C'est une opinion bien établie parmi eux qu'on ne peut être sauvé que dans leur religion. Ils croient les juifs, les chrétiens et les idolâtres également exclus des félicités d'une autre vie. La plupart ne toucheraient point aux alimens qui sont achetés ou préparés par des chrétiens. Ils n'en exceptent que le biscuit fort sec et les confitures. Leur loi les oblige de faire cinq fois la prière dans l'espace de vingt-quatre heures. Ils la font tête baissée jusqu'à terre, et les mains jointes. L'arrivée d'un étranger ne trouble point leur attention. Ils continuent de prier en sa présence; et lorsqu'ils ont rempli ce devoir, ils n'en deviennent que plus civils.

En général, les Mogols et tous les Maures indiens ont l'humeur noble, les manières polies et la conversation fort agréable. On remarque de la gravité dans leurs actions et dans leur habillement, qui n'est point sujet au caprice des modes. Ils ont en horreur l'inceste, l'ivrognerie et toutes sortes de querelles. Mais ils admettent la polygamie, et la plupart sont livrés aux plaisirs des sens. Quoiqu'ils se privent en public de l'usage du vin et des liqueurs fortes, ils ne font pas difficulté, dans l'intérieur de leurs maisons, de boire de l'arak et d'autres préparations qui les animent au plaisir.

Ils sont moins blancs que basanés; la plupart sont d'assez haute taille, robustes et bien proportionnés. Leur habillement ordinaire est fort modeste. Dans les parties orientales de l'empire, les hommes portent de longues robes des plus fines étoffes de coton, d'or ou d'argent. Elles leur pendent jusqu'au milieu de la jambe, et se ferment autour du cou. Elles sont attachées avec des nœuds par-devant, depuis le haut jusqu'en bas. Sous ce premier vêtement ils ont une veste d'étoffe de soie à fleurs, ou de toile de coton, qui leur touche au corps et qui leur descend sur les cuisses. Leurs culottes sont extrêmement longues, la plupart d'étoffes rouges rayées, et larges par le haut, mais se rétrécissant par le bas: elles sont froncées sur les jambes, et descendent jusqu'à la cheville du pied. Comme ils n'ont point de bas, cette culotte sert par ses plis à leur échauffer les jambes. Au centre de l'empire et vers l'occident, ils sont vêtus à la persane, avec cette différence, que les Mogols passent, comme les Guzarates, l'ouverture de leur robe sous le bras gauche, au lieu que les Persans la passent sous le bras droit; et que les premiers nouent leur ceinture sur le devant et laissent pendre les bouts; au lieu que les Persans ne font que la passer autour du corps, et cachent les bouts dans la ceinture même.

Ils ont des séripons, qui sont une espèce de larges souliers, faits ordinairement de cuir rouge doré. En hiver comme en été, leurs pieds sont nus dans cette chaussure. Ils la portent comme nous portons nos mules, c'est-à-dire sans aucune attache, pour les prendre plus promptement lorsqu'ils veulent partir, et pour les quitter avec la même facilité en rentrant dans leurs chambres, où ils craignent de souiller leurs belles nattes et leurs tapis de pied.

Ils ont la tête rasé et couverte d'un turban, dont la forme ressemble à celui des Turcs, d'une fine toile de coton blanc, avec des raies d'or ou de soie. Ils savent tous le tourner et se l'attacher autour de la tête, quoiqu'il soit quelquefois long de vingt-cinq ou trente aunes de France. Leurs ceintures, qu'ils nomment *commerbant*, sont ordinairement de soie rouge, avec des raies d'or ou blanches, et de grosses houppes qui leur pendent sur la hanche droite. Après la première ceinture, ils en ont une autre qui est de coton blanc, mais plus petite et roulées autour du corps, avec un beau synder au côté gauche, entre cette ceinture et la robe, dont la poignée est souvent ornée d'or, d'agate, de cristal ou d'ambre. Le fourreau n'est pas moins riche à proportion. Lorsqu'ils sortent et qu'ils craignent la pluie ou le vent, ils prennent par-dessus leurs habits une écharpe d'étoffe de soie qu'ils se passent par-dessus les épaules, et qu'ils se mettent autour du cou pour servir de manteau. Les seigneurs, et tous ceux qui fréquentent la cour font éclater leur magnificence dans leurs habits; mais le commun des citoyens et les gens de métier sont vêtus modestement. Les mollahs portent le blanc depuis la tête jusqu'aux pieds.

Les femmes et les filles des mahométans ont ordinairement autour du corps un grand morceau de la plus fine toile de coton, qui commence à la ceinture, d'où il fait trois ou quatre tours en bas, et qui est assez large pour leur pendre jusque sur les pieds. Elles portent sous cette toile une espèce de caleçons d'étoffe légère. Dans l'intérieur de leurs maisons, la plupart sont nues de la ceinture en haut, et demeurent aussi nu-tête et pieds nus; mais lorsqu'elles sortent ou qu'elles paraissent seulement à leur porte, elles se couvrent les épaules d'un habillement, par-dessus lequel elles mettent encore une écharpe. Ces deux vêtemens étant assez larges, et n'étant point attachés ni serrés, voltigent sur leurs épaules, et l'on voit souvent nue la plus grande partie de leur sein et de leurs bras. Les femmes riches ou de qualité ont aux bras des anneaux et des cercles d'or. Dans les rangs ou les fortunes inférieures, elles en ont d'argent, d'ivoire, de verre ou de laque dorée, et d'un fort beau travail. Quelquefois elles ont les bras garnis jusqu'au-dessous du coude; mais ces riches ornemens paraissent les embarrasser, et n'ont pas l'air d'une parure aux yeux des étrangers. Quelques-unes en portent autour des chevilles du pied. La plupart se passent dans le bas du nez des bagues d'or garnies de petites perles, et se percent les oreilles avec d'autres bagues, ou avec de grands anneaux qui leur pendent de chaque côté sur le sein: elles ont au cou de riches colliers ou d'autres ornemens précieux, et aux doigts quantité de bagues d'or. Leurs cheveux, qu'elles laissent pendre et qu'elles ménagent avec beaucoup d'art, sont ordinairement noirs, et se nouent en boucles sur le dos.

Les femmes de considération ne laissent jamais voir leur visage aux étrangers. Lorsqu'elles sortent de leurs maisons, ou qu'elles voyagent dans leurs palanquins, elles se couvrent d'un voile de soie. Schouten prétend que cette mode vient plutôt de leur vanité que d'un sentiment de pudeur et de modestie; et la raison qu'il en apporte, c'est qu'elles traitent l'usage opposé de bassesse vile et populaire. Il ajoute que l'expérience fait souvent connaître que celles qui affectent le plus de scrupule sur ce point sont ordinairement assez mal avec leurs maris, à qui elles ont donné d'autres occasions de soupçonner leur fidélité.

Les maisons des Maures sont grandes et spacieuses, et distribuées en divers appartemens qui ont plusieurs chambres et leur salle. La plupart ont des toits plats et des terrasses, où l'on se rend le soir pour y prendre l'air. Dans celles des plus riches, on voit de beaux jardins remplis de bosquets et d'allées d'arbres fruitiers, de fleurs et de plantes rares, avec des galeries, des cabinets et d'autres retraites contre la chaleur. On y trouve même des étangs et des viviers où l'on ménage des endroits également propres et commodes pour servir de bains aux hommes et aux femmes, qui ne laissent point passer de jours sans se rafraîchir dans l'eau. Quelques-uns font élever dans leurs jardins des tombeaux en pyramide, et d'autres ouvrages d'une architecture fort délicate. Cependant Bernier, après avoir parlé d'une célèbre maison de campagne du grand-mogol, qui est à deux ou trois lieues de Delhy, et qui se nomme *chahlimar*, finit par cette observation: «C'est véritablement une belle et royale maison; mais n'allez pas croire qu'elle approche d'un Fontainebleau, d'un Saint-Germain ou d'un Versailles: ce n'en est pas seulement l'ombre. Ne pensez pas non plus qu'aux environs de Delhy il s'y trouve des Saint-Cloud, des Chantilly, des Meudon, des Liancourt, etc., ou qu'on y voie même de ces moindres maisons de simples gentilshommes, de bourgeois et de marchands, qui sont en si grand nombre autour de Paris. Les sujets ne pouvant acquérir la propriété d'aucune terre, une maxime si dure supprime nécessairement cette sorte de luxe.»

Les murailles des grandes maisons sont de terre et d'argile, mêlées ensemble et séchées au soleil. On les enduit d'un mélange de chaux et de fiente de vache, qui les préserve des insectes, et par-dessus encore d'une autre composition d'herbes, de lait, de sucre et de gomme, qui leur donne un lustre et un agrément singulier. Cependant on a déjà fait remarquer qu'il se trouve des maisons de pierre, et que, suivant la proximité des carrières, plusieurs villes en sont bâties presque entièrement. Les maisons du peuple ne sont que d'argile et de paille: elles sont basses, couvertes de roseaux, enduites de fiente de vache; elles n'ont ni chambres hautes, ni cheminées, ni caves. Les ouvertures qui servent de fenêtres sont même sans vitres, et les portes sans serrures et sans verrous, ce qui n'empêche point que le vol n'y soit très-rare.

Les appartemens des grandes maisons offrent ce qu'il y a de plus riche en tapis de Perse, en nattes très-fines, en précieuses étoffes, en dorures et en meubles recherchés, parmi lesquels on voit de la vaisselle d'or et d'argent. Les femmes ont un appartement particulier qui donne ordinairement sur le jardin; elles y mangent ensemble. Cette dépense est incroyable pour le mari, surtout dans les conditions élevées; car chaque femme a ses domestiques et ses esclaves du même sexe, avec toutes les commodités qu'elle désire. D'ailleurs les grands et toutes les personnes riches entretiennent un grand train d'officiers, de gardes, d'eunuques, de valets, d'esclaves, et ne sont pas moins attentifs à se faire bien servir au dedans qu'à se distinguer au dehors par l'éclat de leur cortége. Chaque domestique est borné à son emploi. Les eunuques gardent les femmes avec des soins qui ne leur laissent pas d'autre attention. On voit au service des principaux seigneurs une espèce de coureurs qui portent deux sonnettes sur la poitrine, pour être excités par le bruit à courir plus vite, et qui font régulièrement quatorze ou quinze lieues en vingt-quatre heures. On y voit des coupeurs de bois, des charretiers et des chameliers pour la provision d'eau, des porteurs de palanquins, et d'autres sortes de valets pour divers usages.

Entre plusieurs sortes de voitures, quelques-uns ont des carrosses à l'indienne qui sont tirés par des bœufs; mais les plus communes sont diverses sortes de palanquins, dont la plupart sont si commodes, qu'on y peut mettre un petit lit avec son pavillon, ou des rideaux qui se retroussent comme ceux de nos lits d'ange. Une longue pièce de bambou courbée avec art passe d'un bout à l'autre de cette litière, et soutient toute la machine dans une situation si ferme, qu'on n'y reçoit jamais de mouvement incommode. On y est assis ou couché, on y mange et l'on y boit dans le cours des plus longs voyages; on y peut même avoir avec soi quelques amis, et la plupart des Mogols s'y font accompagner de leurs femmes; mais ils apportent de grands soins pour les dérober à la vue des passans. Ces agréables voitures sont portées par six ou huit hommes, suivant la longueur du voyage et les airs de grandeur que le maître cherche à se donner. Ils vont pieds nus par des chemins d'une argile dure, qui devient fort glissante pendant la pluie. Ils marchent au travers des broussailles et des épines sans aucune marque de sensibilité pour la douleur, dans la crainte de donner trop de branle au palanquin. Ordinairement il n'y a que deux porteurs par-devant et deux par-derrière qui marchent sur une même ligne. Les autres suivent pour être toujours prêts à succéder au fardeau. On voit avec eux autour de la litière deux joueurs d'instrumens, des gardes, des cuisiniers et d'autres valets, dont les uns portent des tambours et des flûtes, les autres des armes, des banderoles, des vivres, des tentes, et tout ce qui est nécessaire pour la commodité du voyage. Cette méthode épargne les frais des animaux, dont la nourriture est toujours difficile et d'une grande dépense, sans compter que rien n'est à meilleur marché que les porteurs. Leurs journées les plus fortes ne montent pas à plus de quatre ou cinq sous. Quelques-uns même ne gagnent que deux sous par jour. On se persuadera aisément qu'ils ne mettent leurs services qu'à ce prix, si l'on considère que dans toutes les parties de l'Indoustan les gens du commun ne vivent que de riz cuit à l'eau, et que, s'élevant rarement au-dessus de leur condition, ils apprennent le métier de leurs pères, avec l'habitude de la soumission et de la docilité pour ceux qui tiennent un rang supérieur.

Les seigneurs et les riches commerçans sont magnifiques dans leurs festins: c'est une grande partie de leur dépense. Le maître de la maison se place avec ses convives sur des tapis, où le maître-d'hôtel présente à chacun des mets fort bien apprêtés, avec des confitures et des fruits. Les Mogols ont des siéges et des bancs sur lesquels on peut s'asseoir; mais ils se mettent plus volontiers sur des nattes fines et sur des tapis de Perse, en croisant leurs jambes sous eux. Les plus riches négocians ont chez eux des fauteuils pour les offrir aux marchands européens.

Dans les conditions honnêtes, on envoie les enfans aux écoles publiques, pour y apprendre à lire, à écrire, et surtout à bien entendre l'Alcoran. Ils reçoivent aussi les principes des autres sciences auxquelles ils sont destinés, telles que la philosophie, la rhétorique, la médecine, la poésie, l'astronomie et la physique. Les mosquées servent d'écoles et les mollahs de maîtres. Ceux qui n'ont aucun bien élèvent leurs enfans pour la servitude ou pour la profession des armes, ou pour quelque autre métier dans lequel ils les croient capables de réussir.

Ils les fiancent dès l'âge de six à huit ans: mais le mariage ne se consomme qu'à l'âge indiqué par la nature, ou suivant l'ordre du père et de la mère. Aussitôt que la fille reçoit cette liberté, on la mène avec beaucoup de cérémonie au Gange, ou sur le bord de quelque autre rivière. On la couvre de fleurs rares et de parfums. Les réjouissances sont proportionnées au rang ou à la fortune. Dans les propositions de mariage, une famille négocie long-temps. Après la conclusion, l'homme riche monte à cheval pendant quelques soirées. On lui porte sur la tête plusieurs parasols. Il est accompagné de ses amis, et d'une suite nombreuse de ses propres domestiques. Ce cortége est environné d'une multitude d'instrumens, dont la marche s'annonce par un grand bruit. On voit parmi eux des danseurs, et tout ce qui peut servir à donner plus d'éclat à la fête. Une foule de peuple suit ordinairement cette cavalcade. On passe dans toutes les grandes rues; on prend le plus long chemin. En arrivant chez la jeune femme, le marié se place sur un tapis où ses parens le conduisent. Un mollah tire son livre, et prononce hautement les formules de religion, sous les yeux d'un magistrat qui sert de témoin. Le marié jure devant les spectateurs que s'il répudie sa femme, il restituera la dot qu'il a reçue; après quoi le prêtre achève et leur donne sa bénédiction.

Le festin nuptial n'est ordinairement composé que de bétel ou d'autres mets délicats: mais on n'y sert jamais de liqueurs fortes, et ceux qui en boivent sont obligés de se tenir à l'écart. Le mets le plus commun et le plus estimé est une sorte de pâte en petites boules rondes, composée de plusieurs semences aromatiques et mêlée d'opium, qui les rend d'abord fort gais, mais qui les étourdit ensuite et les fait dormir.

Le divorce n'est pas moins libre que la polygamie. Un homme peut épouser autant de femmes que sa fortune lui permet d'en nourrir; mais, en donnant à celles qui lui déplaisent le bien qu'il leur a promis le jour du mariage, il a toujours le pouvoir de les congédier. Elles n'ont ordinairement pour dot que leurs vêtemens et leurs bijoux. Celles qui sont d'une haute naissance passent dans la maison de leur mari avec leurs femmes de chambre et leurs esclaves. L'adultère les expose à la mort. Un homme qui surprend sa femme dans le crime, ou qui s'en assure par des preuves, est en droit de la tuer. L'usage ordinaire des Mogols est de fendre la coupable en deux avec leurs sabres; mais une femme qui voit son mari entre les bras d'une autre n'a point d'autre ressource que la patience. Cependant, lorsqu'elle peut prouver qu'il l'a battue, ou qu'il lui refuse ce qui est nécessaire à son entretien, elle peut porter sa plainte au juge et demander la dissolution du mariage. En se séparant, elle emmène ses filles, et les garçons restent au mari. Les riches particuliers, surtout les marchands, établissent une partie de leurs femmes et de leurs concubines dans les différens lieux où leurs affaires les appellent pour y trouver une maison prête et toutes sortes de commodités. Ils en tirent aussi cet avantage, que les femmes de chaque maison s'efforcent par leurs caresses de les y attirer plus souvent. Ils les font garder par des eunuques et des esclaves, qui ne leur permettent pas même de voir leurs plus proches parens.

Ces soins n'empêchent pas qu'il n'arrive de grands désordres jusque dans le sérail de l'empereur. On peut s'en fier au témoignage de Bernier. «On vit, dit-il, Aureng-Zeb un peu dégoûté de Rochenara-Begum, sa favorite, parce qu'elle fut accusée d'avoir fait entrer à diverses fois dans le sérail deux hommes qui furent découverts et menés devant lui. Voici de quelle façon une vieille métisse de Portugal, qui avait été long-temps esclave dans le sérail, et qui avait la liberté d'y entrer et d'en sortir, me raconta la chose. Elle me dit que Rochenara-Begum, après avoir épuisé les forces d'un jeune homme pendant quelques jours qu'elle l'avait tenu caché, le donna à quelques-unes de ses femmes pour le conduire pendant la nuit au travers de quelques jardins et le faire sauver; mais soit qu'elles eussent été découvertes, ou qu'elles craignissent de l'être, elles s'enfuirent, et le laissèrent errant parmi ces jardins, sans qu'il sût de quel côté tourner. Enfin, ayant été rencontré et mené devant Aureng-Zeb, ce prince l'interrogea beaucoup, et n'en put presque tirer d'autres réponses, sinon qu'il était entré par-dessus les murailles. On s'attendait qu'il le ferait traiter avec la cruauté que Schah-Djehan son père avait eue dans les mêmes occasions; mais il commanda simplement qu'on le fît sortir par où il était entré. Les eunuques allèrent au delà de cet ordre, car ils le jetèrent du haut des murailles en bas. Pour ce qui est du second, cette même femme dit qu'il fut trouvé errant dans les jardins comme le premier, et qu'ayant confessé qu'il était entré par la porte, Aureng-Zeb commanda aussi simplement qu'on le fît sortir par la porte; se réservant néanmoins de faire un grand et exemplaire châtiment sur les eunuques, parce que c'est une chose qui non-seulement regardait son honneur, mais aussi la sûreté de sa personne.»

Citons un autre trait du même voyageur. «En ce même temps, dit-il, on vit arriver un accident bien funeste, qui fit grand bruit dans Delhy, principalement dans le sérail, et qui désabusa quantité de personnes qui avaient peine à croire, comme moi, que les eunuques, c'est-à-dire ceux à qui on n'a laissé aucune ressource, devinssent amoureux comme les autres hommes. Didar-Khan, un des premiers eunuques du sérail, et qui avait fait bâtir une maison où il venait souvent se coucher et se divertir, devint amoureux d'une très-belle femme d'un de ses voisins qui était un écrivain gentou; ses amours durèrent assez long-temps, sans que personne y trouvât beaucoup à redire, parce qu'enfin c'était un eunuque, qui a droit d'entrer partout. Mais cette familiarité devint si grande et si extraordinaire, que les voisins se doutèrent de quelque chose, et raillèrent l'écrivain. Une nuit qu'il trouva les deux amans couchés ensemble, il poignarda l'eunuque, et laissa la femme pour morte. Tout le sérail, les femmes et eunuques, se ligua contre lui pour le faire mourir; mais Aureng-Zeb se moqua de toutes leurs brigues, et se contenta de lui faire embrasser le mahométisme.»

Les devoirs qu'on rend aux morts, sont accompagnés de tant de modestie et de décence, qu'un voyageur hollandais reproche à sa nation d'en avoir beaucoup moins. Pendant trois jours les femmes, les parens, les enfans et les voisins poussent de grands cris; ensuite on lave le corps: on l'ensevelit dans une toile blanche qu'on coud soigneusement, et dans laquelle on renferme divers parfums. La cérémonie des funérailles commence par deux ou trois prêtres, qui tournent plusieurs fois autour du corps en prononçant quelques prières. Huit ou dix hommes vêtus de blanc le mettent dans la bière et le portent au lieu de la sépulture. Les parens et les amis, vêtus aussi de blanc, suivent deux à deux, et marchent avec beaucoup d'ordre et de modestie. Le tombeau est petit, et ordinairement de maçonnerie; on y pose le corps sur le côté droit, les pieds tournés vers le midi et le visage vers l'occident. On le couvre de planches, et l'on jette de la terre par-dessus. Ensuite toutes les personnes de l'assemblée vont se laver les mains dans un lieu préparé pour cet usage. Les prêtres et les assistans reviennent former un cercle autour du tombeau, la tête couverte, les mains jointes, le visage tourné vers le ciel, et font une courte prière: après quoi chacun reprend son rang pour suivre les parens jusqu'à la maison du deuil. Là, sans perdre la gravité qui convient à cette triste scène, l'assemblée se sépare, et chacun se retire d'un air sérieux.

Ces usages, qui sont communs à tous les mahométans de l'empire, mettent beaucoup de ressemblance entre eux dans toutes les provinces, malgré la variété de leur origine et la différence du climat. Mais l'on ne trouve pas la même conformité dans les sectes idolâtres, qui composent encore la plus grande partie des sujets du grand-mogol. Les voyageurs en distinguent un grand nombre. Ici, pour ne s'arrêter qu'aux usages civils, les principales observations doivent tomber sur les banians, qui, faisant sans comparaison le plus grand nombre, peuvent être regardés comme le second ordre d'une nation dont les mahométans sont le premier.

Suivant le témoignage de tous les voyageurs, il n'y a point d'Indiens plus doux, plus modestes, plus tendres, plus pitoyables, plus civils, et de meilleure foi pour les étrangers que les banians. Il n'y en a point aussi de plus ingénieux, de plus habiles, et même de plus savans. On voit parmi eux des gens éclairés dans toutes sortes de professions, surtout des banquiers, des joailliers, des écrivains, des courtiers très-adroits, et de profonds arithméticiens. On y voit de gros marchands de grains, de toiles de coton, d'étoffes de soie, et de toutes les marchandises des Indes. Leurs boutiques sont belles, et les magasins richement fournis; mais il n'y faut chercher ni viande ni poisson. Les banians savent mieux l'arithmétique que les chrétiens et les Maures. Quelques-uns font un gros commerce sur mer, et possèdent d'immenses richesses; aussi ne vivent-ils pas avec moins de magnificence que les Maures. Ils ont de belles maisons, des appartemens commodes et bien meublés, et des bassins d'eau fort propres pour leurs bains. Ils entretiennent un grand nombre de domestiques, de chevaux et de palanquins; mais leurs richesses n'empêchent point qu'ils ne soient soumis aux Maures dans tout ce qui regarde l'ordre de la société, à l'exception du culte religieux, sur lequel aucun empereur mogol n'a jamais osé les chagriner. Il est vrai qu'ils achètent cette liberté par de gros tributs qu'ils envoient à la cour par leurs prêtres, qui sont les bramines. Elle en est quitte pour quelques vestes ou quelque vieil éléphant, dont elle fait présent à leurs députés. Ils paient aussi de grosses sommes aux gouverneurs, dans la crainte qu'on ne les charge de fausses accusations, ou que, sous quelque prétexte, on ne confisque leurs biens. Le peuple de cette secte est composé de toutes sortes d'artisans qui vivent du travail de leurs mains, mais surtout d'un grand nombre de tisserands dont les villes et les champs sont remplis. Les plus fines toiles et les plus belles étoffes des Indes viennent de leurs manufactures. Ils fabriquent des tapis, des couvertures, des courtes-pointes, et toutes sortes d'ouvrages de coton ou de soie, avec la même industrie dans les deux sexes, et la même ardeur pour le travail.

Les riches banians sont vêtus à peu près comme les Maures; mais la plupart ne portent que des étoffes blanches depuis la tête jusqu'aux pieds. Leurs robes sont d'une fine toile de coton, dont ils se font aussi des turbans. C'est par cette partie néanmoins qu'on les distingue; car leurs turbans sont moins grands que ceux des Maures. On les reconnaît aussi à leurs hauts-de-chausses, qui sont plus courts; d'ailleurs ils ne se font point raser la tête, quoiqu'ils ne portent pas les cheveux fort longs. Leur usage est aussi de se faire tous les jours une marque jaune au front, de la largeur d'un doigt, avec un mélange d'eau et de bois de sandal, dans lequel ils broient quatre ou cinq grains de riz.

C'est de leurs bramines qu'ils reçoivent cette marque, après avoir fait leurs dévotions dans quelques pagodes.

Leurs femmes ne se couvrent point le visage comme celles des mahométans, mais elles parent aussi leurs têtes de pendans et de colliers. Les plus riches sont vêtues d'une toile de coton si fine, qu'elle en est transparente, et qui leur descend jusqu'au milieu des jambes. Elles mettent par-dessus une sorte de veste, qu'elles serrent d'un cordon au-dessus des reins. Comme le haut de cet habillement est fort lâche, on les voit nues depuis le sein jusqu'à la ceinture. Pendant l'été, elles ne portent que des sabots ou des souliers de bois, qu'elles s'attachent aux pieds avec des courroies; mais l'hiver elles ont des souliers de velours ou de brocart, garnies de cuir doré. Les quartiers en sont fort bas, parce qu'elles se déchaussent à toute heure pour entrer dans leurs chambres, dont les planchers sont couverts de tapis. Les enfans de l'un et de l'autre sexe vont nus jusqu'à l'âge de quatre ou cinq ans.

La plupart des femmes banianes ont le tour du visage bien fait et beaucoup d'agrémens. Leurs cheveux noirs et lustrés forment une ou deux boucles sur le derrière du cou, et sont attachés d'un nœud de ruban. Elles ont, comme les mahométanes, des anneaux d'or passés dans le nez et dans les oreilles; elles en ont aux doigts, aux bras, aux jambes et au gros doigt du pied. Celles du commun les ont d'argent, de laque, d'ivoire, de verre ou d'étain. Comme l'usage du bétel leur noircit les dents, elles sont parvenues à se persuader que c'est une beauté de les avoir de cette couleur. «Fi! disaient-elles à Mandelslo, vous avez les dents blanches comme les chiens et les singes.»

Les bramines sont distingués des autres banians par leur coiffure, qui est une simple toile blanche, à laquelle ils font faire plusieurs fois le tour de la tête, pour attacher entièrement leurs cheveux, qu'ils ne font jamais couper, et par trois filets de petite ficelle qu'ils portent sur la peau, et qui leur descend en écharpe sur l'estomac, depuis l'épaule jusqu'aux hanches. Ils n'ôtent jamais cette marque de leur profession, quand il serait question de la vie.

L'éducation des enfans de cette nombreuse secte n'a rien de commun avec celle des mahométans. Les jeunes garçons apprennent de bonne heure l'arithmétique et l'art d'écrire. Ensuite on s'efforce de les avancer dans la profession de leurs pères. Il est rare qu'ils abandonnent le genre de vie dans lequel ils sont nés. L'usage est de les fiancer dès l'âge de quatre ans, et de les marier au-dessus de dix, après quoi les parens leur laissent la liberté de suivre l'instinct de la nature. Aussi l'on voit souvent parmi eux de jeunes mères de dix ou douze ans. Une fille qui n'est pas mariée à cet âge tombe dans le mépris. Les cérémonies des noces sont différentes dans chaque canton, et même dans chaque ville. Mais tous les pères s'accordent à donner leurs filles pour une somme d'argent ou pour quelque présent qu'on leur offre. Après avoir marché avec beaucoup d'appareil dans les principales rues de la ville ou du bourg, les deux familles se placent sur des nattes, près d'un grand feu, autour duquel on fait faire trois tours aux deux amans, tandis qu'un bramine prononce quelques mots, qui sont comme la bénédiction du mariage. Dans plusieurs endroits, l'union se fait par deux cocos, dont l'époux et la femme font un échange, pendant que le bramine leur lit quelques formules dans un livre. Le festin nuptial est proportionné à l'opulence des familles. Mais quelque riches que soient les parens d'une fille, il est rare qu'elle ait d'autre dot que ses joyaux, ses habits, son lit et quelque vaisselle. Si la nature lui refuse des enfans, le mari peut prendre une seconde, et même une troisième femme; mais la première conserve toujours son rang et ses priviléges. D'ailleurs, quoique l'usage accorde cette liberté aux hommes, ils ne peuvent guère en user sans donner quelque atteinte à leur réputation.

Les banians sont d'une extrême propreté dans leurs maisons. Ils couvrent le pavé de nattes fort bien travaillées, sur lesquelles ils s'asseyent comme les Maures; c'est-à-dire les jambes croisées sous eux. Leur nourriture la plus commune est du riz, du beurre et du lait, avec toutes sortes d'herbages et de fruits. Ils ne mangent aucune sorte d'animaux, et ce respect pour toutes les créatures vivantes s'étend jusqu'aux insectes. Dans plusieurs cantons, ils ont des hôpitaux pour les bêtes languissantes de vieillesse ou de maladie. Ils rachètent les oiseaux qu'ils voient prendre aux mahométans. Les plus dévots font difficulté d'allumer pendant la nuit du feu ou de la chandelle, de peur que les mouches ou les papillons ne s'y viennent brûler. Cet excès de superstition, qu'ils doivent à l'ancienne opinion de la transmigration des âmes, leur donne de l'horreur pour la guerre et pour tout ce qui peut conduire à l'effusion du sang; aussi les empereurs n'exigent-ils d'eux aucun service militaire; mais cette exemption les rend aussi méprisables que leur idolâtrie aux yeux des mahométans, qui en prennent droit de les traiter en esclaves: ce qui n'empêche point que le souverain ne leur laisse l'avantage de pouvoir léguer leurs biens à leurs héritiers mâles, sous la seule condition d'entretenir leur mère jusqu'à la mort, et leurs sœurs jusqu'au temps de leur mariage.

Quelques voyageurs ont fait le compte des sectes idolâtres, qui sont autant de branches des banians, et prétendent en avoir trouvé quatre-vingt-trois; elles ont toutes cette ressemblance avec les mahométans, qu'elles font consister la principale partie de leur religion dans les purifications corporelles. Il n'y a point d'idolâtre indien qui laisse passer le jour sans se laver; la plupart n'ont pas de soin plus pressant: dès le plus grand matin, avant le lever du soleil, ils se mettent dans l'eau jusqu'aux hanches, tenant à la main un brin de paille que le bramine leur distribue pour chasser l'esprit malin, pendant qu'il donne la bénédiction et qu'il prêche ses opinions à ceux qui se purifient. Les habitans des bords du Gange se croient les plus heureux, parce qu'ils attachent une idée de sainteté aux eaux de ce fleuve; non-seulement ils s'y baignent plusieurs fois le jour, mais ils ordonnent que leurs cendres y soient jetées après leur mort. Le comble de leur superstition est dans le temps des éclipses, dont ils craignent les plus malignes influences. Bernier fait un récit curieux du spectacle dont il fut témoin. Il se trouvait à Delhy pendant la fameuse éclipse de 1666: «Il monta, dit-il, sur la terrasse de sa maison, qui était située sur les bords du Djemna; de là il vit les deux côtés de ce fleuve, dans l'étendue d'une lieue, couverts d'idolâtres qui étaient dans l'eau jusqu'à la ceinture, regardant le ciel pour se plonger et se laver dans le moment où l'éclipse allait commencer. Les petits garçons et les petites filles étaient nus comme la main; les hommes l'étaient aussi, excepté qu'ils avaient une espèce d'écharpe bridée à l'entour des cuisses. Les femmes mariées et les filles qui ne passaient pas six à sept ans étaient couvertes d'un simple drap. Les personnes de condition, telles que les radjas, princes souverains gentous, qui sont ordinairement à la cour et au service de l'empereur; les sérafs ou changeurs, les banquiers, les joailliers et tous les riches marchands avaient traversé l'eau avec leurs familles; ils avaient dressé leurs tentes sur l'autre bord, et planté dans la rivière des kanates, qui sont une espèce de paravents, pour observer leurs cérémonies et se laver tranquillement sans être exposés à la vue de personne. Aussitôt que le soleil eut commencé à s'éclipser, ils poussèrent un grand cri, et se plongeant dans l'eau, où ils demeurèrent cachés assez long-temps, ils se levèrent pour y demeurer debout, les yeux et les mains levés vers le soleil, prononçant leurs prières avec beaucoup de dévotion, prenant par intervalle de l'eau avec les mains, la jetant vers le soleil, inclinant la tête, remuant et tournant les bras et les mains, et continuant ainsi leurs immersions, leurs prières et leurs contorsions jusqu'à la fin de l'éclipse. Alors chacun ne pensa qu'à se retirer en jetant des pièces d'argent fort loin dans la rivière, et distribuant des aumônes aux bramines qui se présentaient en grand nombre. Bernier observa qu'en sortant de la rivière ils prirent tous des habits neufs qui les attendaient sur le sable, et que les plus dévots laissèrent leurs anciens habits pour les bramines. Cette éclipse, dit-il, fut célébrée de même dans l'Indus, dans le Gange et dans les autres fleuves des Indes; mais surtout dans l'eau du Tanaïser, où plus de cent cinquante mille personnes se rassemblèrent de toutes les régions voisines, parce que ce jour-là son eau passe pour la plus sainte.

Les quatre-vingt-trois sectes des banians peuvent se réduire à quatre principales, qui comprennent toutes les autres: celles des *Ceuravaths*, des *Samaraths*, des *Bisnaos* et des *Gondjis*.

Les premiers ont tant d'exactitude à conserver les animaux, que leurs bramines se couvrent la bouche d'un linge dans la crainte qu'une mouche n'y entre, et portent chez eux un petit balai à la main pour écarter toutes sortes d'insectes. Ils ne s'asseyent point sans avoir nettoyé soigneusement la place qu'ils veulent occuper; ils vont tête et pieds nus, avec un bâton blanc à la main, par lequel ils se distinguent des autres castes; ils ne font jamais de feu dans leurs maisons; ils n'y allument pas même de chandelle; ils ne boivent point d'eau froide, de peur d'y rencontrer des insectes. Leur habit est une pièce de toile qui leur pend depuis le nombril jusqu'aux genoux; ils ne se couvrent le reste du corps que d'un petit morceau de drap, autant qu'on en peut faire d'une seule toison.

Leurs pagodes sont carrées, avec un toit plat; elles ont, dans la partie orientale, une ouverture sous laquelle sont les chapelles de leurs idoles, bâties en forme pyramidale, avec des degrés qui portent plusieurs figures de bois, de pierre et de papier, représentant leurs parens morts, dont la vie a été remarquable par quelque bonheur extraordinaire. Leurs plus grandes dévotions se font au mois d'août, pendant lequel ils se mortifient par des pénitences fort austères. Mandelslo confirme ce qu'on a déjà rapporté sur d'autres témoignages, qu'il se trouve de ces idolâtres qui passent un mois ou six semaines sans autre nourriture que de l'eau; dans laquelle ils raclent d'un certain bois amer qui soutient leurs forces. Les ceuravaths brûlent les corps des personnes âgées; mais ils enterrent ceux des enfans. Leurs veuves ne se brûlent point avec leurs maris; elles renoncent seulement à se remarier. Tous ceux qui font profession de cette secte peuvent être admis à la prêtrise; on accorde même cet honneur aux femmes, lorsqu'elles ont passé l'âge de vingt-cinq ans; mais les hommes y sont reçus dès leur septième année, c'est-à-dire qu'ils en prennent l'habit, qu'ils s'accoutument à mener une vie austère, et qu'ils s'engagent à la chasteté par un vœu. Dans le mariage même, l'un des deux époux a le pouvoir de se faire prêtre, et par cette résolution d'obliger l'autre au célibat pour le reste de ses jours. Quelques-uns font vœu de chasteté après le mariage; mais cet excès de zèle est rare. Dans les dogmes de cette secte, la Divinité n'est point un être infini qui préside aux événemens: tout ce qui arrive dépend de la bonne ou mauvaise fortune; ils ont un saint qu'ils nomment *Fiel-Tenck-Ser*; ils n'admettent ni enfer ni paradis; ce qui n'empêche point qu'ils ne croient l'âme immortelle; mais ils croient qu'en sortant du corps elle entre dans un autre, d'homme ou de bête, suivant le bien ou le mal qu'elle a fait, et qu'elle choisit toujours une femelle, qui la remet au monde pour vivre dans un autre corps. Tous les autres banians ont du mépris et de l'aversion pour les ceuravaths; ils ne veulent boire ni manger avec eux; ils n'entrent pas même dans leurs maisons, et s'ils avaient le malheur de les toucher, ils seraient obligés de se purifier par une pénitence publique.

La seconde secte ou caste, qui est celle des samaraths, est composée de toutes sortes de métiers, tels que les serruriers, les maréchaux, les charpentiers, les tailleurs, les cordonniers, les fournisseurs, etc. Elle admet aussi des soldats, des écrivains et des officiers; c'est par conséquent la plus nombreuse. Quoiqu'elle ait de commun avec la première de ne pas souffrir qu'on tue les animaux ni les insectes, et de ne rien manger qui ait eu vie, ses dogmes sont différens; elle croit l'univers créé par une première cause qui gouverne et conserve tout avec un pouvoir immuable et sans borne; son nom est *Permiser* et *Vistnou*. Elle lui donne trois substituts, qui ont chacun leur emploi sous sa direction: le premier, nommé *Brahma*, dispose du sort des âmes, qu'il fait passer dans des corps d'hommes ou de bêtes; le second qui s'appelle *Bouffinna*, apprend aux créatures humaines à vivre suivant les lois de Dieu, qui sont comprises en quatre livres: il prend soin aussi de faire croître le blé, les plantes et les légumes; le troisième se nomme *Maïs*, et son pouvoir s'étend sur les morts; il sert comme de secrétaire à Vistnou, pour examiner les bonnes et mauvaises œuvres; il en fait un rapport fidèle à son maître, qui, après les avoir pesées, envoie l'âme dans le corps qui lui convient. Les âmes qui sont envoyées dans le corps des vaches sont les plus heureuses, parce que, cet animal ayant quelque chose de divin, elles espèrent d'être plus tôt purifiées des souillures qu'elles ont contractées. Au contraire, celles qui ont pour demeure le corps d'un éléphant, d'un chameau, d'un buffle, d'un bouc, d'un âne, d'un léopard, d'un porc, d'un serpent, ou de quelque autre bête immonde, sont fort à plaindre, parce qu'elles passent de là dans d'autres corps de bêtes domestiques et moins féroces; où elles achèvent d'expier les crimes qui les ont fait condamner à cette peine. Enfin Maïs présente les âmes purifiées à Vistnou, qui les reçoit au nombre de ses serviteurs.

Les samaraths brûlent les corps des morts, à la réserve de ceux des enfans au-dessous de l'âge de trois ans; mais ils observent de faire les obsèques sur le bord d'une rivière, ou de quelque ruisseau d'eau vive; ils y portent même leurs malades, lorsqu'ils sont à l'extrémité, pour leur donner la consolation d'y expirer. Il n'y a point de secte dont les femmes se sacrifient si gaiement à la mémoire de leurs maris. Elles sont persuadées que cette mort n'est qu'un passage pour entrer dans un bonheur sept fois plus grand que tout ce qu'elles ont eu de plaisir sur la terre. Un autre de leurs plus saints usages est de faire présenter à leur enfant, aussitôt qu'elles sont accouchées, une écritoire, du papier et des plumes; si c'est un garçon, elles y font ajouter un arc; le premier de ces deux signes est pour engager Bouffinna à graver la loi dans l'esprit de l'enfant, et l'autre lui promet sa fortune à la guerre, s'il embrasse cette profession à l'exemple des rasbouts.

La troisième secte, qui est celle des bisnaos, s'abstient, comme les deux précédentes, de manger tout ce qui a l'apparence de vie. Elle impose aussi des jeûnes; ses temples portent le nom particulier d'*agoges*. La principale dévotion des bisnaos consiste à chanter des hymnes à l'honneur de leur dieu, qu'ils appellent *Ram-ram*. Leur chant est accompagné de danses, de tambours, de flageolets, de bassins de cuivre, et d'autres instrumens, dont ils jouent devant leurs idoles. Ils représentent Ram-ram et sa femme sous différentes formes; ils les parent de chaînes d'or, de colliers de perles et d'autres ornemens précieux. Leurs dogmes sont à peu près les mêmes que ceux des samaraths, avec cette différence que leur dieu n'a point de lieutenans, et qu'il agit par lui-même. Ils se nourrissent de légumes, de beurre et de lait, avec ce qu'ils nomment l'*atsenia*, qui est une composition de gingembre, de mangues, de citrons, d'ail et de graine de moutarde confite au sel; ce sont leurs femmes ou leurs prêtres qui font cuire leurs alimens. Au lieu de bois, qu'ils font scrupule de brûler, parce qu'il s'y rencontre des vers qui pourraient périr par le feu, ils emploient de la fiente de vache séchée au soleil et mêlée avec de la paille, qu'ils coupent en petits carreaux, comme les tourbes. La plupart des banians bisnaos exercent le commerce par commission ou pour leur propre compte; ils y sont fort entendus. Leurs manières étant très-douces, et leur conversation agréable, les chrétiens et les mahométans choisissent parmi eux leurs interprètes et leurs courtiers. Ils ne permettent point aux femmes de se faire brûler avec leurs maris; ils les forcent à garder un veuvage perpétuel, quand le mari serait mort avant la consommation du mariage. Il n'y a pas long-temps que le second frère était obligé, parmi eux, d'épouser la veuve de son aîné; mais cet usage a fait place à la loi qui condamne toutes les veuves au célibat.

En se baignant suivant l'usage commun de toutes les sectes banianes, les bisnaos doivent se plonger, se vautrer et nager dans l'eau; après quoi ils se font frotter par un bramine, le front, le nez, les oreilles, d'une drogue composée de quelque bois odoriférant, et pour sa peine ils lui donnent une petite quantité de blé, de riz ou de légumes. Les plus riches ont dans leurs maisons des bassins d'eau pure qu'ils y amènent à grands frais, et ne vont aux rivières que dans les occasions solennelles, telles que leurs grandes fêtes, les pélerinages et les éclipses.

La secte des gondjis, qui comprend les *fakirs*, c'est-à-dire les moines banians, les ermites, les missionnaires, et tous ceux qui se livrent à la dévotion par état, fait profession de reconnaître un Dieu créateur et conservateur de toutes choses. Ils lui donnent divers noms, et le représentent sous différentes formes. Ils passent pour de saints personnages; et, n'exerçant aucun métier, ils ne s'attachent qu'à mériter la vénération du peuple. Une partie de leur sainteté consiste à ne rien manger qui ne soit cuit ou apprêté avec de la bouse de vache, qu'ils regardent comme ce qu'il y a de plus sacré; ils ne peuvent rien posséder en propre. Les plus austères ne se marient point, et ne toucheraient pas même une femme; ils méprisent les biens et les plaisirs de la vie; le travail n'a pas plus d'attrait pour eux; ils passent leur vie à courir les chemins et les bois, où la plupart vivent d'herbes vertes et de fruits sauvages. D'autres se logent dans des masures ou dans des grottes, et choisissent toujours les plus sales; d'autres vont nus, à l'exception des parties naturelles, et ne font pas difficulté de se montrer en cet état au milieu des grands chemins et des villes; ils ne se font jamais raser la tête, encore moins la barbe, qu'ils ne lavent et ne peignent jamais, non plus que leur chevelure; aussi paraissent-ils couverts de poils comme autant de sauvages. Quelquefois ils s'assemblent par troupes sous un chef, auquel ils rendent toutes sortes de respects et de soumissions. Quoiqu'ils fassent profession de ne rien demander, ils s'arrêtent près des lieux habités qu'ils rencontrent, et l'opinion qu'on a de leur sainteté porte toutes les autres sectes banianes à leur offrir des vivres; enfin d'autres, se livrant à la mortification, exercent en effet d'incroyables austérités. Il se trouve aussi des femmes qui embrassent un état si dur. Schouten ajoute que souvent les pauvres mettent leurs enfans entre les mains des gondjis, afin qu'étant exercés à la patience, ils soient capables de suivre une profession si sainte et si honorée, s'ils ne peuvent subsister par d'autres voies.

Quelques voyageurs mettent les rasbouts au nombre des sectes banianes, parce qu'ils croient aussi à la transmigration des âmes, et qu'ils ont une grande partie des mêmes usages. Cependant, au lieu que tous les autres banians ont l'humeur douce, et qu'ils abhorrent l'effusion du sang, les rasbouts sont emportés, hardis et violens; ils mangent de la chair, ils ne vivent que de meurtre et de rapine, et n'ont pas d'autre métier que la guerre.

Le grand-mogol et la plupart des autres princes indiens les emploient dans leurs armées, parce que, méprisant la mort, ils sont d'une intrépidité surprenante. Mandelslo raconte que, cinq rasbouts étant un jour entrés dans la maison d'un paysan pour s'y reposer d'une longue marche, le feu prit au village, et s'approcha bientôt de la maison où ils s'étaient retirés. On les en avertit; ils répondirent que jamais ils n'avaient tourné le dos au péril; qu'ils étaient résolus de donner au feu la terreur qu'il inspirait aux autres, et qu'ils voulaient le forcer de s'arrêter à leur vue. En effet ils s'obstinèrent à se laisser brûler plutôt que de faire un pas pour se garantir des flammes. Il n'y en eut qu'un qui prit le parti de se retirer; mais il ne put se consoler de n'avoir pas suivi le parti des autres. Voilà un courage bien stupide.

Les rasbouts n'épargnent que les bêtes, surtout les oiseaux, parce qu'ils croient que leurs âmes sont particulièrement destinées à passer dans ces petits corps, et qu'ils espèrent alors pour eux-mêmes autant de charité qu'ils en auraient eu pour les autres. Ils marient, comme les banians, leurs enfans dès le premier âge; leurs veuves se font brûler avec les corps de leurs maris, à moins que, dans le contrat de mariage, ils n'aient stipulé qu'on ne puisse les y forcer: cette précaution ne les déshonore point, lorsqu'elle a précédé l'union conjugale.

Au reste, cette variété d'opinions et d'usages, qui forme tant de sectes différentes entre les banians, n'empêche point qu'ils n'aient quatre livres communs, qu'ils regardent comme le fondement de leur religion, et pour lesquels ils ont le même respect, malgré la différence de leurs explications. Bernier, qui s'attache particulièrement à tout ce qui regarde leurs sciences et leurs opinions, nous donne des éclaircissemens curieux sur ces deux points.

Bénarès, ville située sur le Gange, dans un pays très-riche et très-agréable, est l'école générale et comme l'Athènes de toute la gentilité des Indes. C'est le lieu où les bramines, et tous ceux qui aspirent à la qualité de savans se rendent pour communiquer leurs lumières ou pour en recevoir. Ils n'ont point de colléges et de classes subordonnées comme les nôtres; en quoi Bernier leur trouve plus de ressemblance avec l'ancienne manière d'enseigner. Les maîtres sont dispersés par la ville, dans leurs maisons, et principalement dans les jardins des faubourgs, où les riches marchands leur permettent de se retirer. Les uns ont quatre disciples, d'autres six ou sept, et les plus célèbres, douze ou quinze au plus, qui emploient dix ou douze années à recevoir leurs instructions. Cette étude est très-lente, parce que la plupart des Indiens sont naturellement paresseux; défaut qui leur vient de la chaleur du pays et de la qualité de leurs alimens. Ils étudient sans contention d'esprit, en mangeant leur kichery, c'est-à-dire un mélange de légumes que les riches marchands leur font apprêter.

Leur première étude est le sanscrit, qui est une langue tout-à-fait différente de l'indienne ordinaire, et qui n'est sue que des poundits ou des savans. Elle se nomme *sanscrit* ou *sanskret*, qui signifie *langue pure*; et croyant que c'est dans cette langue que Dieu, par le ministère de Brahma, leur a communiqué les quatre livres qu'ils appellent Védas, ils lui donnent les qualités de sainte et de divine. Ils prétendent qu'elle est aussi ancienne que ce Brahma, dont ils ne comptent l'âge que par lacks, ou centaines de mille ans. «Je voudrais caution, dit Bernier, de cette étrange antiquité; mais on ne peut nier qu'elle ne soit très-ancienne, puisque les livres de leur religion, qui l'est sans doute beaucoup, ne sont écrits que dans cette langue, et que de plus elle a ses auteurs de philosophie et de médecine en vers, quelques autres poésies, et quantité d'autres livres, dont une grande salle est toute remplie à Bénarès.»

Les traités de philosophie indienne s'accordent peu sur les premiers principes des choses. Les uns établissent que tout est composé de petits corps indivisibles, moins par leur résistance et leur dureté que par leur petitesse; d'autres veulent que tout soit composé de matière et de forme; d'autres, des quatre élémens et du néant, ce qui est inintelligible; quelques-uns regardent la lumière et les ténèbres comme les premiers principes.

Dans la médecine, ils ont quantité de petits livres qui ne contiennent guère que des méthodes et des recettes. Le plus ancien et le principal est écrit en vers. Leur pratique est fort différente de la nôtre; ils se fondent sur ces principes, qu'un malade qui a la fièvre n'a pas besoin de nourriture; que le principal remède des maladies est l'abstinence; qu'on ne peut donner rien de pire à un malade que des bouillons de viande, ni qui ne se corrompe plus tôt dans l'estomac d'un fiévreux, et qu'on ne doit tirer du sang que dans une grande nécessité, telle que la crainte d'un transport au cerveau, ou dans les inflammations de quelque partie considérable, telle que la poitrine, le foie ou les reins. Bernier, quoique médecin, ne décide point, dit-il, la bonté de cette pratique; mais il en vérifia le succès. Il ajoute qu'elle n'est pas particulière aux médecins gentous; que les médecins mogols et mahométans, qui suivent Avicène et Averroës, y sont fort attachés, surtout à l'égard des bouillons de viande; que les Mogols, à la vérité, sont un peu plus prodigues de sang que les Gentous, et que, dans les maladies qu'on vient de nommer, ils saignent ordinairement une ou deux fois; «mais ce n'est pas de ces petites saignées de nouvelle invention: *ce sont de ces saignées copieuses des anciens*, de dix-huit à vingt onces de sang, qui vont souvent jusqu'à la défaillance, mais qui ne manquent guère aussi d'étrangler, suivant le langage de Galien, les maladies dans leur origine.»

Pour l'anatomie, on peut dire absolument que les Indiens gentous n'y entendent rien. La raison en est simple: ils n'ouvrent jamais de corps d'hommes ni d'animaux. Cependant ils ne laissent pas d'assurer qu'il y a cinq mille veines dans le corps humain, avec autant de confiance que s'ils les avaient comptées.

À l'égard de l'astronomie, ils ont leurs tables, suivant lesquelles ils prévoient les éclipses. Si ce n'est pas avec toute la justesse des astronomes de l'Europe, ils y parviennent à peu près; mais ils ne laissent pas de joindre à leurs lumières de ridicules fables. Ce sont des monstres qui se saisissent alors du soleil ou de la lune, et qui l'infectent. Leurs idées de géographie ne sont pas moins choquantes. Ils croient que la terre est plate et triangulaire; qu'elle a sept étages, tous différens en beautés, en habitans, dont chacun est entouré de sa mer; que, de ces mers, une est de lait, une autre de sucre, une autre de beurre, une autre de vin, etc.; qu'après une terre vient une mer, et une mer après une terre, et que chaque étage a différentes perfections, jusqu'au premier qui les contient toutes.

Si toutes ces rêveries, observe Bernier, sont les fameuses sciences des anciens brachmanes des Indes, on s'est bien trompé dans l'idée qu'on en a conçue. Mais il avoue que la religion des Indes est d'un temps immémorial; qu'elle s'est conservée dans la langue sanscrite, qui ne peut être que très-ancienne, puisqu'on ignore son origine, et que c'est une langue morte qui n'est connue que des savans, et qui a ses poésies; que tous les livres de science ne sont écrits que dans cette langue; enfin que peu de monumens ont autant de marques d'une très-grande antiquité.

Bernier raconte qu'en descendant le Gange et passant par Bénarès, il alla trouver un chef des poundits, qui faisait sa demeure ordinaire dans cette ville. C'était un bramine si renommé par son savoir, que Schah-Djehan, par estime pour son mérite autant que pour faire plaisir aux radjas, lui avait accordé une pension annuelle de deux mille roupies. Il était de belle taille et d'une fort agréable physionomie. Son habillement consistait dans une espèce d'écharpe blanche de soie, qui était liée autour de sa ceinture et qui lui pendait jusqu'au milieu des jambes, avec une autre écharpe de soie rouge assez large, qu'il portait sur les épaules comme un petit manteau. Bernier l'avait vu plusieurs fois à Delhy devant l'empereur, dans l'assemblée des omhras, et marchant par les rues, tantôt à pied, tantôt en palekis. Il l'avait même entretenu plusieurs fois chez Danesch-Mend, à qui ce docteur indien faisait sa cour, dans l'espérance de faire rétablir sa pension qu'Aureng-Zeb lui avait ôtée, pour marquer son attachement au mahométisme.

«Lorsqu'il me vit à Bénarès, dit Bernier, il me fit cent caresses, et me donna une collation dans la bibliothèque de son université, avec les six plus fameux poundits ou docteurs de la ville. Me trouvant en si bonne compagnie, je les priai tous de me dire leurs sentimens sur l'adoration de leurs idoles, parce que, me disposant à quitter les Indes, j'étais extrêmement scandalisé de ce côté-là, et que ce culte me paraissait indigne de leurs lumières et de leur philosophie. Voici la réponse de cette noble assemblée.

«Nous avons véritablement, me dirent-ils, dans nos deutas ou nos temples quantité de statues diverses, comme celles de Brahma, Machaden, Genich et Gavani, qui sont des principales; et beaucoup d'autres moins parfaites, auxquelles nous rendons de grands honneurs, nous prosternant devant elles, et leur présentant des fleurs, du riz, des huiles parfumées, du safran et d'autres offrandes, avec un grand nombre de cérémonies. Cependant nous ne croyons point que ces statues soient ou Brahma même, ou les autres, mais seulement leurs images et leurs représentations; et nous ne leur rendons ces honneurs que par rapport à ce qu'elles représentent. Elles sont dans nos deutas, parce qu'il est nécessaire à ceux qui font la prière d'avoir quelque chose devant les yeux qui arrête l'esprit. Quand nous prions, ce n'est pas la statue que nous prions, mais celui qui est représenté par la statue. Au reste, nous reconnaissons que c'est Dieu qui est le maître absolu et le seul tout-puissant.

»Voilà, reprend Bernier, sans y rien ajouter ni diminuer, l'explication qu'ils me donnèrent. Je les poussai ensuite sur la nature de leurs divinités, dont je voulais être éclairci: mais je n'en pus rien tirer que de confus.»

Bernier continue: «Je les remis encore sur la nature du *lengue chérire*, admis par quelques-uns de leurs meilleurs auteurs; mais je n'en pus tirer que ce que j'avais depuis long-temps entendu d'un autre poundit: savoir, que les semences des animaux, des plantes et des arbres, ne se forment point de nouveau; qu'elles sont toutes, dès la première naissance du monde, dispersées partout, mêlées dans toutes choses, et qu'en acte comme en puissance, elles ne sont que des plantes, des arbres et des animaux même, entiers et parfaits, mais si petits, qu'on ne peut distinguer leurs parties; sinon lorsque, se trouvant dans un lieu convenable, elles se nourrissent, s'étendent et grossissent; en sorte que les semences d'un pommier et d'un poirier sont un lengue-chérire, un petit pommier et un petit poirier parfait, avec toutes ses parties essentielles, comme celles d'un cheval, d'un éléphant et d'un homme, sont un lengue-chérire, un petit cheval, un petit éléphant et un petit homme, auxquels il ne manque que l'âme et la nourriture pour les faire paraître ce qu'ils sont en effet.» Voilà le système des germes préexistans.

Quoique Bernier ne sût pas le sanscrit ou la langue des savans, il eut une précieuse occasion de connaître les livres composés dans cette langue. Danesch-Mend-Khan prit à ses gages un des plus fameux poundits de toutes les Indes. «Quand j'étais las, dit-il, d'expliquer les dernières découvertes d'Harvey et de Pecquet sur l'anatomie, et de raisonner sur la philosophie de Gassendi et de Descartes, que je traduisais en langue persane, le poundit était notre ressource.» Nous apprîmes de lui que Dieu, qu'il appelait toujours *Achar*, c'est-à-dire immobile ou immuable, a donné aux Indiens quatre livres qu'ils appellent *vedas*, nom qui signifie *sciences*, parce qu'ils prétendent que toutes les sciences sont comprises dans ces livres. Le premier se nomme *Atherbaved*; le second, *Zagerved*; le troisième, *Rekved*; et le quatrième, *Samaved*. Suivant la doctrine de ces livres, ils doivent être distingués, comme ils le sont effectivement, en quatre tribus: la première, des bramines ou gens de loi; la seconde, des ketterys, qui sont les gens de guerre; la troisième, des bescués ou des marchands, qu'on appelle proprement *banians*; et la quatrième, des seydras, qui sont les artisans et les laboureurs. Ces tribus ne peuvent s'allier les unes avec les autres; c'est-à-dire qu'un bramine, par exemple, ne peut se marier avec une femme kettery.

Ils s'accordent tous dans une doctrine, qui revient à celle des pythagoriciens sur la métempsycose, et qui leur défend de tuer ou de manger aucun animal. Ceux de la seconde tribu peuvent néanmoins en manger, à l'exception de la chair de vache ou de paon. Le respect incroyable qu'ils ont pour la vache vient de l'opinion dans laquelle ils sont élevés, qu'ils doivent passer un fleuve dans l'autre vie en se tenant à la queue d'un de ces animaux.

Les vedas enseignent que Dieu, ayant résolu de créer le monde, ne voulut pas s'employer lui-même à cet ouvrage, mais qu'il créa trois êtres très-parfaits. Le premier, nommé *Brahma*, qui signifie *pénétrant en toutes choses*; le second, sous le nom de *Beschen*, qui veut dire *existant en toutes choses*; et le troisième, sous celui de *Méhahden*, c'est-à-dire *grand-seigneur*; que, par le ministère de Brahma il créa le monde; que par Beschen il le conserve, et qu'il le détruira par Méhahden; que Brahma fut chargé de publier les quatre vedas, et que c'est par cette raison qu'il est quelquefois représenté avec quatre têtes.

Mais les banians, dans leurs différentes sectes, ne sont pas les seuls idolâtres de l'empire. On trouve particulièrement dans la province de Guzarate une sorte de païens qui se nomment *parsis*, dont la plupart sont des Persans des provinces de Fars et de Khorasan, qui abandonnèrent leur patrie dès le septième siècle pour se dérober à la persécution des mahométans. Aboubekre ayant entrepris d'établir la religion de Mahomet en Perse par la force des armes, le roi qui occupait alors le trône, dans l'impuissance de lui résister, s'embarqua au port d'Ormus avec dix-huit mille hommes fidèles à leur ancienne religion, et prit terre à Cambaye. Non-seulement il y fut reçu, mais il obtint la liberté de s'établir dans le pays, où cette faveur attira d'autres Persans, qui n'ont pas cessé d'y conserver leurs anciens usages.

Les parsis n'ont rien de si sacré que le feu, parce que rien, disent-ils, ne représente si bien la Divinité. Ils l'entretiennent soigneusement. Jamais ils n'éteindraient une chandelle ou une lampe; jamais ils n'emploieraient de l'eau pour arrêter un incendie, quand leur maison serait exposée à périr par les flammes: ils emploient alors de la terre pour l'étouffer. Le plus grand malheur qu'ils croient avoir à redouter, est de voir le feu tellement éteint dans leurs maisons, qu'ils soient obligés d'en tirer du voisinage. Mais il n'est pas vrai, comme on le dit des Guèbres et des anciens habitans de la Perse, qu'ils en fassent l'objet de leurs adorations. Ils reconnaissent un Dieu conservateur de l'univers, qui agit immédiatement par sa seule puissance, auquel ils donnent sept ministres, pour lesquels ils ont aussi beaucoup de vénération, mais qui n'ont qu'une administration dépendante dont ils sont obligés de lui rendre compte. Au-dessous de ces premiers ministres ils en comptent vingt-six autres, dont chacun exerce différentes fonctions pour l'utilité des hommes et pour le gouvernement de l'univers. Outre leurs noms particuliers, ils leur donnent en général celui de *geshou*, qui signifie *seigneur*, et, quoique inférieurs au premier être, ils ne font pas difficulté de les adorer et de les invoquer dans leurs nécessités, parce qu'ils sont persuadés que Dieu ne refuse rien à leur intercession. Leur respect pour leurs docteurs est extrême. Ils leur fournissent abondamment de quoi subsister avec leurs familles. On ne leur connaît point de mosquées ni de lieux publics pour l'exercice de leur religion; mais ils consacrent à cet usage une chambre de leurs maisons, dans laquelle ils font leurs prières assis et sans aucune inclination de corps. Ils n'ont pas de jour particulier pour ce culte, à l'exception du premier et du vingtième de la lune, qu'ils chôment religieusement. Tous leurs mois sont de trente jours, ce qui n'empêche point que leur année ne soit composée de trois cent soixante-cinq jours, parce qu'ils en ajoutent cinq au dernier mois. On ne distingue point leurs prêtres à l'habit, qui leur est commun, non-seulement avec tous les autres parsis, mais avec tous les habitans du pays. L'unique distinction de ces idolâtres est un cordon de laine ou de poil de chameau, dont ils se font une ceinture qui leur passe deux ou trois fois autour du corps, et qui se noue en deux nœuds sur le dos. Cette marque de leur profession leur paraît si nécessaire, que ceux qui ont le malheur de la perdre ne peuvent ni manger, ni boire, ni parler, ni quitter même la place où ils se trouvent avant qu'on leur en ait apporté une autre de chez le prêtre qui les vend. Les femmes en portent comme les hommes depuis l'âge de douze ans.

La plupart des parsis habitent le long des côtes maritimes, et trouvent paisiblement leur entretien dans le profit qu'ils tirent du tabac qu'ils cultivent, et du terry qu'ils tirent des palmiers, parce qu'il leur est permis de boire du vin. Ils se mêlent aussi du commerce de banque et de toutes sortes de professions, à la réserve des métiers de maréchal, de forgeron et de serrurier, parce que c'est pour eux un péché irrémissible d'éteindre le feu. Leurs maisons sont petites, sombres et mal meublées. Dans les villes ils affectent d'occuper un même quartier. Quoiqu'ils n'aient point de magistrats particuliers, ils choisissent entre eux deux des plus considérables de la nation, qui décident les différens, et qui leur épargnent l'embarras de plaider devant d'autres juges. Leurs enfans se marient fort jeunes; mais ils continuent d'être élevés dans la maison paternelle jusqu'à l'âge de quinze ou seize ans. Les veuves ont la liberté de se remarier. Si l'on excepte l'avarice et les tromperies du commerce, vice d'autant plus surprenant dans les parsis, qu'ils ont une extrême aversion pour le larcin, ils sont généralement de meilleur naturel que les mahométans. Leurs mœurs sont douces, innocentes, ou plus éloignées du moins de toutes sortes de désordres que celles des autres nations de l'Inde.

Lorsqu'un parsis est à l'extrémité de sa vie, on le transporte de son lit sur un banc de gazon, où on le laisse expirer. Ensuite cinq ou six hommes l'enveloppent dans une pièce d'étoffe, et le couchent sur une grille de fer en forme de civière, sur laquelle ils le portent au lieu de la sépulture commune, qui est toujours à quelque distance de la ville. Ces cimetières sont trois champs, fermés d'une muraille de douze ou quinze pieds de hauteur, dont l'un est pour les femmes, l'autre pour les hommes, et le troisième pour les enfans. Chaque fosse a sur son ouverture des barres qui forment une autre espèce de grille, sur laquelle on place le corps pour y servir de pâture aux oiseaux de proie, jusqu'à ce que les os tombent d'eux-mêmes dans la fosse. Les parens et les amis l'accompagnent avec des cris et des gémissemens effroyables; mais ils s'arrêtent à cinq cents pas de la sépulture, pour attendre qu'il soit couché sur la grille. Six semaines après, on porte au cimetière la terre sur laquelle le mort a rendu l'âme, comme une chose souillée que personne ne voudrait avoir touchée; elle sert à couvrir les restes du corps et à remplir la fosse. L'horreur des parsis va si loin pour les cadavres, que, s'il leur arrive seulement de toucher aux os d'une bête morte, ils sont obligés de quitter leurs habits, de se nettoyer le corps, et de faire une pénitence de neuf jours, pendant lesquels leurs femmes et leurs enfans n'osent approcher d'eux. Ils croient particulièrement que ceux dont les os tombent par malheur dans l'eau sont condamnés sans ressource aux punitions de l'autre vie. Leur loi défend de manger les animaux; mais cette défense n'est pas si sévère, que, dans la nécessité, ils ne mangent de la chair de mouton, de chèvre et de cerf, de la volaille et du poisson. Cependant ils s'interdisent si rigoureusement la chair de bœuf et de vache, qu'on leur entend dire qu'ils aimeraient mieux manger leur père et leur mère. Quoique le terry ou le vin de palmier leur soit permis, il leur est défendu de boire de l'eau-de-vie, et surtout de s'enivrer. L'ivrognerie est un si grand crime dans leur secte, qu'il ne peut être expié que par une longue et rude pénitence, et ceux qui refusent de s'y soumettre sont bannis de leur communion.

La taille des parsis n'est pas des plus hautes; mais ils ont le teint plus clair que les autres Indiens, et leurs femmes sont incomparablement plus blanches et plus belles que celles des mahométans. Les hommes ont la barbe longue, et se la coupent en rond. Les uns se font couper les cheveux, et les autres les laissent croître. Ceux qui se les font couper gardent au sommet de la tête une tresse de la grosseur d'un pouce.

On distingue dans l'Indoustan deux autres sectes de païens, dont les uns sont Indous, et tirent leur origine de la province de Moultan. Ils ne sont point banians, puisqu'ils tuent et mangent indifféremment toutes sortes de bêtes, et que dans leurs assemblées de religion, qui se font en cercle, ils n'admettent aucun banian. Cependant ils ont beaucoup de respect pour le bœuf et la vache. La plupart suivent la profession des armes, et sont employés par le grand-mogol à la garde de ses meilleures places.

La seconde secte qui porte le nom de *Gentous*, vient du Bengale, d'où elle s'est répandue dans toutes les grandes Indes. Ces idolâtres n'ont pas les bonnes qualités des banians, et sont aussi moins considérés. La plupart ont l'âme basse et servile. Ils sont d'une ignorance et d'une simplicité aussi surprenantes dans ce qui regarde la vie civile que dans tout ce qui appartient à la religion, dont ils se reposent sur leurs prêtres; ils croient que, dans l'origine des choses, il n'y avait qu'un seul Dieu, qui s'en associe d'autres à mesure que les hommes ont mérité cet honneur par leurs belles actions; ils reconnaissent l'immortalité et la transmigration des âmes, ce qui leur fait abhorrer l'effusion du sang. Aussi le meurtre n'est-il pas connu parmi eux. Ils punissent rigoureusement l'adultère; mais ils ont tant d'indulgence pour la simple fornication, qu'ils n'y attachent aucun déshonneur, et qu'ils ont des familles nommées *bagavares*, dont la profession consiste à se prostituer ouvertement.

Dans la ville de Jagrenat, dit Bernier, située sur le golfe de Bengale, on voit un fameux temple de l'idole du même nom, où il se fait tous les ans une fête qui dure huit ou neuf jours. Il s'y rassemble quelquefois plus de cent cinquante mille Gentous. On fait une superbe machine de bois, remplie de figures extravagantes, à plusieurs têtes gigantesques, ou moitié hommes et moitié bêtes, et posées sur seize roues, que cinquante ou soixante personnes tirent, poussent et font rouler. Au centre est placée l'idole Jagrenat, richement parée, qu'on transporte d'un temple dans un autre. Pendant la marche de ce chariot, il se trouve des misérables dont l'aveuglement va jusqu'à se jeter le ventre à terre sous ces larges et pesantes roues qui les écrasent, dans l'opinion que Jagrenat les fera renaître grands et heureux.

Les Gentous du Bengale sont laboureurs ou tisserands. On trouve des bourgs et des villages uniquement peuplés de cette secte, et dans les villes ils occupent plusieurs grands quartiers. C'est de leurs manufactures que sortent les plus fines toiles de coton et les plus belles étoffes de soie. «C'est un spectacle fort amusant, raconte Schouten, de voir leurs femmes et leurs filles tout-à-fait noires et presque nues travailler avec une adresse admirable à leurs métiers, et s'occuper à faire blanchir les toiles, en accompagnant de chansons le travail et le mouvement de leurs mains et de leurs pieds. Les hommes me paraissent plus lâches et plus paresseux. Ils se faisaient aider par leurs femmes dans les plus pénibles exercices, tels que de cultiver la terre et de moissonner: elles s'en acquittaient mieux qu'eux. Après avoir travaillé avec beaucoup d'ardeur, elles allaient encore faire le ménage pendant que leurs maris se reposaient. J'ai vu cent fois les femmes gentives travailler à la terre avec leurs petits enfans à leur cou ou à la mamelle.»

On trouve dans l'Indoustan une autre sorte de sectaires, qui ne sont ni païens ni mahométans, et qui portent le nom de *theers*. On ne leur connaît aucune religion: ils forment une société qui ne sert dans tous les lieux qu'à nettoyer les puits, les cloaques, les égouts, et qu'à écorcher les bêtes mortes, dont ils mangent la chair. Ils conduisent aussi les criminels au supplice, et quelquefois ils sont chargés de l'exécution; aussi passent-ils pour une race abominable. D'autres Indiens qui les auraient touchés se croiraient obligés de se purifier depuis la tête jusqu'aux pieds; et cette horreur que tout le monde a pour eux leur a fait donner le surnom d'*alkores*. On ne souffre point qu'ils demeurent au centre des villes. Ils sont obligés de se retirer à l'extrémité des faubourgs, et de s'éloigner du commerce des habitans.

Les Mogols aiment avec passion le jeu des échecs, et celui d'une espèce de cartes qui les expose quelquefois à la perte de leur fortune. La musique, quoique mal exécutée par leurs instrumens, est un goût commun à tous les états. Ils ne se ressemblent pas moins par la confiance qu'ils ont à l'astrologie. Un Mogol n'entreprend point d'affaires importantes sans avoir consulté le minatzim ou l'astrologue.

Outre les ouvrages de religion et leurs propres traités de philosophie, ils ont ceux d'Aristote, traduits en arabe, qu'ils nomment *Aplis*. Ils ont aussi quelques traités d'Avicène, qu'ils respectent beaucoup, parce qu'il était natif de Samarcande, sous la domination de Tamerlan. Leur manière d'écrire n'est pas sans force et sans éloquence. Ils conservent dans leurs archives tout ce qui arrive de remarquable à la cour et dans les provinces; et la plupart de ceux qui travaillent aux affaires laissent des mémoires qui pourraient servir à composer une bonne histoire de l'empire. Leur langue, quoique distinguée en plusieurs dialectes, n'est pas difficile pour les étrangers; ils écrivent de la droite à la gauche. Entre les personnes de distinction, il y en a peu qui ne parlent la langue persane, et même l'arabe.

Leurs maladies les plus communes sont la dysenterie et la fièvre chaude; ils ne manquent point de médecins; mais ils n'ont pas d'autres chirurgiens que les barbiers, qui sont en très-grand nombre, et dont les lumières se bornent à la saignée et à l'application des ventouses.

Ce qui regarde le climat sera traité dans l'article général de l'*Histoire naturelle des Indes*; mais nous croyons devoir ajouter à celui-ci un tableau succinct de la fameuse expédition de Nadir-Schah ou Thamas-Kouli-Khan, dans l'empire mogol. Ce récit d'ailleurs n'est pas étranger à l'histoire des mœurs. Il montre quelle idée l'on doit avoir de ces despotes d'Orient, et combien l'excès de la lâcheté est voisin de l'excès de la tyrannie.

Ce fut en 1739, vingt-unième année du règne de Mohammed-Schah, que le fameux Kouli-Khan, s'étant rendu maître du Kandahar, profita de la mollesse de ce prince pour entrer dans l'Inde avec une armée redoutable, et, forçant tous les obstacles, s'avança jusqu'à Lahor, dont il n'eut pas plus de peine à se saisir. Le voyageur Otter se trouvait alors en Perse, et l'occasion qu'il eut de se faire instruire de toutes les circonstances de ce grand événement rend son témoignage fort précieux.

L'ennemi des Mogols, encouragé par leur faiblesse et par l'invitation de quelques traîtres, mena son armée victorieuse à Kiernal, entre Lahor et Delhy. Il fut attaqué par celle de Mohammed-Schah; mais l'ayant battue avec cette fortune supérieure qui avait presque toujours accompagné ses armes, il mit bientôt ce malheureux empereur dans la nécessité de lui demander la paix. Ce qu'il y eut de plus déplorable pour l'Indoustan, Nizam-oul-Moulk, un traître qui avait appelé Nadir-Schah, fut choisi pour la négociation. Il se rendit au camp du vainqueur avec un plein pouvoir. L'un et l'autre souhaitaient de se voir pour concerter l'exécution entière de leurs desseins. Ils convinrent que Mohammed-Schah aurait une entrevue avec Nadir-Schah; qu'il lui ferait un présent de deux mille krores, et que l'armée persane sortirait des états du Mogol. Le cérémonial fut aussi réglé: il portait qu'on dresserait une tente entre les deux armées; que les deux monarques s'y rendraient successivement, Nadir-Schah le premier, et Mohammed-Schah lorsque l'autre y serait entré; qu'à l'arrivée de l'empereur, le fils du roi de Perse ferait quelques pas au-devant de lui pour le conduire; que Nadir-Schah irait le recevoir à la porte, et le mènerait jusqu'au fond de la tente, où ils se placeraient en même temps sur deux trônes, l'un vis-à-vis de l'autre; qu'après quelques momens d'entretien, Mohammed-Schah retournerait à son camp, et qu'en sortant on lui rendrait les mêmes honneurs qu'à son arrivée.

Un autre traître, nommé Scadet-Khan, voulut partager avec Nizam-oul-Moulk les faveurs de Nadir-Schah, et prit dans cette vue le parti d'enchérir sur la méchanceté. Il fit insinuer au roi que Nizam-oul-Moulk lui avait manqué de respect en lui offrant un présent si médiocre, qui ne répondait ni à l'opulence d'un empereur des Indes, ni à la grandeur d'un roi de Perse. Il lui promit le double, s'il voulait marcher jusqu'à Delhy, à condition néanmoins qu'il n'écoutât pas les conseils de Nizam-oul-Moulk qui le trompait, qu'il retînt l'empereur lorsqu'une fois il l'aurait près de lui, et qu'il se fît rendre compte du trésor. Cette proposition, qui flattait l'avidité de Nadir-Schah, fut si bien reçue, qu'elle lui fit prendre aussitôt la résolution de ne pas observer le traité.

Il ordonna un grand festin. L'empereur, étant arrivé avec Nizam-oul-Moulk, fut traité d'abord comme on était convenu. Après les premiers complimens, Nadir-Schah fit signe de servir, et pria Mohammed-Schah d'agréer quelques rafraîchissemens: son invitation fut acceptée. Pendant qu'ils étaient à table, Nadir-Schah prit occasion des circonstances pour tenir ce discours à l'empereur: «Est-il possible que vous ayez abandonné le soin de votre état au point de me laisser venir jusqu'ici? Quand vous apprîtes que j'étais parti de Kandahar dans le dessein d'entrer dans l'Inde, la prudence n'exigeait-elle pas que, quittant le séjour de votre capitale, vous marchassiez en personne jusqu'à Lahor, et que vous envoyassiez quelqu'un de vos généraux avec une armée jusqu'à Kaboul pour me disputer les passages? Mais ce qui m'étonne le plus, c'est de voir que vous ayez eu l'imprudence de vous engager dans une entrevue avec moi qui suis en guerre avec vous, et que vous ne sachiez pas que la plus grande faute d'un souverain est de se mettre à la discrétion de son ennemi. Si, ce qu'à Dieu ne plaise, j'avais quelque mauvais dessein sur vous, comment pourriez-vous vous en défendre? Maintenant je connais assez vos sujets pour savoir que, grands et petits, ils sont tous des lâches, ou même des traîtres. Mon dessein n'est pas de vous enlever la couronne: je veux seulement voir votre capitale, m'y arrêter quelques jours, et retourner ensuite en Perse.» En achevant ces mots, il mit la main sur l'Alcoran, et fit serment de tenir sa parole.

Mohammed-Schah, qui ne s'attendait point à ce langage, parut l'écouter avec beaucoup d'étonnement; mais les dernières déclarations le jetèrent dans une consternation qui le fit croire près de s'évanouir. Il changea de couleur; sa langue devint immobile; son esprit se troubla. Cependant, après avoir un peu réfléchi sur le danger dans lequel il s'était jeté, il rompit le silence pour demander la liberté de retourner dans son camp. Nadir-Schah la lui refusa, et le mit sous la garde d'Abdoul-Baki-Khan, un de ses principaux officiers. Cette nouvelle répandit une affreuse consternation dans toute l'armée indienne. L'itimadoulet et tous les omhras passèrent la nuit dans une extrême inquiétude. Ils virent arriver le lendemain matin un officier persan avec un détachement, qui, après s'être emparé du trésor et des équipages de l'empereur, fit proclamer dans le camp que chacun pouvait se retirer librement avec ses équipages et tout ce qu'il pourrait emporter, sans craindre d'être arrêté ni de recevoir d'insulte. Un moment après, six cavaliers persans vinrent enlever l'itimadoulet. Ils le conduisirent au quartier de l'empereur, dans leur propre camp, et le laissèrent avec ce prince. Après la dispersion de l'armée, Nadir-Schah pouvait marcher droit à la capitale; mais, voulant persuader au peuple que sa marche était concertée avec Mohammed-Schah, il fit prendre les devants à Scadet-Khan pour disposer les esprits à l'exécution de ses desseins. Ce khan partit avec deux mille chevaux persans, commandés par un des fils de Nadir-Schah. Il commença par faire publier à Delhy une défense de s'opposer aux Persans. Ensuite, ayant fait appeler le gouverneur du fort, il lui communiqua des lettres munies du sceau de l'empereur, qui portaient ordre de faire préparer le quartier de Renchen-Abad pour Nadir-Schah, et d'évacuer le fort pour y loger le détachement qui l'avait suivi. Cet ordre parut étrange au gouverneur; mais il ne laissa pas de l'exécuter avec une aveugle soumission. Les deux mille Persans entrèrent dans le fort. Scadet-Khan prit le temps de la nuit pour s'y transporter. Il mit le sceau de l'empereur sur les coffres et aux portes des magasins; ensuite il dressa un état exact des omhras, des ministres, des autres officiers, et de tous les riches habitans de la ville, indiens ou mahométans. Cette liste devait d'abord apprendre à Nadir-Schah les noms de ceux dont il pouvait exiger de l'argent à son arrivée. Scadet-Khan, fit aussi marquer les palais qui devaient être évacués pour loger les officiers persans.

Cependant le vainqueur, maître de la caisse militaire, de l'artillerie et des munitions de guerre qui s'étaient trouvées dans le camp, envoya tout sous une bonne escorte à Kaboul, pour le faire transporter en Perse. Il partit ensuite de Kiernal dans l'ordre suivant: l'empereur, porté dans une litière, accompagné de Nizam-oul-Moulk, du visir, de Serboulend-Khan et d'autres omhras, marchait à la droite, suivi de quarante mille Persans. Une autre partie de l'armée persane était à la gauche, et Nadir-Schah faisait l'arrière-garde avec le reste de ses troupes. Après plusieurs jours de marche, ils arrivèrent au jardin impérial de Chalamar, où ils passèrent la nuit. Le lendemain l'empereur fit son entrée dans Delhy. Lorsqu'il fut descendu au palais, il fit publier que Nadir-Schah devait arriver le jour suivant, avec ordre à tous les habitans de fermer leurs maisons, et défense de se tenir dans les rues, dans les marchés, ou sur les toits pour voir l'entrée du roi de Perse. Cet ordre fut exécuté si ponctuellement, que Nadir-Schah, étant entré le 9 en plein jour, ne vit pas un Indien dans son chemin. Il alla prendre son logement dans le quartier de Renchen-Abad, qu'on lui avait préparé. Scadet-Khan s'était empressé d'aller au-devant de lui jusqu'au jardin de Chalamar, et l'avait accompagné au palais où il était descendu. Il se flattait d'obtenir une audience particulière, et de lui donner des avis sur la conduite qu'il devait tenir dans la capitale. Le roi n'ayant paru faire aucune attention à ses avertissemens, il osa s'approcher pour se faire entendre; mais il fut reçu avec beaucoup de hauteur, et menacé même d'être puni, s'il n'apportait aussitôt le présent qu'il avait promis. Un traitement aussi dur lui fit reconnaître d'où partait le coup. Nizam-oul-Moulk, qui avait feint pendant quelques jours de l'associer à sa trahison, mais qui était trop habile pour vouloir partager avec lui la faveur du roi, avait déjà trouvé les moyens de le perdre en faisant soupçonner sa bonne foi. Le malheureux Scadet-Khan épuisa toutes ses ressources; et désespérant de l'emporter sur son rival, il prit du poison, dont on le trouva mort le lendemain.

Le même jour, un bruit répandu vers le soir persuada aux habitans de Delhy que Nadir-Schah était mort: ils prirent tumultueusement les armes, et leur haine les portant à faire main-basse sur tous les Persans qu'ils rencontraient dans les rues, on prétend que dans ce transport, qui dura toute la nuit, ils en firent périr plus de deux mille cinq cents. Quoique le roi en eût été d'abord informé, la crainte de quelque embuscade lui fit attendre le lendemain pour arrêter le désordre; mais au lever du soleil, s'étant transporté à la mosquée de Renchen-Abad, le spectacle d'un grand nombre de Persans dont il vit les corps étendus le mit en fureur; il ordonna un massacre général, avec permission de piller les maisons et les boutiques. À l'instant on vit ses soldats, répandus le sabre à la main dans les principaux quartiers de la ville, tuant tout ce qui se présentait devant eux, enfonçant les portes et se précipitant dans les maisons: hommes, femmes, enfans, tout fut massacré sans distinction. Les vieillards, les prêtres et les dévots, réfugiés dans les mosquées, furent cruellement égorgés en récitant l'Alcoran.

On ne fit grâce qu'aux plus belles filles, qui échappèrent à la mort pour assouvir la brutalité du soldat, sans aucun égard au rang, à la naissance, ni même à la qualité d'étrangère. Ces barbares, las enfin de répandre du sang, commencèrent le pillage; ils s'attachèrent particulièrement aux pierres précieuses, à l'or, à l'argent, et leur butin fut immense. Ils abandonnèrent le reste, et mettant le feu aux maisons, ils réduisirent en cendres plusieurs quartiers de la ville.

Quelques étrangers réfugiés dans la capitale s'attroupèrent pour la défense de leur vie. Les bijoutiers, les changeurs, les marchands d'étoffes se rassemblèrent près d'eux; l'intendant des meubles de la couronne se mit à leur tête, avec Djenan-Eddin, médecin de la cour; ils se battirent quelque temps en désespérés; mais, n'étant point accoutumés à manier les armes, ils n'eurent que la satisfaction de mourir le sabre à la main. Otter assure qu'il périt dans ce massacre plus de deux cent mille personnes. Un grand nombre de ceux qui échappèrent à ce carnage prirent heureusement la fuite.

Nizam-oul-Moulk et le grand-visir, pensant à sauver le reste de la ville, allèrent se jeter aux pieds de Nadir-Schah pour lui demander grâce. Il donnait ordre en ce moment de porter le fer et le feu dans les autres quartiers. Les omhras furent mal reçus. Cependant, après avoir exhalé son courroux dans un torrent d'injures et de menaces, il se laissa toucher, et l'ordre fut donné aux officiers de rappeler les troupes. Les habitans reçurent celui de se renfermer dans leurs maisons, et la tranquillité fut aussitôt rétablie.

Le lendemain on obligea les soldats de rendre la liberté à toutes les femmes qu'ils avaient enlevées, et les habitans d'enterrer tous les cadavres, sous peine de mort. Ces malheureux demandaient le temps de séparer les corps des musulmans de ceux des Indiens idolâtres, pour rendre les derniers devoirs à chacun suivant leur religion; mais, dans la crainte que le moindre délai ne fît recommencer le massacre, ils firent à la hâte, les uns des fosses dans les marchés, où ils enterrèrent leurs amis pêle-mêle, les autres des bûchers, où ils les brûlèrent sans distinction. On n'eut pas le temps, jusqu'au départ des Persans, de penser à ceux qui avaient été tués dans des lieux fermés, et ce fut alors un spectacle horrible de voir tirer des maisons les cadavres à moitié pouris. Seid-Khan et Chehsourah-Khan, l'un parent du visir, l'autre de Karan-Khan, qui avait été tué à la bataille, furent accusés avec Reimany, chef des tchoupdars ou des huissiers de l'empereur, d'avoir tué dans le tumulte un grand nombre de personnes. Nadir-Schah leur fit ouvrir le ventre; l'ordre fut exécuté sous les yeux de Nizam-oul-Moulk et du visir, qui avaient employé inutilement tout leur crédit pour les sauver.

Nadir-Schah se fit apporter d'Audih le trésor de Scadet-Khan, qui montait à plus de dix laks de roupies. Mound-Khan fut envoyé au Bengale pour se saisir de la caisse des impôts. Nizam-oul-Moulk et le visir eurent ordre de remettre la caisse militaire, qui était d'un krore de roupies lorsqu'ils étaient sortis de la capitale pour marcher contre les Persans; ils furent sommés aussi de faire venir de leurs gouvernemens les fonds qu'ils y avaient en propre, et ceux qui appartenaient à l'empereur. Nizam-oul-Moulk eut l'adresse de se tirer de cet embarras: «Vous savez, seigneur, dit-il au roi, que je vous suis dévoué, et que je vous ai toujours parlé sincèrement, ainsi j'espère que vous serez disposé à me croire. Lorsque je suis parti du Dékan, j'y établis mon fils en qualité de lieutenant, et je remis entre ses mains tous les biens que je possédais. Tout le monde sait qu'il ne m'est plus soumis, et qu'il ne dépend pas de moi de le faire rentrer dans le devoir; vous êtes seul capable de le réduire, et de soumettre les radjas du Dékan, qui sont autant de rebelles. Outre les trésors que mon fils a rassemblés, vous pourrez lever de fortes contributions sur ces fiers radjas qui ne respectent plus aucune autorité.»

Nadir-Schah sentit toute l'adresse de cette réponse; mais comme Nizam-oul-Moulk lui était encore nécessaire, il prit le parti de dissimuler, et ne parla plus du trésor de Dékan. Le visir fut traité avec moins de ménagement; on le croyait très-riche. Le roi n'ayant pas réussi à l'intimider par des menaces, fit venir son secrétaire, qu'il accabla d'injures, en le pressant de représenter ses comptes; et, loin d'écouter ses raisons, il lui fit couper une oreille. Le visir fut exposé au soleil, ancien genre de supplice dans les pays chauds; cette violence lui fit offrir un krore de roupies, sans y comprendre quantité de pierres précieuses et plusieurs éléphans. Le secrétaire fut taxé à de grosses sommes, entre les mains de Serboulend-Khan, avec ordre d'employer les tourmens pour se faire payer; mais il se délivra de cette vexation par une mort violente.

Nadir-Schah, n'épargnant pas même les morts, mit garnison dans les palais de quantité d'omhras qui avaient perdu la vie au combat de Kiernal. Il tira de leurs héritiers un krore de roupies. Comme la ville ne cessait pas d'être investie, les habitans qui entreprenaient de se soustraire aux vexations par la fuite tombaient entre les mains des troupes persanes, et périssaient sans pitié. Bientôt on manqua de vivres, et la famine augmenta les maux publics. Plusieurs étrangers, préférant le danger d'être maltraités par les Persans au supplice de la faim, se jetèrent en corps aux pieds de Nadir-Schah pour lui demander du pain. Il se laissa toucher par leurs prières, et leur permit d'aller chercher du blé pour leur subsistance du côté de Férid-Abad; mais, faute de voitures, ils étaient obligés de l'apporter sur leurs têtes.

Enfin Nadir-Schah se fit ouvrir le trésor impérial et le garde-meuble, auxquels on n'avait pas touché depuis plusieurs règnes. Il en tira des sommes inestimables en pierreries, en or, en argent, en riches étoffes, en meubles précieux, parmi lesquels il n'oublia pas le trône du paon, évalué à neuf krores; et toutes ces dépouilles furent envoyées à Kaboul sous de fidèles escortes. Alors, pour se délasser des fatigues de la guerre, il passa plusieurs jours en promenades et d'autres en festins, où toutes les délicatesses de l'Inde furent servies avec profusion. Les beaux édifices et les autres ouvrages de Delhy lui firent naître le dessein de les imiter en Perse. Il choisit, entre les artistes mogols, des architectes, des menuisiers, des peintres et des sculpteurs qu'il fit partir pour Kaboul avec le trésor. Ils devaient être employés à bâtir une ville et une forteresse d'après celle de Djehan-Abad. En effet, il marqua dans la suite un lieu près d'Hemedan pour l'emplacement de cette ville, qui devait porter le nom de Nadir-Abad. Les guerres continuelles qui l'occupèrent après son retour ne lui permirent pas d'exécuter ce projet: mais, pour laisser à la postérité un monument de sa conquête, il fit battre à Delhy de la monnaie d'or et d'argent avec laquelle il paya ses troupes.

Après avoir épuisé le trésor impérial et toutes les richesses des grands, Nadir-Schah fit demander à Mohammed-Schah une princesse de son sang, nommée *Kiambahche*, pour Nasroulha-Mirza son fils, et ce monarque n'osa la lui refuser. Le mariage se fit dans la forme des lois musulmanes; mais il ne fut point accompagné d'un festin ni d'aucune marque de joie. Sa politique ne se bornait point à l'honneur d'une simple alliance. Comme il prévoyait trop de difficulté dans la conquête d'un si vaste empire, et de l'impossibilité même à la conserver, il voulait s'assurer du moins d'une partie de l'Inde. Le lendemain de la cérémonie, il fit déclarer à l'empereur qu'il fallait céder aux nouveaux mariés la province de Kaboul avec tous les autres pays de l'Inde situés au-delà de la rivière d'Atock. La date de cet acte est du mois mouharrem, l'an de l'hégire 1152; ce qui revient au mois d'avril 1739. Le préambule de l'acte mérite attention par la singularité des motifs. «Le prince des princes, le roi des rois, l'ombre de Dieu sur la terre, le protecteur de l'Islam (c'est-à-dire de la vraie foi), le second Alexandre, le puissant Nadir-Schah, que Dieu fasse régner long-temps, ayant envoyé ci-devant des ambassadeurs près de moi, prosterné devant le trône de Dieu, j'avais donné ordre de terminer les affaires pour lesquelles ils étaient venus. Le même dépêcha depuis de Kandahar pour me faire souvenir de ses demandes: mais mes ministres l'amusèrent et tâchèrent d'éluder l'exécution de mes ordres. Cette mauvaise conduite de leur part a fait naître de l'inimitié entre nous. Elle a obligé Nadir-Schah d'entrer dans l'Inde avec une armée; mes généraux lui ont livré bataille auprès de Kiernal. Il a remporté la victoire: ce qui a donné occasion à des négociations qui ont été terminées par une entrevue que j'ai eue avec lui. Ce grand roi est ensuite venu avec moi jusqu'à Schah-Djehan-Abad. Je lui ai offert mes richesses, mes trésors et tout mon empire; mais il n'a pas voulu l'accepter en entier, et, se contentant d'une partie, il m'a laissé maître comme j'étais de la couronne et du trône. En considération de cette générosité, je lui ai cédé, etc.»

Mohammed, par cet écrit signé de sa main et scellé de son sceau, abandonna ses droits sur les plus belles provinces. Nadir-Schah ne songea plus alors qu'à grossir ses richesses par de nouvelles extorsions: il exigea des omhras et de tous les habitans de la ville des sommes proportionnées à leurs forces, sous le nom de présens. Quatre seigneurs mogols, chargés de l'exécution de cet ordre, firent un dénombrement exact de toutes les maisons de la ville, prirent les noms de ceux qui devaient payer, et les taxèrent ensemble à un krore, et cinquante laks de roupies; mais, lorsqu'ils présentèrent cette liste au roi, cette somme lui parut trop modique; et, devenant furieux, il demanda sur-le-champ les quatre krores que Scadet-Khan lui avait promis. Les commissaires, effrayés, divisèrent entre eux les différens quartiers de la ville, et levèrent cette somme avec tant de rigueur, qu'ils firent mourir dans les tourmens plusieurs personnes de la plus haute distinction. À force de violence, ils ramassèrent trois krores de roupies, dont ils déposèrent deux et demi dans le trésor de Nadir-Schah, et gardèrent le reste pour eux. Un dervis, touché de compassion pour les malheurs du peuple, présenta au terrible Nadir-Schah un écrit dans ces termes: «Si tu es dieu, agis en dieu. Si tu es un prophète, conduis-nous dans la voie du salut; si tu es roi, rends les peuples heureux, et ne les détruis pas.» Nadir-Schah répondit sans s'émouvoir: «Je ne suis pas dieu pour agir en dieu, ni prophète pour montrer le chemin du salut, ni roi pour rendre les peuples heureux. Je suis celui que Dieu envoie contre les nations sur lesquelles il veut faire tomber sa vengeance.»

Enfin, content de ses succès dans l'Inde, il se prépara sérieusement à retourner en Perse. Le 6 de mai, il assembla au palais tous les omhras, devant lesquels il déclara qu'il rétablissait l'empereur dans la possession libre de ses états. Ensuite, après avoir donné à ce monarque plusieurs avis sur la manière de gouverner, il s'adressa aux omhras du ton d'un maître irrité: «Je veux bien vous laisser la vie, leur dit-il, quelque indignes que vous en soyez; mais si j'apprends à l'avenir que vous fomentiez dans l'état l'esprit de faction et d'indépendance, quoique éloigné, je vous ferai sentir le poids de ma colère, et je vous ferai mourir tous sans miséricorde.»

Tels furent ses derniers adieux. Il partit le lendemain avec des richesses immenses en pierreries, en or, en argent, qu'on évalua pour son propre compte à soixante-dix krores de roupies, sans y comprendre le butin de ses officiers et de ses soldats, qu'on fait monter à dix krores. Otter évalue toutes ces sommes à dix-huit cent millions de nos livres, indépendamment de tous les effets qui avaient été transportés à Kaboul. L'armée persane marcha sans s'arrêter un seul jour jusqu'à Serhend. De là Nadir-Schah fit ordonner à Zekdjersa-Khan, gouverneur de la province de Lahor, de lui apporter un krore de roupies. Ce seigneur, à qui les vexations de la capitale avaient fait prévoir qu'il ne serait pas épargné, tenait de grosses sommes prêtes, et se mit aussitôt en chemin avec celle qu'on lui demandait. Sa diligence lui fit obtenir diverses faveurs et la liberté d'un grand nombre d'Indiens que le vainqueur enlevait avec les dépouilles de leur patrie. Mais il ne put la faire accorder à cinquante des plus habiles écrivains du divan, que Nadir-Schah faisait emmener dans le dessein de s'instruire à fond des affaires de l'Inde. Ces malheureux, n'envisageant qu'un triste esclavage, cherchèrent d'autres moyens pour s'en délivrer. Quelques-uns prirent la fuite; d'autres, que cette raison fit resserrer avec plus de rigueur, se donnèrent la mort ou se firent musulmans.

La difficulté pour les Persans était de se rapprocher de Kaboul; ils n'étaient plus maîtres ni de la capitale ni de la personne de l'empereur, dont la captivité avait tenu toutes les parties de l'empire dans la consternation et le respect. Ils avaient à passer le Tchenab, l'Indus ou le Sindh, et d'autres rivières, dans un temps où la crue extraordinaire des eaux ne leur permettait pas d'y jeter des ponts. On n'a pas douté que, si les Afghans, peuples qui habitent à l'occident de l'Indus, avaient exécuté la résolution qu'ils formèrent d'attaquer au passage une armée chargée de butin, Nadir-Schah n'eût été perdu sans ressource: mais son argent le tira de ce danger; dix laks de roupies qu'il distribua aux chefs de la ligue firent évanouir tous leurs projets; les eaux diminuèrent; on jeta un pont sur le fleuve, et l'armée passa sans obstacle. Alors il prit une résolution qu'Otter met au rang des plus grandes actions de sa vie, et qu'il ne put croire, dit-il, qu'après se l'être fait attester par plusieurs témoins dignes de foi: il fit publier parmi ses troupes un ordre de porter dans son trésor tout le butin qu'elles avaient fait dans l'Inde, sous prétexte de les soulager en se chargeant de ce qui pouvait les embarrasser dans leur marche. Elles obéirent; mais il poussa l'avidité plus loin: on lui avait appris que les officiers et les soldats avaient caché des pierreries; il les fit fouiller tour à tour en partant, et leur bagage fut visité avec la même rigueur. Mais, après s'être emparé de tout ce qu'on découvrit, il fit distribuer à chaque soldat cinq cents roupies, et quelque chose de plus aux officiers, pour les consoler de cette perte. Il doit paraître étonnant que toute l'armée ne se soit pas soulevée contre lui plutôt que de se laisser arracher le fruit d'une si pénible expédition. Otter observe que ce qui arrêta le soulèvement, fut l'adresse qu'il avait toujours de semer dans l'esprit de ses sujets, surtout de ceux qui composaient ses années, une défiance mutuelle qui les empêchait de se communiquer leurs desseins. Plusieurs à la vérité songèrent à déserter; mais la crainte d'être massacrés par les Indiens les retint, et le service n'en devint que plus exact.

D'autres Indiens voulurent disputer le passage aux Persans. Nadir-Schah, se lassant de partager ses richesses avec ses ennemis, se fit jour par la force des armes, et, les ayant obligés de prendre la fuite, il les fit poursuivre par divers détachemens qui pénétrèrent dans leurs habitations, où ils mirent tout à feu et à sang. Pendant le chemin qui lui restait jusqu'à Kaboul, il envoya plusieurs beaux chevaux de son écurie, avec d'autres présens, à Mohammed-Schah, et toute sa retraite eut l'air d'un nouveau triomphe. On apprit avec beaucoup de joie dans l'Inde qu'il avait repris la route du Kandahar, et l'inquiétude diminua par degrés jusqu'à l'heureuse nouvelle de son retour en Perse.

CHAPITRE X.

Voyage de Bernier à Cachemire.

Cachemire bornant au nord les états du Mogol, nous terminerons ce qui regarde ce grand empire par la description de cette province, l'une des contrées les plus délicieuses de l'univers, et qui forme un des articles les plus agréables du recueil des voyageurs.

Un médecin célèbre, un philosophe au-dessus du commun, un observateur également sensible et judicieux, qui voyage dans le dessein de s'instruire et de se rendre utile à l'instruction d'autrui, mérite sans doute un rang distingué dans ce recueil. C'est à tous ces titres que les remarques de Bernier sur l'empire du Mogol sont singulièrement estimées.

La curiosité de voir le monde l'avait déjà fait passer dans la Palestine et dans l'Égypte, où, s'étant remis en chemin pour le grand Caire, après s'y être arrêté plus d'un an, il se rendit en trente-deux heures à Suez, pour s'y embarquer sur une galère qui le fit arriver le dix-septième jour à Djeddah, port de la Mecque. De là, un petit bâtiment l'ayant porté à Moka, il se proposait de passer en Éthiopie; mais, effrayé du traitement qu'on y faisait aux catholiques, il s'embarqua dans un vaisseau indien sur lequel il aborda heureusement au port de Surate en 1655. Le monarque qui occupait alors le trône des Mogols était encore Schah-Djehan, fils de Djehan-Guir et petit-fils d'Akbar. Bernier se rendit à la cour d'Agra. Diverses aventures, qu'il n'a pas jugé à propos de publier, l'engagèrent d'abord au service du grand-mogol en qualité de médecin; ensuite s'étant attaché à Danesch-Mend-Khan, le plus savant homme de l'Asie, qui avait été backis, ou grand-maître de la cavalerie, et qui était alors un des principaux seigneurs de l'empire, il fut témoin des sanglantes révolutions qui arrivèrent dans cette cour, et qui mirent Aureng-Zeb sur le trône.

Son premier tome en contient l'histoire; le second n'offre rien non plus qui appartienne au recueil des voyages. Mais, après avoir passé près de neuf ans à la cour, Bernier vit naître une occasion qu'il désirait depuis long-temps, de visiter quelques provinces de l'empire avec ses maîtres, c'est-à-dire à la suite de l'empereur et de Danesch-Mend-Khan, dont l'estime et l'affection ne lui promettaient que de l'agrément dans cette entreprise.

Aureng-Zeb, qui retenait Schah-Djehan, son père, prisonnier dans la forteresse d'Agra, consultant moins la politique, qui ne lui permettait guère de s'éloigner, que l'intérêt de sa santé et les sentimens des médecins, prît la résolution de se rendre à Lahor, et de Lahor à Cachemire, provinces septentrionales du Mogol, pour éviter les chaleurs excessives de l'été. Il partit le 6 décembre 1664, à l'heure que les astrologues avaient choisie pour la plus heureuse. La même raison l'obligea de s'arrêter à Schah-Limar, sa maison de plaisance, éloignée de deux lieues de Delhy; il y passa six jours entiers à faire des préparatifs d'un voyage d'un an et demi. Il alla camper ensuite sur le chemin de Lahor pour y attendre le reste de ses équipages.

Il menait avec lui trente-cinq mille hommes de cavalerie, qu'il tenait toujours près de sa personne, et plus de dix mille hommes d'infanterie, avec les deux artilleries impériales, la pesante et la légère; celle-ci se nomme aussi l'artillerie de l'étrier, parce qu'elle est inséparable de la personne de l'empereur; au lieu que la grosse s'en écarte quelquefois pour suivre les grands chemins et rouler plus facilement; la grosse est composée de soixante-dix pièces de canon, la plupart de fonte, dont plusieurs sont si pesantes, qu'on emploie vingt paires de bœufs à les tirer. On y joint des éléphans qui aident les bœufs, en poussant et tirant les roues des charrettes avec leurs trompes et leurs têtes; du moins dans les passages difficiles et dans les hautes montagnes. Celle de l'étrier consiste en cinquante ou soixante petites pièces de campagne, toutes de bronze, montées chacune sur une petite charrette ornée de peintures et de petites banderoles rouges, et tirées par de fort beaux chevaux, conduits par le canonnier, qui sert de cocher, avec un troisième cheval, que l'aide du canonnier mène en main pour relais. Toutes ces charrettes vont toujours courant, pour se trouver en ordre devant la tente de l'empereur, et pour tirer toutes à la fois au moment qu'il arrive.

Un si grand appareil faisait appréhender qu'au lieu de faire le voyage de Cachemire, il ne fût résolu d'aller assiéger l'importante ville de Kandahar, qui, étant frontière de la Perse, de l'Indoustan et de l'Ousbeck, capitale d'ailleurs d'un très-riche et très-beau pays, a fait de tout temps le sujet des guerres les plus sanglantes entre les Persans et les Mogols. Cependant Bernier, qui n'avait point encore quitté Delhy, ne put différer plus long-temps son départ sans s'exposer à demeurer trop loin de l'armée. Il savait aussi que le nabab Danesch-Mend-Khan l'attendait avec impatience. «Ce seigneur, dit-il, ne pouvait non plus se passer de philosopher toute l'après-midi sur les livres de Gassendi et de Descartes, sur le globe, sur la sphère ou sur l'anatomie, que de donner la matinée entière aux grandes affaires de l'empire, en qualité de secrétaire d'état pour les affaires étrangères, et de grand-maître de la cavalerie.»

Bernier s'était fourni pour le voyage de deux bons chevaux tartares, d'un chameau de Perse des plus grands et des plus forts, d'un chamelier et d'un valet d'étable, d'un cuisinier et d'un autre valet, que l'usage du pays oblige de marcher devant son maître avec un flacon d'eau à la main. Il n'avait pas oublié les ustensiles nécessaires, tels qu'une tente d'une médiocre grandeur et un tapis de pied, un petit lit de sangle composé de quatre cannes très-fortes et très-légères, avec un coussin pour la tête; deux couvertures, dont l'une pliée en quatre sert de matelas, un soufra ou nappe ronde de cuir sur laquelle on mange, quelques serviettes de toile peinte, et trois petits sacs de batterie de cuisine ou de vaisselle qui s'arrange dans un grand sac, comme ce grand sac se met dans un bissac de sangle, qui contient toutes les provisions, le linge et les habits du maître et des valets. Il avait fait aussi sa provision d'excellent riz, dans la crainte de n'en pas toujours trouver d'aussi bon; de quelques biscuits doux avec du sucre et de l'anis; d'une poche de toile avec son petit crochet de fer, pour faire égoutter et conserver du *days* ou du lait caillé, et de quantité de limons avec du sucre pour faire de la limonade: car le days et la limonade sont les deux liqueurs qui servent de rafraîchissemens aux Indiens. Toutes ces précautions sont d'autant plus nécessaires dans ces voyages, qu'on y campe et qu'on y vit à la tartare, sans espérance de trouver d'autres logemens que les tentes. Mais Bernier se consolait par l'idée qu'on devait marcher au nord, et qu'on partait après les pluies, vraie saison pour voyager dans les Indes, sans compter que par la faveur du nabab il était sûr d'obtenir tous les jours un pain frais et de l'eau du Gange, dont ces seigneurs de la cour mènent plusieurs chameaux chargés. Ceux qui sont réduits à manger du pain des marchés, qui est fort mal cuit, et à boire de l'eau telle qu'on en rencontre, mêlée de toutes sortes d'ordures que les hommes et les animaux y laissent, sont exposés à des maladies dangereuses, qui produisent même une espèce de vers aux jambes. Ces vers y causent d'abord une grande inflammation accompagnée de fièvre. Quoiqu'ils sortent ordinairement à la fin du voyage, il s'en trouve aussi qui demeurent plus d'un an dans la plaie. Leur grosseur est celle d'une chanterelle de violon; de sorte qu'on les prendrait moins pour des vers que pour quelques nerfs. On s'en délivre comme en Afrique, en les roulant autour d'un petit morceau de bois gros comme une épingle, et les tirant de jour en jour avec beaucoup de précaution, pour éviter de les rompre.

Quoiqu'on ne compte pas plus de quinze ou seize journées de Delhy à Lahor, c'est-à-dire cent vingt de nos lieues, l'empereur employa près de deux mois à faire cette route. À la vérité il s'écartait souvent du grand chemin avec une partie de l'armée pour se procurer plus facilement le plaisir de la chasse, et pour la commodité de l'eau. Lorsque ce prince est en marche, il a toujours deux camps ou deux amas de tentes, qui se forment et se lèvent alternativement, afin qu'en sortant de l'un, il en puisse trouver un autre qui soit prêt à le recevoir. De là leur vient le nom de *peiche-kanés*, qui signifie maisons qui précèdent. Ces deux peiches-kanés sont à peu près semblables. On emploie, pour en porter un, plus de soixante éléphans, de deux cents chameaux et de cent mulets, avec un nombre égal d'hommes. Les éléphans portent les plus pesans fardeaux, tels que les grandes tentes et leurs piliers, qui se démontent en trois pièces. Les chameaux sont pour les moindres tentes, et les mulets pour les bagages et les cuisines. On donne aux portefaix tous les meubles légers et délicats qui sont sujets à se rompre, comme la porcelaine qui sert à la table impériale, les lits peints et dorés, et les riches *karguais*, dont on donnera bientôt la description. L'un de ces deux peiches-kanés n'est pas plus tôt arrivé au lieu marqué pour le camp, que le grand-maître des logis choisit un endroit convenable pour le quartier du roi, en observant néanmoins, autant qu'il est possible, la symétrie et l'ordre qui regarde toute l'armée. Il fait tracer un carré, dont chaque côté a plus de trois cents pas ordinaires de longueur. Cent pionniers nettoient cet espace, l'aplanissent et font des divans de terre, c'est-à-dire des espèces d'estrades carrées sur lesquelles ils dressent les tentes. Ils entourent le carré général de *kanates* ou de paravens de sept ou huit pieds de hauteur, qu'ils affermissent par des cordes attachées à des piquets, et par des perches qu'ils plantent en terre deux à deux, de dix en dix pas, une en dehors et l'autre en dedans, les inclinant l'une sur l'autre. Ces kanates sont d'une toile forte, doublée d'indienne ou de toile peinte. Au milieu d'un des côtés du carré est la porte ou l'entrée royale, qui est grande et majestueuse. Les indiennes dont elle est composée, et celles qui forment le dehors de cette face du carré, sont plus belles et plus riches que les autres.

La première et la plus grande des tentes qu'on dresse dans cette enceinte se nomme *amkas*. C'est le lieu où l'empereur et tous les grands de l'armée s'assemblent vers neuf heures du matin, du moins lorsqu'on fait quelque séjour dans un camp ou en campagne même; car c'est un usage dont les empereurs mogols se dispensent rarement, de se trouver à l'assemblée deux fois par jour, comme dans leur ville capitale, pour régler les affaires de l'état et pour administrer la justice.

La seconde tente, qui n'est pas moins grande que la première, mais qui est un peu plus avancée dans l'enceinte, s'appelle *gosel-kané*, c'est-à-dire lieu pour se laver. C'est là que tous les seigneurs s'assemblent le soir, et viennent saluer l'empereur comme dans la capitale. Cette assemblée du soir leur est très-incommode; mais rien n'est si magnifique pour les spectateurs que de voir dans une nuit obscure, au milieu d'une campagne, entre toutes les tentes d'une armée, de longues files de flambeaux qui conduisent tous les omhras au quartier impérial, ou qui les ramènent à leurs tentes. Ces flambeaux ne sont pas de cire comme les nôtres, mais ils durent très-long-temps. C'est un fer emmanché au bout d'un bâton, au bout duquel on entoure un vieux linge, que le masalk ou le porte-flambeau arrose d'huile de temps en temps; il tient à la main, pour cet usage, un flacon d'airain ou de fer-blanc, dont le col est fort long et fort étroit.

La troisième tente, plus petite que les deux premières, et plus avancée dans l'enclos, se nomme *kaluet-kané*, c'est-à-dire lieu de retraite, ou salle du conseil privé, parce qu'on n'y admet que les principaux officiers de l'empire, et qu'on y traite les affaires de la plus haute importance. Plus loin sont les tentes particulières de l'empereur, entourées de petits kanates de la hauteur d'un homme, et doublées d'indiennes au pinceau, c'est-à-dire de ces belles indiennes de Masulipatan, qui représentent toutes sortes de fleurs; quelques-unes doublées de satin à fleurs avec de grandes franges de soie. Ensuite on trouve les tentes des begums ou des princesses, et des autres dames du sérail, entourées aussi de riches kanates, entre lesquelles sont distribuées les tentes des femmes de service, dans l'ordre qui convient à leur emploi.

L'amkas et les cinq ou six principales tentes sont fort élevés, autant pour être vus de loin que pour résister mieux à la chaleur. Le dehors n'est qu'une grosse et forte toile rouge, embellie néanmoins de grandes bandes, taillées de diverses formes assez agréables à la vue; mais le dedans est doublé des plus belles indiennes, ou de quelque beau satin enrichi de broderie de soie, d'or et d'argent, avec de grandes franges. Les piliers qui soutiennent ces tentes sont peints et dorés; on n'y marche que sur de riches tapis, qui ont par-dessous des matelas de coton épais de trois ou quatre doigts, autour desquels on trouve de grands carreaux de brocart d'or pour s'appuyer. Dans chacune des deux grandes tentes où se tient l'assemblée on élève un théâtre fort riche, où l'empereur donne audience sous un grand dais de velours ou de brocart. On y voit aussi des karguais dressés, c'est-à-dire des cabinets, dont les petites portes se ferment avec des cadenas d'argent. Pour s'en former une idée, Bernier veut qu'on se représente deux petits carrés de nos paravens qu'on aurait posés l'un sur l'autre, et qui seraient proprement attachés avec un lacet de soie qui régnerait alentour; de sorte néanmoins que les extrémités des côtés de celui d'en haut s'inclinassent les unes sur les autres pour former une espèce de petit dôme ou de tabernacle. La seule différence est que tous les côtés des karguais sont d'ais de sapin fort minces et fort légers, peints et dorés par le dehors, enrichis alentour de franges d'or et de soie, et doublés d'écarlate, ou de satin à fleurs, ou de brocart.

Hors du grand carré s'offrent premièrement, des deux côtés de la grande entrée ou de la porte royale, deux jolies tentes, où l'on voit constamment quelques chevaux d'élite, sellés, richement harnachés et prêts à marcher au premier ordre. Des deux côtés de la même porte sont rangées les cinquante ou soixante petites pièces de campagne qui composent l'artillerie de l'étrier, et qui tirent toutes pour saluer l'empereur lorsqu'il entre dans sa tente; au-devant de la porte même, on laisse toujours un espace vide, au fond duquel les timbales et les trompettes sont rassemblées dans une grande tente; à peu de distance on en voit un autre, qui se nomme *tchanki-kané*, où les omhras font la garde à leur tour une fois chaque semaine, pendant vingt-quatre heures. Cependant la plupart font dresser dans le même lieu quelqu'une de leurs propres tentes pour se donner un logement plus commode.

Autour des trois autres côtés du grand carré, on voit toutes les tentes des officiers dans un ordre qui est toujours le même, autant que la disposition du lieu le permet; elles ont leurs noms particuliers, qu'elles tirent de leurs différens usages: l'une est pour les armes de l'empereur, une autre pour les plus riches harnois des chevaux; une autre pour les vestes de brocart dont l'empereur fait ses présens, etc. On en distingue quatre, proche l'une de l'autre dont la première est pour les fruits, la seconde pour les confitures, la troisième pour l'eau du Gange et pour le salpêtre qui sert à le rafraîchir, et la quatrième pour le bétel. Ces quatre tentes sont suivies de quinze ou seize autres, qui composent les cuisines et leurs dépendances; d'un autre côté sont celles des eunuques et d'un grand nombre d'officiers, après lesquelles on en trouve quatre ou cinq longues, qui sont pour les chevaux de main, et quantité d'autres pour les éléphans, avec toutes celles qui sont comprises sous le nom de la vénerie; car on porte toujours pour la chasse une quantité d'oiseaux de proie, de chiens, de léopards. On mène par ostentation des lions, des rhinocéros, de grands buffles du Bengale, qui combattent le lion, et des gazelles apprivoisées, qu'on fait battre devant l'empereur. Tous ces animaux ont leurs gouverneurs et leurs retraites. On conçoit aisément que ce grand quartier, qui se trouve toujours au centre de l'armée, doit former un des plus beaux spectacles du monde.

Aussitôt que le grand-maréchal des logis a choisi le quartier de l'empereur, et qu'il a fait dresser l'amkas, c'est-à-dire la plus haute de toutes les tentes, sur laquelle il se règle pour le reste de la disposition de l'armée, il marque les bazars, dont le premier et le principal doit former une grande rue droite et un grand chemin libre qui traverse toute l'armée, et toujours aussi droit qu'il est possible vers le camp du lendemain. Tous les autres bazars, qui ne sont ni si longs ni si larges, traversent ordinairement le premier; les uns en-deçà, les autres en-delà du quartier de l'empereur; et tous ces bazars sont marqués par de très-hautes cannes, qui se plantent en terre de trois en trois cents pas, avec des étendards rouges et des queues de vache du Grand-Tibet, qu'on prendrait au sommet de ces cannes pour autant de vieilles perruques. Le grand maréchal règle ensuite la place des omhras, qui gardent toujours le même ordre, à peu de distance, autour du quartier impérial. Leurs quartiers, du moins ceux des principaux, ont beaucoup de ressemblance avec celui de l'empereur, c'est-à-dire qu'ils ont ordinairement deux peiches-kanés, avec un carré de kanates, qui renferme leur principale tente et celle de leurs femmes. Cet espace est environné des tentes de leurs officiers et de leur cavalerie, avec un bazar particulier qui compose une rue de petites tentes pour le peuple qui suit l'armée et qui entretient leur camp de fourrage, de grains, de riz, de beurre et d'autres nécessités. Ces petits bazars épargnent aux officiers l'embarras de recourir continuellement aux bazars impériaux, où tout se trouve avec la même abondance que dans la ville capitale. Chaque petit bazar est marqué, comme les grands, par deux hautes cornes plantées aux deux bouts dont les étendards servent à la distinction des quartiers. Les grands omhras se font un honneur d'avoir des tentes fort élevées; cependant elles ne doivent pas l'être trop, s'ils ne veulent s'exposer à l'humiliation de les voir renverser par les ordres de l'empereur. Il faut, par la même raison, que les dehors n'en soient pas entièrement rouges, et qu'elles soient tournées vers l'amkas ou le quartier impérial.

Le reste de l'espace qui se trouve entre le quartier de l'empereur, ceux des omhras et les bazars, est occupé par les mansebdars ou les petits omhras, par une multitude de marchands qui suivent l'armée, par les gens d'affaires et de justice; enfin par tous les officiers supérieurs ou subalternes qui appartiennent à l'artillerie. Quoique cette description donne l'idée d'un prodigieux nombre de tentes, qui demandent par conséquent une vaste étendue de pays, Bernier se figure qu'un pareil camp formé dans quelque belle campagne, où, suivant le plan ordinaire, sa forme serait à peu près ronde, comme il le vit plusieurs fois dans cette route, n'aurait pas plus de deux lieues ou deux lieues et demie de circuit, encore s'y trouverait-il divers endroits vides; mais il faut observer que la grosse artillerie, qui occupe un grand espace, précède souvent d'un jour ou deux.

Quoique les étendards de chaque quartier, qui se voient de fort loin et qu'on distingue facilement, servent de guides à ceux pour qui cet ordre est familier, Bernier fait une peinture singulière de la confusion qui règne dans le camp. «Toutes ces marques, dit-il, n'empêchent pas qu'on ne se trouve quelquefois fort embarrassé, et même en plein jour, mais surtout le matin, lorsque tout le monde arrive et que chacun cherche à se placer. Il s'élève souvent une si grande poussière, qu'on ne peut découvrir le quartier de l'empereur, les étendards des bazars et les tentes des omhras, sur lesquelles on est accoutumé à se régler. On se trouve pris entre les tentes qu'on dresse, ou entre les cordes que les moindres omhras qui n'ont pas de peiche-kanés, et les mansebdars, tendent pour marquer leurs logemens, et pour empêcher qu'il ne se fasse un chemin près d'eux, ou que des inconnus ne viennent se placer proche de leurs tentes, dans lesquelles ils ont quelquefois leurs femmes. Si l'on cherche un passage, on le trouve fermé de ces cordes tendues, qu'un tas de valets armés de gros bâtons refusent d'abaisser; si l'on veut retourner sur ses pas, le chemin par lequel on est venu est déjà bouché. C'est là qu'il faut crier, faire entendre ses prières ou ses injures, feindre de vouloir donner des coups et s'en bien garder; laisser aux valets le soin de quereller ensemble et prendre celui de les accorder; enfin se donner toutes les peines imaginables pour se tirer d'embarras et pour faire passer ses chameaux; mais la plus insurmontable de toutes les difficultés, est pour aller le soir dans quelque endroit un peu éloigné, parce que les puantes fumées du bois vert et de la fiente des animaux, dont le peuple se sert pour la cuisine, forment un brouillard si épais, qu'on ne distingue rien. Je m'y suis trouvé pris trois ou quatre fois jusqu'à ne savoir que devenir. En vain demandais-je le chemin; je ne pouvais le continuer dix pas de suite, et je ne faisais que tourner. Une fois, particulièrement, je me vis contraint d'attendre que la lune fût levée pour m'éclairer; une autre fois je fus obligé de gagner l'*agacy-dié*, de me coucher au pied et d'y passer la nuit, mon cheval et mon valet près de moi. L'agacy-dié est un grand mât fort menu, qu'on plante vers le quartier de l'empereur, proche d'une tente qui s'appelle *nagor-kané*, et sur lequel on élève le soir une lanterne qui demeure allumée toute la nuit: invention fort commode, parce qu'on la voit de loin, et que, se rendant au pied du mât lorsqu'on est égaré, on peut reprendre de là les bazars, et demander le chemin. On est libre aussi d'y passer la nuit, sans y appréhender les voleurs.»

Pour arrêter les vols, chaque omhra doit faire garder son camp pendant toute la nuit par des gens armés qui en font continuellement le tour en criant *kaberdar*, c'est-à-dire qu'on prenne garde à soi; d'ailleurs on pose autour de l'armée, de distance en distance, des gardes régulières qui entretiennent du feu, et qui font entendre le même cri. Le katoual, qui est comme le grand-prévôt, envoie pendant toute la nuit, dans l'intérieur du camp, des troupes dont il est le chef, qui parcourent les bazars en criant et sonnant de la trompette; ce qui n'empêche pas qu'il n'arrive toujours quelque désordre.

L'empereur Aureng-Zeb se faisait porter, pendant sa marche, sur les épaules de huit hommes, dans un *tactravan*, qui est une espèce de trône où il était assis. Cette voiture, que Bernier appelle un trône de campagne, est un magnifique tabernacle peint et doré, qui se ferme avec des vitres. Les quatre branches du brancard étaient couvertes d'écarlate ou de brocart, avec des grandes franges d'or et de soie, et chaque branche était soutenue par deux porteurs très-robustes richement vêtus, que d'autres suivaient pour les relayer. Aureng-Zeb montait quelquefois à cheval, surtout lorsque le jour était beau pour la chasse; il montait aussi quelquefois sur un éléphant, en *mickdember* ou en *hauze*. C'est la monture la plus superbe et la plus éclatante; car l'éléphant impérial est toujours couvert d'un magnifique harnois. Le mickdember est une petite tour carrée, dont la peinture et la dorure font tout l'ornement. Le hauze est un siége ovale, avec un dais à piliers. Dans ces diverses marches, l'empereur était toujours accompagné d'un grand nombre de radjas et d'omhras, qui le suivaient immédiatement à cheval, mais en gros et sans beaucoup d'ordre. Cette manière de faire leur cour parut fort gênante à Bernier, particulièrement les jours de chasse, où ils étaient exposés, comme de simples soldats, aux incommodités du soleil et de la poussière. Ceux qui pouvaient se dispenser de suivre l'empereur, étaient fort à leur aise dans des palekis bien fermés, où ils pouvaient dormir comme dans un lit; ils arrivaient de bonne heure à leurs tentes, qui les attendaient avec toutes sortes de commodités.

Autour des omhras du cortège, et même entre eux, on voyait toujours quantité de cavaliers bien montés qui portaient une espèce de massue ou de masse d'armes d'argent. On en voyait aussi sur les ailes, qui précédaient la personne de l'empereur avec plusieurs valets de pieds. Ces cavaliers, qui se nomment *gouzeberdars*, sont des gens choisis pour la taille et la bonne mine, dont l'emploi est de porter les ordres et de faire écarter le peuple. Après les radjas, on voyait marcher avec un mélange de timbales et de trompettes ce qu'on nomme le *coursi*. C'est un grand nombre de figures d'argent qui représentent des animaux étrangers, des mains, des balances, des poissons et d'autres objets mystérieux qu'on porte sur le bout de certains grands bâtons d'argent. Le coursi était suivi d'un gros de mansebdars ou de petits omhras, beaucoup plus nombreux que celui des omhras.

Les princesses et les principales dames du sérail se faisaient porter aussi dans différentes sortes de voitures; les unes, comme l'empereur, sur les épaules de plusieurs hommes, dans un tchaudoul, qui est une espèce de tactravan peint et doré, couvert d'un magnifique rets de soie de diverses couleurs, enrichi de broderie, de franges et de grosses houppes pendantes; les autres, dans des palekis de la même richesse; quelques-unes dans de grandes et larges litières portées par deux puissans chameaux ou par deux petits éléphans au lieu de mules. Bernier vit marcher ainsi Rauchenara-Begum. Il remarqua un jour, sur le devant de sa litière qui était ouvert, une petite esclave bien vêtue qui éloignait d'elle les mouches et la poussière, avec une queue de paon qu'elle tenait à la main. D'autres se font porter sur le dos d'éléphans richement équipés, avec des couvertures en broderie et de grosses sonnettes d'argent. Elles y sont comme élevées en l'air, assises quatre à quatre dans des mickdembers à treillis, qui sont toujours couverts d'un rets de soie, et qui n'ont pas moins d'éclat que les tchaudouls et les tactravans.

Bernier parle avec admiration de cette pompeuse marche du sérail. Dans ce voyage, il prit quelquefois plaisir à voir Rauchenara-Begum marcher la première, montée sur un grand éléphant de Pégou, dans un mickdember éclatant d'or et d'azur, suivie de cinq ou six autres éléphans, avec des mickdembers presque aussi riches que le sien, pleins des principales femmes de sa maison; quelques eunuques richement vêtus et montés sur des chevaux de grand prix, marchant à ses côtés la canne à la main; une troupe de servantes tartares et cachemiriennes autour d'elle, parées bizarrement et montées sur de belles haquenées; enfin plusieurs autres eunuques à cheval, accompagnés d'un grand nombre de valets de pied qui portaient de grands bâtons pour écarter les curieux. Après la princesse Rauchenara, on voyait paraître une des principales dames de la cour dans un équipage proportionné à son rang. Celle-ci était suivie de plusieurs autres, jusqu'à quinze ou seize, toutes montées avec plus ou moins de magnificence, suivant leurs fonctions et leurs appointemens. Cette longue file d'éléphans, dont le nombre était quelquefois de soixante, qui marchaient à pas comptés, avec tout ce cortége et ces pompeux ornemens, avait quelque chose de si noble et de si relevé, que, si Bernier n'eût appelé sa philosophie à son secours, il serait tombé, dit-il, «dans l'extravagante opinion de la plupart des poëtes indiens, qui veulent que tous ces éléphans portent autant de déesses cachées.» Il ajoute qu'effectivement elles sont presque inaccessibles aux yeux des hommes, et que le plus grand malheur d'un cavalier, quel qu'il puisse être, serait de se trouver trop près d'elles. Cette insolente canaille d'eunuques et de valets ne cherche que l'occasion et quelque prétexte pour exercer leurs cannes. «Je me souviens, ajoute Bernier, d'y avoir été malheureusement surpris; et je n'aurais pas évité les plus mauvais traitemens, si je ne m'étais déterminé à m'ouvrir un passage l'épée à la main plutôt que de me laisser estropier par ces misérables, comme ils commençaient à s'y disposer. Mon cheval, qui était excellent, me tira de la presse, et je le poussai ensuite au travers d'un torrent que je passai avec le même bonheur. Aussi les Mogols disent-ils, comme en proverbe, qu'il faut se garder surtout de trois choses: la première, de s'engager entre les troupes des chevaux d'élite qu'on mène en main, parce que les coups de pied n'y manquent pas; la seconde, de se trouver dans les lieux où l'empereur s'exerce à la chasse; et la troisième d'approcher trop des femmes du sérail.»

À l'égard des chasses du grand-mogol, Bernier avait eu peine à s'imaginer, comme il l'avait souvent entendu dire, que ce monarque prît cet amusement à la tête de cent mille hommes. Mais il comprit dans sa route qu'il en aurait pu mener deux cent mille. Aux environs d'Agra et de Delhy, le long du fleuve Djemna, jusqu'aux montagnes, et même des deux côtés du grand chemin qui conduit à Lahor, on rencontre quantité de terres incultes, les unes en bois taillis, les autres couvertes de grandes herbes de la hauteur d'un homme, et davantage. Tous ces lieux ont des gardes qui ne permettent la chasse à personne, excepté celle des lièvres et des cailles, que les Indiens savent prendre au filet. Il s'y trouve par conséquent une très-grande abondance de toutes sortes de gibier. Le grand-maître des chasses, qui suit toujours l'empereur, est averti des endroits qui en contiennent le plus. On les borde de gardes dans une étendue de quatre ou cinq lieues de pays, et l'empereur entre dans ces enceintes avec le nombre de chasseurs qu'il veut avoir à sa suite, tandis que l'armée passe tranquillement sans prendre aucune part à ses plaisirs.

Bernier fut témoin d'une chasse curieuse, qui est celle des gazelles avec des léopards apprivoisés. Il se trouve dans l'Inde quantité de ces animaux, qui ressemblent beaucoup à nos faons. Ils vont ordinairement par troupes séparées les unes des autres; et chaque troupe, qui n'est jamais que de cinq ou six, est suivie d'un mâle seul, qu'on distingue à sa couleur. Lorsqu'on a découvert une troupe de gazelles, on tâche de les faire apercevoir au léopard, qu'on tient enchaîné sur une petite charrette. On le délie, et cet animal rusé ne se livre pas d'abord à l'ardeur de les poursuivre. Il tourne, il se cache, il se courbe pour en approcher et pour les surprendre. Comme sa légèreté est incroyable, il s'élance dessus lorsqu'il en est à portée, les étrangle et se rassasie de leur sang. S'il manque son coup, ce qui arrive assez souvent, il ne fait plus aucun mouvement pour recommencer la chasse; et Bernier croit qu'il prendrait une peine inutile, parce que les gazelles courent plus vite et plus long-temps que lui. Le maître ou le gouverneur s'approche doucement de lui, le flatte, lui jette des morceaux de chair; et saisissant un moment pour lui jeter ce que Bernier nomme des lunettes qui lui couvrent les yeux, il l'enchaîne et le remet sur sa charrette.

La chasse des nilgauts parut moins curieuse à Bernier. On enferme ces animaux dans de grands filets qu'on resserre peu à peu, et lorsqu'ils sont réduits dans une petite enceinte, l'empereur et les omhras entrent avec les chasseurs, et les tuent sans peine et sans danger à coups de flèches, de demi-piques, de sabres et de mousquetons; et quelquefois en si grand nombre, que l'empereur en distribue des quartiers à tous les omhras. La chasse des grues a quelque chose de plus amusant. Il y a du plaisir à leur voir employer toutes leurs forces pour se défendre en l'air contre les oiseaux de proie. Elles en tuent quelquefois; mais comme elles manquent d'adresse pour se tourner, ces oiseaux chasseurs en triomphent à la fin.

De toutes ces chasses, Bernier trouva celle du lion la plus curieuse et la plus noble. Elle est réservée à l'empereur et aux princes de son sang. Lorsque ce monarque est en campagne, si les gardes des chasses découvrent la retraite d'un lion, ils attachent dans le lieu voisin un âne, que le lion ne manque pas de venir dévorer; après quoi, sans chercher d'autre proie, il va boire, et revient dormir dans son gîte ordinaire jusqu'au lendemain, qu'on lui fait trouver un autre âne attaché comme le jour précédent. On l'appâte ainsi pendant plusieurs jours. Enfin, lorsque sa majesté s'approche, on attache un âne au même endroit, et là, on lui fait avaler quantité d'opium, afin que sa chair puisse assoupir le lion. Les gardes, avec tous les paysans des villages voisins, tendent de vastes filets qu'ils resserrent par degrés. L'empereur, monté sur un éléphant bardé de fer, accompagné du grand-maître, de quelques omhras, montés aussi sur des éléphans, d'un grand nombre de gouzebersdars à cheval, et de plusieurs gardes des chasses armés de demi-piques, s'approche du dehors des filets, et tire le lion. Ce fier animal qui se sent blessé, ne manque pas d'aller droit à l'éléphant; mais il rencontre les filets qui l'arrêtent: et l'empereur le tire tant de fois, qu'à la fin il le tue. Cependant Bernier en vit un dans la dernière chasse qui sauta par-dessus les filets, et qui se jeta vers un cavalier dont il tua le cheval. Les chasseurs n'eurent pas peu de peine à le faire rentrer dans les filets.

Cette chasse jeta toute l'armée dans un terrible embarras. Bernier raconte qu'on fut trois ou quatre jours à se dégager des torrens qui descendent des montagnes entre les bois, et de grandes herbes où les chameaux ne paraissaient presque point. «Heureux, dit-il, ceux qui avaient fait quelques provisions, car tout était en désordre! Les bazars n'avaient pu s'établir. Les villages étaient éloignés. Une raison singulière arrêtait l'armée: c'était la crainte que le lion ne fût échappé aux armes de l'empereur. Comme c'est un heureux augure qu'il tue un lion, c'en est un très-mauvais qu'il le manque. On croirait l'état en danger. Aussi le succès de cette chasse est-il accompagné de plusieurs grandes cérémonies. On apporte le lion mort devant l'empereur dans l'assemblée générale des omhras; on l'examine; on le mesure; on écrit dans les archives de l'empire que tel jour tel empereur tua un lion de telle grandeur et de tel poil: on n'oublie pas la mesure de ses dents et de ses griffes, ni les moindres circonstances d'un si grand événement.» À l'égard de l'opium qu'on fait manger à l'âne, Bernier ajoute qu'ayant consulté là-dessus un des premiers chasseurs, il apprit de lui que c'était une fable populaire, et qu'un lion bien rassasié n'a pas besoin de secours pour s'endormir.

Outre l'embarras des chasses, la marche était quelquefois retardée par le passage des grandes rivières, qui sont ordinairement sans ponts. On était obligé de faire plusieurs ponts de bateaux éloignés de deux ou trois cents pas l'un de l'autre. Les Mogols ont l'art de les bien lier et de les affermir. Ils les couvrent d'un mélange de terre et de paille qui empêche les animaux de glisser. Le péril n'est qu'à l'entrée et à la sortie, parce qu'outre la presse et la confusion, il s'y fait souvent des fosses où les chevaux et les bœufs tombent les uns sur les autres avec un désordre incroyable. L'empereur ne campa alors qu'à une demi-lieue du pont, et s'arrêta un jour ou deux pour laisser à l'armée le temps de passer plus à l'aise. Il n'était pas aisé de juger de combien d'hommes elle était composée. Bernier croit en général que, soit gens de guerre ou de suite, il n'y avait pas moins de cent mille cavaliers; qu'il y avait plus de cent cinquante mille chevaux, mules ou éléphans, près de cinquante mille chameaux, et presque autant de bœufs et de bidets qui servent à porter les provisions des bazars, avec les femmes et les enfans; car les Mogols ont conservé l'usage tartare de traîner tout avec eux. Si l'on y joint le compte des gens de service dans un pays où rien ne se fait qu'à force de valets, et où Bernier même, qui ne tenait rang que de cavalier à deux chevaux, avait trois domestiques à ses gages, on sera porté à croire que l'armée ne contenait pas moins de trois à quatre cent mille personnes. Il faudrait les avoir comptés, dit Bernier; mais, après avoir assuré que le nombre était prodigieux et presque incroyable, il ajoute, pour diminuer l'étonnement, que c'était la ville de Delhy entière, parce que tous les habitans de cette capitale, ne vivant que de la cour et de l'armée, seraient exposés à mourir de faim, s'ils ne suivaient pas l'empereur, surtout dans ses longs voyages.

Si l'on demande comment une armée si nombreuse peut subsister, Bernier répond que les Indiens sont fort sobres, et que de cette multitude de cavaliers, il ne faut pas compter plus de la vingtième partie qui mange de la viande pendant la marche. Le kicheri, qui est un mélange de riz et de légumes, sur lesquels on verse du beurre roux après les avoir fait cuire, est la nourriture ordinaire des Mogols. À l'égard des animaux, on sait que les chameaux résistent au travail, à la faim, à la soif, qu'ils vivent de peu, et qu'ils mangent de tout. Aussitôt qu'une armée arrive, on les mène brouter dans les champs, où ils se nourrissent de tout ce qu'ils peuvent trouver. D'ailleurs les mêmes marchands qui entretiennent les bazars à Delhy sont obligés de les entretenir en campagne. Enfin la plus basse partie du peuple rôde sans cesse dans les villages voisins du camp pour acheter du fourrage, sur lequel elle trouve quelque chose à gagner. Les plus pauvres raclent avec une espèce de truelle les campagnes entières, pour en enlever les petites herbes, qu'ils lavent soigneusement, et qu'ils vendent quelquefois assez cher.

Bernier s'excuse de n'avoir pas marqué les villes et les bourgades qui sont entre Delhy et Lahor: il n'en vit presque point. Il marchait presque toujours au travers des champs et pendant la nuit. Comme son logement n'était pas au milieu de l'armée, où le grand chemin passe souvent, mais fort avant dans l'aile droite, il suivait la vue des étoiles pour s'y rendre, au hasard de se trouver quelquefois fort embarrassé, et de faire cinq ou six lieues, quoique la distance d'un camp à l'autre ne soit ordinairement que de trois ou quatre; mais l'arrivée du jour finissait son embarras.

En arrivant à Lahor, il apprit que le pays, dont cette ville est la capitale, se nomme *Pendjab*, c'est-à-dire pays des cinq eaux, parce qu'effectivement il est arrosé par cinq rivières considérables, qui, descendant des grandes montagnes dont le pays de Cachemire est environné, vont se joindre à l'Indus et se jeter avec lui dans l'Océan. Quelques-uns prétendent que Lahor est l'ancienne Bucéphalie, bâtie par Alexandre-le-Grand, en l'honneur d'un cheval qu'il aimait. Les Mogols connaissent ce conquérant sous le nom de *Secander-Filifous*, qui signifie *Alexandre, fils de Philippe*; mais ils ignorent le nom de son cheval. La ville est bâtie sur une des cinq rivières, qui n'est pas moins grande que la Loire, et pour laquelle on aurait besoin d'une levée, parce que, dans ses débordemens, elle change souvent de lit et cause de grands dégâts. Depuis quelques années, elle s'était retirée de Lahor d'un grand quart de lieue. Les maisons de cette ville sont beaucoup plus grandes que celles de Delhy et d'Agra; mais, dans l'absence de la cour, qui n'avait pas fait ce voyage depuis plus de vingt ans, la plupart étaient tombées en ruine. Il ne restait que cinq ou six rues considérables, dont deux ou trois avaient plus d'une grande lieue de longueur, et dans lesquelles on voyait aussi une quantité d'édifices en ruine. Le palais impérial n'était plus sur le bord de la rivière. Bernier le trouva magnifique, quoique fort inférieur à ceux d'Agra et de Delhy.

L'empereur s'y arrêta plus de deux mois pour attendre la fonte des neiges, qui bouchaient le passage des montagnes. On engagea Bernier à se fournir d'une petite tente cachemirienne. La sienne était grande et pesante, et ses chameaux ne pouvant passer les montagnes, il aurait été obligé de la faire porter par des crocheteurs, avec beaucoup d'embarras et de dépense. Il se flattait qu'après avoir surmonté les chaleurs de Moka et de Babel-Mandel, il serait capable de braver celles du reste de la terre; mais ce n'est pas sans raison, comme il l'apprit bientôt par expérience, que les Indiens mêmes appréhendent les onze ou douze jours de marche que l'on compte de Lahor à Bember, c'est-à-dire jusqu'à l'entrée des montagnes de Cachemire. Cet excès de chaleur vient, dit-il, de la situation de ces hautes montagnes, qui, se trouvant au nord de la route, arrêtent les vents frais, réfléchissent les rayons du soleil sur les voyageurs, et laissent dans la campagne une ardeur brûlante. En raisonnant sur la cause du mal, il s'écriait dès le quatrième jour: «Que me sert de philosopher et de chercher des raisons de ce qui me tuera peut-être demain?»

Le cinquième jour, il passa un des grands fleuves de l'Inde, qui se nomme *le Tchenâb*. L'eau en est si bonne, que les omhras en font charger leurs chameaux, au lieu de celle du Gange, dont ils boivent jusqu'à ce lieu; mais elle n'eut pas le pouvoir de garantir Bernier des incommodités de la route. Il en fait une peinture effrayante. Le soleil était insupportable dès le premier moment de son lever: on n'apercevait pas un nuage; on ne sentait pas un souffle de vent; les chameaux, qui n'avaient pas vu d'herbe verte depuis Lahor, pouvaient à peine se traîner. Les Indiens, avec leur peau noire, sèche et dure, manquaient de force et d'haleine; on en trouvait de morts en chemin; le visage de Bernier, ses mains et ses pieds étaient pelés; tout son corps était couvert de petites pustules rouges qui le piquaient comme des aiguilles; il doutait, le dixième jour de la marche, s'il serait vivant le soir; toute son espérance était dans un peu de lait caillé sec, qu'il délayait dans l'eau avec un peu de sucre, et quatre ou cinq citrons qui lui restaient pour faire de la limonade.

Il arriva néanmoins la nuit du douzième jour, au pied d'une montagne escarpée, noire et brûlante, où Bember est situé. Le camp fut assis dans le lit d'un large torrent à sec, rempli de cailloux et de sable: c'était une vraie fournaise ardente; mais une pluie d'orage qui tomba le matin vint rafraîchir l'air. L'empereur, n'ayant pu prévoir ce soulagement, était parti pendant la nuit avec une partie de ses femmes et de ses principaux officiers. Dans la crainte d'affamer le petit royaume de Cachemire, il n'avait voulu mener avec lui que ses principales femmes et les meilleures amies de Rauchenara-Begum, avec aussi peu d'omhras et de milice qu'il était possible. Les omhras qui eurent la permission de le suivre ne prirent que le quart de leurs cavaliers: le nombre des éléphans fut borné. Ces animaux, quoique extrêmement lourds, ont le pied ferme. Ils marchent comme à tâtons dans les passages dangereux, et s'assurent toujours d'un pied avant de remuer l'autre. On mena aussi quelques mulets; mais on fut obligé de supprimer tous les chameaux, dont le secours aurait été le plus nécessaire. Leurs jambes longues et raides ne peuvent se soutenir dans l'embarras des montagnes. On fut obligé d'y suppléer par un grand nombre de portefaix, que les gouverneurs et les radjas d'alentour avaient pris soin de rassembler, et l'ordonnance impériale leur assignait à chacun dix écus pour cent livres pesant. On en comptait plus de trente mille, quoiqu'il y eût déjà plus d'un mois que l'empereur et les omhras s'étaient fait précéder d'une partie du bagage et des marchands. Les seigneurs nommés pour le voyage avaient ordre de partir chacun à leur tour, comme le seul moyen d'éviter la confusion pendant cinq jours de cette dangereuse marche, et tout le reste de la cour, avec l'artillerie et la plus grande partie des troupes, devaient passer trois ou quatre mois comme en garnison dans le camp de Bember, jusqu'au retour du monarque, qui se proposait d'attendre la fin des chaleurs.

Le rang de Danech-Mend-Khan étant marqué pour la nuit suivante, Bernier partit à sa suite. Il n'eut pas plus tôt monté ce qu'il appelle *l'affreuse muraille haute, escarpée du monde*, c'est-à-dire une haute montagne noire et pelée, qu'en descendant de l'autre côté, il sentit un air plus frais, plus doux et plus tempéré. Mais rien ne le surprit tant dans ces montagnes que de se trouver tout d'un coup comme transporté des Indes en Europe. En voyant la terre couverte de toutes nos plantes et de tous nos arbrisseaux, à l'exception néanmoins de l'hysope, du thym, de la marjolaine et du romarin, il se crut dans certaines montagnes d'Auvergne, au milieu d'une forêt de sapins, de chênes verts, d'ormeaux, de platanes; et son admiration était d'autant plus vive, qu'en sortant des campagnes brûlantes de l'Indoustan, il n'avait rien aperçu qui l'eût préparé à cette métamorphose.

 Il admira particulièrement, à une journée et demie de Bember, une montagne qui n'offrait que des plantes sur ses deux faces, avec cette différence qu'au midi, vers les Indes, c'était un mélange de plantes indiennes et européennes; au lieu que du côté exposé au nord il n'en découvrit que d'européennes, comme si la première face eût également participé de la température des deux climats, et que celle du nord eût été tout européenne. À l'égard des arbres, il observa continuellement une suite naturelle de générations et de corruptions. Dans des précipices où jamais homme n'était descendu, il en voyait plusieurs qui tombaient ou qui étaient déjà tombés les uns sur les autres morts, à demi pouris de vieillesse, et d'autres jeunes et frais qui renaissaient de leur pied. Il en voyait même quelques-uns de brûlés, soit qu'ils eussent été frappés de la foudre, ou que, dans le cœur de l'été, ils se fussent enflammés par leur frottement mutuel, étant agités par quelque vent chaud et furieux, soit que, suivant l'opinion des habitans, le feu prenne de lui même au tronc, lorsqu'à force de vieillesse il devient fort sec. Bernier ne cessait d'attacher les yeux sur les cascades naturelles qu'il découvrait entre les rochers. Il en vit une à laquelle, dit-il, il n'y a rien de comparable au monde. On aperçoit de loin, du penchant d'une haute montagne, un torrent d'eau qui descend par un long canal sombre et couvert d'arbres, et qui se précipite tout d'un coup, avec un bruit épouvantable, en bas d'un rocher droit, escarpé et d'une hauteur prodigieuse. Assez près, sur un autre rocher que l'empereur Djehan-Ghir avait fait aplanir exprès, on voyait un grand théâtre tout dressé, où la cour pouvait s'arrêter en passant pour considérer à loisir ce merveilleux ouvrage de la nature.

Ces amusemens furent mêlés d'un accident fort étrange. Le jour où l'empereur monta le Pire-Pendjal, qui est la plus haute de toutes ces montagnes, et d'où l'on commence à découvrir dans l'éloignement le pays de Cachemire, un des éléphans qui portaient les femmes dans des mickdembers et des embarys, fut saisi de peur, et se mit à reculer sur celui qui le suivait. Le second recula sur l'autre, et successivement toute la file, qui était de quinze. Comme il leur était impossible de tourner dans un chemin raide et fort étroit, ils culbutèrent tous au fond du précipice, qui n'était pas heureusement des plus profonds et des plus escarpés. Il n'y eut que trois ou quatre femmes de tuées; mais tous les éléphans y périrent. Bernier, qui suivait à deux journées de distance, les vit en passant, et crut en remarquer plusieurs qui remuaient encore leur trompe. Ce désastre jeta beaucoup de désordre dans toute l'armée, qui marchait en file sur le penchant des montagnes, par des sentiers fort dangereux. On fit faire halte le reste du jour et toute la nuit, pour se donner le temps de retirer les femmes et tous les débris de leur chute. Chacun fut obligé de s'arrêter dans le lieu où il se trouvait, parce qu'il était en plusieurs endroits impossible d'avancer ni de reculer. D'ailleurs personne n'avait près de soi ses portefaix, avec sa tente et ses vivres. Bernier ne fut pas le plus malheureux. Il trouva le moyen de grimper hors du chemin, et d'y arranger un petit espace commode pour y passer la nuit avec son cheval. Un de ses valets, qui le suivit, avait un peu de pain, qu'ils partagèrent ensemble. En remuant quelques pierres dans ce lieu, ils trouvèrent un gros scorpion noir, qu'un jeune Mogol prit dans sa main, et pressa sans en être piqué. Bernier eut la même hardiesse, sur la parole de ce jeune homme qui était de ses amis, et qui se vantait d'avoir charmé le scorpion par un passage de l'Alcoran. Il n'est pourtant guère probable que le philosophe Bernier comptât beaucoup sur un passage de l'Alcoran. Quoi qu'il en soit, le jeune homme ne voulut pas enseigner à Bernier le passage de l'Alcoran, parce que la puissance de charmer passerait, disait-il, à celui auquel il le dirait, comme elle lui avait passé en quittant celui qui le lui avait appris.

En traversant la montagne de Pire-Pendjal, trois choses, dit-il, lui rappelèrent ses idées philosophiques. Premièrement, en moins d'une heure il éprouva l'hiver et l'été. Après avoir sué à grosses gouttes pour monter par des chemins où tout le monde était forcé de marcher à pied et sous un soleil brûlant, il trouva au sommet de la montagne des neiges glacées, au travers desquelles on avait ouvert un chemin. Il tombait un verglas fort épais, et il soufflait un vent si froid, que la plupart des Indiens, qui n'avaient jamais vu de glace ni de neige, ni senti un air si glacial, couraient en tremblant pour arriver dans un air plus chaud. En second lieu, Bernier rencontra, en moins de deux cents pas, deux vents absolument opposés: l'un du nord, qui lui frappait le visage en montant, surtout lorsqu'il arriva proche du sommet; l'autre du midi, qui lui donnait à dos en descendant, comme si des exhalaisons de cette montagne il s'était formé un vent qui acquérait des qualités différentes en prenant son cours dans les deux vallons opposés.

La troisième rencontre de Bernier fut celle d'un vieil ermite, qui vivait sur le sommet de la montagne depuis le temps de Djehan-Ghir. On ignorait sa religion, quoiqu'on lui attribuât des miracles, tels que de faire tonner à son gré, et d'exciter des orages de grêle, de pluie, de neige et de vent. Sa figure avait quelque chose de sauvage; sa barbe était longue, blanche et mal peignée. Il demanda fièrement l'aumône; mais il laissait prendre de l'eau dans des tasses de terre qu'il avait rangées sur une grande pierre. Il faisait signe de la main qu'on passât vite sans s'arrêter, et grondait contre ceux qui faisaient du bruit. Bernier, qui eut la curiosité d'entrer dans sa caverne, après lui avoir adouci le visage par un présent d'une demi-roupie, lui demanda ce qui lui causait tant d'aversion pour le bruit. Sa réponse fut que le bruit excitait de furieuses tempêtes autour de la montagne; qu'Aureng-Zeb avait été fort sage de suivre son conseil; que Schah-Djehan en avait toujours usé de même; et que Djehan-Ghir, pour s'être une fois moqué de ses avis, et n'avoir pas craint de faire sonner les trompettes et donner des timbales, avait failli périr avec son armée.

On lit dans l'histoire des anciens rois de Cachemire que tout ce pays n'était autrefois qu'un grand lac, et qu'un saint vieillard, nommé *Kacheb*, donna une issue miraculeuse aux eaux en coupant une montagne qui se nomme *Baramoulé*. Bernier n'eut pas de peine à croire que cet espace avait été autrefois couvert d'eau, comme on le rapporte de la Thessalie et de quelques autres pays; mais il ne put se persuader que l'ouverture de Baramoulé fût l'ouvrage des hommes, parce que cette montagne est très-haute et très-large; il se figura plus volontiers que les tremblemens de terre, auxquels ces régions sont assez sujettes, peuvent avoir ouvert quelque caverne souterraine, où la montagne s'est enfoncée d'elle-même. C'est ainsi que, suivant l'opinion des Arabes, le détroit de Babel-Mandel s'est anciennement ouvert, et qu'on a vu des montagnes et des villes s'abîmer dans de grands lacs.

Quelque jugement qu'on en porte, Cachemire ne conserve plus aucune apparence de lac; c'est une très-belle campagne, diversifiée d'un grand nombre de petites collines, et qui n'a pas moins de trente lieues de long sur dix ou douze de largeur; elle est située à l'extrémité de l'Indoustan, au nord de Lahor, et véritablement enclavée dans le fond des montagnes du Caucase indien, entre celles du grand et du petit Thibet, et celles du pays du Radja-Gamon. Les premières montagnes qui la bordent, c'est-à-dire celles qui touchent à la plaine, sont de médiocre hauteur, revêtues d'arbres ou de pâturages, remplies de toutes sortes de bestiaux, tels que des vaches, des brebis, des chèvres et des chevaux. Il y a plusieurs espèces de gibier, tels que des lièvres, des perdrix, des gazelles, et quelques-uns de ces animaux qui portent le musc; on y voit aussi des abeilles en très-grande quantité. Mais, ce qui est très-rare dans les Indes, on n'y trouve presque jamais de serpens, de tigres, d'ours ni de lions; d'où Bernier conclut qu'on peut les nommer «des montagnes innocentes, et découlantes de lait et de miel, comme celles de la terre de promission.»

Au delà de ces premières montagnes, il s'en élève d'autres très-hautes, dont le sommet est toujours couvert de neige, ne cesse jamais d'être tranquille et lumineux, et s'élève au-dessus de la région des nuages et des brouillards. De toutes ces montagnes, il sort de toutes parts une infinité de sources et de ruisseaux que les habitans ont l'art de distribuer dans leurs champs de riz, et de conduire même par de grandes levées de terre sur leurs petites collines. Ces belles eaux, après avoir formé une multitude d'autres ruisseaux et d'agréables cascades, se rassemblent enfin et composent une rivière de la grandeur de la Seine, qui tourne doucement autour du royaume, traverse la ville capitale, et va trouver sa sortie à Baramoulé, entre deux rochers escarpés, pour se jeter au delà au travers des précipices, se charger, en passant, de plusieurs petites rivières qui descendent des montagnes, et se rendre vers Atock dans le fleuve Indus.

Tant de ruisseaux qui sortent des montagnes répandent dans les champs et sur les collines une fertilité admirable, qui les ferait prendre pour un grand jardin verdoyant mêlé de bourgs et de villages, dont on découvre un grand nombre entre les arbres, varié par de petites prairies, par des pièces de riz, de froment, de chanvre, de safran et de diverses sortes de légumes, et entrecoupé de canaux de toutes sortes de formes. Un Européen y reconnaît partout les plantes, les fleurs et les arbres de notre climat, des pommiers, des pruniers, des abricotiers, des noyers et des vignes chargées de leurs fruits. Les jardins particuliers sont remplis de melons, de pastèques ou melons d'eau, de chervis, de betteraves, de raiforts, de la plupart de nos herbes potagères, et de quelques-unes qui manquent à l'Europe. À la vérité Bernier n'y vit pas tant d'espèces de fruits différentes, et ne les trouva pas même aussi bons que les nôtres; mais, loin d'attribuer le défaut à la terre, il regrette, pour les habitans qu'ils n'aient pas de meilleurs jardiniers.

La ville capitale porte le nom du royaume: elle est sans murailles, mais elle n'a pas moins de trois quarts de lieue de long et d'une demi-lieue de large. Elle est située dans une plaine à deux lieues des montagnes, qui forment un demi-cercle autour d'elle, et sur le bord d'un lac d'eau douce de quatre ou cinq lieues de tour, formé de sources vives et de ruisseaux qui découlent des montagnes; il se dégorge dans la rivière par un canal navigable. Cette rivière a deux ponts de bois dans la ville pour la communication des deux parties qu'elle sépare. La plupart des maisons sont de bois, mais bien bâties, et même à deux ou trois étages. Quoique le pays ne manque point de belles pierres de taille, et qu'il y reste quantité de vieux temples et d'autres bâtimens qui en étaient construits, l'abondance du bois, qu'on fait descendre facilement des montagnes par les petites rivières qui l'apportent, a fait embrasser la méthode de bâtir de bois plutôt que de pierre. Les maisons qui sont sur la rivière ont presque toutes un petit jardin; ce qui forme une perspective charmante, surtout dans la belle saison, où l'usage est de se promener sur l'eau. Celles dont la situation est moins riante ne laissent pas d'avoir aussi leur jardin, et plusieurs ont un petit canal qui répond au lac, avec un petit bateau pour la promenade.

Dans une extrémité de la ville s'élève une montagne détachée de toutes les autres, qui fait encore une perspective très-agréable, parce qu'elle a sur sa pente plusieurs belles maisons avec leurs jardins, et sur son sommet une mosquée et un ermitage bien bâtis, avec un jardin et quantité de beaux arbres verts, qui lui servent comme de couronne; aussi se nomme-t-elle, dans la langue du pays, *Hariperbet*, qui signifie montagne de verdure. À l'opposite, on en découvre une autre, sur laquelle on voit aussi une petite mosquée avec son jardin, et un très-ancien bâtiment qui doit avoir été un temple d'idoles, quoiqu'il porte le nom de *trône de Salomon*, parce que les habitans le croient l'ouvrage de ce prince, dans un voyage qu'ils lui attribuent à Cachemire.

La beauté du lac est augmentée par un grand nombre de petites îles qui forment autant de jardins de plaisance dont l'aspect offre de belles masses de verdure au milieu des eaux, parce qu'ils sont remplis d'arbres fruitiers, et bordés de trembles à larges feuilles, dont les plus gros peuvent être embrassés, mais tous d'une hauteur extraordinaire, avec un seul bouquet de branches à leur cime, comme le palmier. Au delà du lac, sur le penchant des montagnes, ce n'est que maisons et jardins de plaisance. La nature semble avoir destiné de si beaux lieux à cet usage; ils sont remplis de sources et de ruisseaux. L'air y est toujours pur, et l'on y a de toutes parts, la vue du lac, des îles et de la ville. Le plus délicieux de tous ces jardins est celui qui porte le nom de *Chahlimar*, ou jardin du roi. On y entre par un grand canal bordé de gazons, qui a plus de deux cents pas de long, entre deux belles allées de peupliers. Il conduit à un grand cabinet qui est au milieu du jardin, où commence un autre canal bien plus magnifique, qui va tant soit peu en montant jusqu'à l'extrémité du jardin. Ce second canal est pavé de grandes pierres de taille; ses bords sont en talus, de la même pierre; on voit dans le milieu une longue file de jets d'eau, de quinze en quinze pas, sans en compter un grand nombre d'autres qui s'élèvent d'espace en espace, de diverses pièces d'eau rondes, dont il est bordé comme d'autant de réservoirs; il se termine au pied d'un cabinet qui ressemble beaucoup au premier. Ces cabinets, qui sont à peu près en dômes, situés au milieu du canal et entourés d'eau, et par conséquent entre les deux grandes allées de peupliers, ont une galerie qui règne tout autour, et quatre portes opposées les unes aux autres, deux desquelles regardent les allées, avec deux ponts pour y passer, et les deux autres donnent sur les canaux opposés. Chaque cabinet est composé d'un grand salon, au milieu de quatre chambres qui en font les quatre coins. Tout est peint ou doré dans l'intérieur, et parsemé de sentences en gros caractères persans. Les quatre portes sont très-riches; elles sont faites de grandes pierres, et soutenues par des colonnes tirées des anciens temples d'idoles que Schah-Djehan fit ruiner. On ignore également la matière et le prix de ces pierres; mais elles sont plus belles que le marbre et le porphyre.

Bernier décide hardiment qu'il n'y a pas de pays au monde qui renferme autant de beautés que le royaume de Cachemire dans une si petite étendue. «Il mériterait, dit-il, de dominer encore toutes les montagnes qui l'environnent jusqu'à la Tartarie, et tout l'Indoustan jusqu'à l'île de Ceylan. Telles étaient autrefois ses bornes. Ce n'est pas sans raison que les Mogols lui donnent le nom de paradis terrestre des Indes, et que l'empereur Akbar employa tant d'efforts pour l'enlever à ses rois naturels. Djehan-Ghir, son fils et son successeur, prit tant de goût pour cette belle portion de la terre, qu'il ne pouvait en sortir, et qu'il déclarait quelquefois que la perte de sa couronne le toucherait moins que celle de Cachemire; aussi, lorsque nous y fûmes arrivés, tous les beaux esprits mogols s'efforcèrent d'en célébrer les agrémens par diverses pièces de poésie, et les présentaient à l'empereur, qui les récompensait noblement.»

Les Cachemiriens passent pour les plus spirituels, les plus fins et les plus adroits de tous les peuples de l'Inde. Avec autant de disposition que les Persans pour la poésie et pour toutes les sciences, ils sont plus industrieux et plus laborieux; ils font des palekis, des bois de lit, des coffres, des écritoires, des cassettes, des cuillères et diverses sortes de petits ouvrages que leur beauté fait rechercher dans toutes les Indes; ils y appliquent un vernis, et suivent et contrefont si adroitement les veines d'un certain bois qui en a de fort belles, en y appliquant des filets d'or, qu'il n'y a rien de plus joli. Mais ce qu'ils ont de particulier, et qui leur attire des sommes considérables d'argent par le commerce, est cette prodigieuse quantité de schalls qu'ils fabriquent, et auxquels ils occupent jusqu'à leurs enfans. Ce sont des pièces d'étoffe d'une aune et demie de long sur une de large, qui sont brodées au métier par les deux bouts. Les Mogols, la plupart des Indiens de l'un et de l'autre sexe les portent en hiver sur leur tête, repassées comme un manteau par-dessus l'épaule gauche. On en distingue deux sortes, les uns de laine du pays, qui est plus fine et plus délicate que celle d'Espagne; les autres d'une laine, ou plutôt d'un poil qu'on nomme *touz*, et qui se prend sur la poitrine des chèvres sauvages du grand Thibet. Les schalls de cette seconde espèce sont beaucoup plus chers que les autres; il n'y a point de castors qui soit si mollet ni si délicat; mais, sans un soin continuel de les déplier et de les éventer, les vers s'y mettent facilement. Les omhras en font faire exprès qui coûtent jusqu'à cent cinquante roupies, au lieu que les plus beaux de laine du pays ne passent jamais cinquante. Bernier remarquant, sur les schalls, que les ouvriers de Patna, d'Agra et de Lahor, ne parviennent jamais à leur donner le moelleux et la beauté de ceux de Cachemire, ajoute que cette différence est attribuée à l'eau du pays, comme on fait à Masulipatan ces belles *chites*, ou toiles peintes au pinceau, qui deviennent plus belles en les lavant.

On vante aussi les Cachemiriens pour la beauté du sang; ils sont communément aussi bien faits qu'on l'est en Europe, sans rien tenir du visage des Tartares, ni de ce nez écrasé, et de ces petits yeux de porc, qui sont le partage des habitans de Kachgar et du grand Thibet. Les femmes de Cachemire sont si distinguées par leur beauté, que la plupart des étrangers qui arrivent dans l'Indoustan cherchent à s'en procurer, dans l'espérance d'en avoir des enfans plus blancs que les Indiens, et qui puissent passer pour vrais Mogols.

«Certainement, dit Bernier, si l'on peut juger de la beauté des femmes cachées et retirées par celles du menu peuple qu'on rencontre dans les rues et qu'on voit dans les boutiques, on doit croire qu'il y en a de très-belles. À Lahor, où elles sont en renom d'être de belle taille, menues de corps, et les plus belles brunes des Indes, comme elles le sont effectivement, je me suis servi d'un artifice ordinaire aux Mogols, qui est de suivre quelque éléphant, principalement quelqu'un de ceux qui sont richement harnachés; car aussitôt qu'elles entendent ces deux sonnettes d'argent, qui leur pendent des deux côtés, elles mettent toutes la tête aux fenêtres. Je me suis servi à Cachemire du même artifice, et d'un autre encore qui m'a bien mieux réussi. Il était de l'invention d'un vieux maître d'école que j'avais pris pour m'aider à entendre un poëte persan: il me fit acheter quantité de confitures; et comme il était connu et qu'il avait l'entrée partout, il me mena dans plus de quinze maisons, disant que j'étais son parent, nouveau venu de Perse, et que j'étais riche et à marier. Aussitôt que nous entrions dans une maison, il distribuait mes confitures aux enfans; et incontinent tout accourait autour de nous, femmes et filles, grandes et petites, pour en attraper leur part, ou pour se faire voir. Cette folle curiosité ne laissa pas de me coûter quelques roupies; mais aussi je ne doutai plus que dans Cachemire il n'y eût d'aussi beaux visages qu'en aucun lieu de l'Europe.»

Dans plusieurs occasions que Bernier eut de visiter diverses parties du royaume, il fit quelques observations qu'il joint à son récit. Danech-Mend-Khan, son nabab, l'envoya un jour avec deux cavaliers pour escorte à une des extrémités du royaume, à trois petites journées de la capitale, pour visiter une fontaine à laquelle on attribuait des propriétés merveilleuses. Pendant le mois de mai, qui est le temps où les neiges achèvent de se fondre, elle coule et s'arrête régulièrement trois fois le jour, au lever du soleil, sur le midi et sur le soir; son flux est ordinairement d'environ trois quarts d'heure: il est assez abondant pour remplir un réservoir carré de dix ou douze pieds de largeur, et d'autant de profondeur. Ce phénomène dure l'espace de quinze jours, après lesquels son cours devient moins réglé, moins abondant, et s'arrête tout-à-fait vers la fin du mois, pour ne plus paraître de toute l'année, excepté pendant quelque grande et longue pluie, qu'il recommence sans cesse et sans règle comme celui des autres fontaines. Bernier vérifia cette merveille par ses yeux. Les Gentous ont sur le bord du réservoir un petit temple d'idoles, où ils se rendent de toutes parts, pour se baigner dans une eau qu'ils croient capable de les sanctifier; ils donnent plusieurs explications fabuleuses à son origine. Pendant cinq ou six jours, Bernier s'efforça d'en trouver de plus vraisemblables. Il considéra fort attentivement la situation de la montagne. Il monta jusqu'au sommet avec beaucoup de peine, cherchant et examinant de tous côtés; il remarqua qu'elle s'étend en long du nord au midi; qu'elle est séparée des autres montagnes, qui ne laissent pas d'en être fort proches; qu'elle est en forme de dos d'âne; que son sommet, qui est très-long, n'a guère plus de cent pas dans sa plus grande largeur; qu'un de ses côtés, qui n'est couvert que d'herbes vertes, est exposé au soleil levant; mais que d'autres montagnes opposées n'y laissent tomber ses rayons que vers huit heures du matin; enfin que l'autre côté, qui regarde le couchant, est couvert d'arbres et de buissons. Après ces observations, il se mît en état de rendre compte à Danech-Mend d'une singularité dont il cessa d'admirer la cause.

«Tout cela considéré, dit-il, je jugeai que la chaleur du soleil, avec la situation particulière et la disposition intérieure de la montagne, était la cause du miracle; que le soleil du matin, venant à donner sur le côté qui lui est opposé, l'échauffe et fait fondre une partie des eaux gelées qui se sont insinuées dans la terre en hiver, pendant que tout est couvert de neiges; que ces eaux, venant à pénétrer et coulant peu à peu vers le bas jusqu'à certaines couches ou tables de roches vives qui les retiennent et les conduisent vers la fontaine, produisent le flux du midi; que le même soleil, s'élevant au midi, et quittant ce côté qui se refroidit, pour frapper comme à plomb sur le sommet qu'il échauffe, fait encore fondre des eaux gelées qui descendent peu à peu comme les autres, mais par d'autres circuits jusqu'aux mêmes couches de roches, et font le flux du soir; et qu'enfin le soleil, échauffant aussi le côté occidental, produit le même effet, et cause le troisième flux, c'est-à-dire celui du matin. Il est plus lent que les deux autres, soit parce que ce côté occidental est éloigné de l'oriental, où est la fontaine, soit parce qu'étant couvert de bois, il s'échauffe moins vite, ou peut-être à cause du froid de la nuit. Toutes ces circonstances, ajoute Bernier, favorisent cette supposition.»

En revenant de cette fontaine, qui se nomme *Send-brary*, il se détourna un peu du chemin pour se procurer la vue d'Achiavel, maison de plaisance des anciens rois de Cachemire; sa principale beauté consiste dans une source d'eau vive qui se disperse par-dehors autour du bâtiment et dans les jardins, par un très-grand nombre de canaux; elle sort de terre en jaillissant du fond d'un puits avec une violence, un bouillonnement et une abondance si extraordinaires, qu'elle mériterait le nom de rivière plutôt que celui de fontaine. L'eau est d'une beauté singulière, et si froide, qu'à peine y peut-on tenir la main. Le jardin, qui est composé de belles allées de toutes sortes d'arbres fruitiers, offre pour ornement quantité de jets d'eau de diverses formes, des réservoirs pleins de poissons, et particulièrement une cascade fort haute, qui forme une grande nappe de trente ou quarante pas de longueur, dont l'effet est encore plus admirable pendant la nuit, lorsqu'on a mis par dessous la nappe une infinité de lampions, qui, s'ajustant dans les petites niches du mur, font une curieuse illumination. D'Achiavel, Bernier ne craignit pas de se détourner encore pour visiter un autre jardin royal, dans lequel on trouve les mêmes agrémens; mais l'on y voit un canal rempli de poissons qui viennent lorsqu'on les appelle, et dont les plus grands ont au nez des anneaux d'or avec des inscriptions. On attribue cette singularité à la fameuse Nour-Mehallé, épouse favorite de Djehan-Ghir, aïeul d'Aureng-Zeb.

Danech-Mend, fort satisfait du récit de Bernier, lui fit entreprendre un autre voyage pour aller voir un miracle si certain, qu'il se promettait de voir Bernier bientôt converti au mahométisme. «Va-t'en, lui dit-il, à Baramoulay. Tu y trouveras le tombeau d'un de nos fameux pires ou saints derviches, qui fait des miracles continuels pour la guérison des malades qui s'y rassemblent de toutes parts. Peut-être ne croiras-tu rien de toutes ces opérations miraculeuses que tu pourras voir; mais tu ne résisteras pas à l'évidence de celle qui se renouvelle tous les jours, et qui se fera devant tes yeux. Tu verras une grosse pierre ronde que l'homme le plus fort peut à peine soulever, et que onze dervis néanmoins, après avoir adressé leur prière au saint, enlèvent comme une paille, du seul bout de leurs onze doigts.» Bernier se mit en chemin avec son escorte ordinaire; il se rendit à Baramoulay, et trouva le lieu assez agréable; la mosquée est bien bâtie, et les ornemens ne manquent point au tombeau du saint. Il y avait tout autour quantité de pèlerins qui se disaient malades; mais on voyait près de la mosquée une cuisine, avec de grandes chaudières pleines de chair et de riz fondées par le zèle des dévots, que Bernier prit pour l'aimant qui attirait les malades, et pour le miracle qui les guérissait.

D'un autre côté, étaient le jardin et les chambres des mollahs, qui passent là doucement leur vie à l'ombre de la sainteté miraculeuse du pire qu'ils ne manquent pas de vanter. Toujours malheureux, dit-il, dans les occasions de cette nature, il ne vit faire aucun miracle pendant le séjour qu'il fit à Baramoulay; mais onze mollahs formant un cercle bien serré, et vêtus de leurs cabayes ou longues robes, qui ne permettaient pas de voir comment ils prenaient la pierre, la levèrent en effet, en assurant tous qu'ils ne la tenaient que du bout de l'un de leurs doigts, et qu'elle était aussi légère qu'une plume. Bernier, qui ouvrait les yeux, et qui regardait de fort près, s'apercevait assez qu'ils faisaient beaucoup d'efforts, et croyait remarquer qu'ils joignaient le pouce aux doigts. Cependant il n'osa se dispenser de crier *karamet! karamet!* c'est-à-dire *miracle! miracle!* avec les mollahs et tous les assistans; mais il donna en même temps une roupie aux mollahs, en leur demandant la grâce d'être un des onze qui soulèveraient la pierre. Une seconde roupie qu'il leur jeta, jointe à la persuasion qu'il affectait de la vérité du miracle, les disposa, quoique avec peine, à lui céder une place. Ils s'imaginèrent apparemment que dix d'entre eux, unis ensemble, suffiraient pour lever le fardeau, quand même il n'y contribuerait que fort peu; et qu'en se rangeant avec adresse et se serrant, ils pourraient l'empêcher de s'apercevoir de rien. Cependant ils furent bien trompés lorsque la pierre, que Bernier ne voulut soutenir que du bout du doigt, pencha visiblement de son côté. Tout le monde le regardant d'un fort mauvais œil, il ne laissa pas de crier *karamet*, et de jeter encore une roupie, dans la crainte de se faire lapider; mais, après s'être retiré tout doucement, il se hâta de monter à cheval et de s'éloigner.

En passant il observa cette fameuse ouverture qui donne passage à toutes les eaux du royaume; ensuite il quitta le chemin pour s'approcher d'un grand lac, dont la vue l'avait frappé de loin, et par lequel passe la rivière qui descend à Baramoulay. Il est plein de poissons, surtout d'anguilles, et couvert de canards, d'oies sauvages, et de plusieurs sortes d'oiseaux de rivière. Le gouverneur du pays y vient prendre en hiver le divertissement de la chasse. On voit au milieu de ce lac un ermitage, avec son petit jardin qui, à ce qu'on dit, flotte sur l'eau. On ajoute à ce récit qu'un ancien roi de Cachemire fit construire l'un et l'autre sur de grosses poutres qui soutiennent depuis long-temps ce double fardeau.

De là Bernier visita une fontaine qui ne lui parut pas moins singulière. Elle bouillonne doucement; monte avec une sorte d'impétuosité; forme de petites bulles remplies d'eau, et amène à la superficie un sable très-fin, qui retourne comme il est venu, parce qu'un moment après, l'eau s'arrête et cesse de bouillonner: mais ensuite elle recommence le même mouvement avec des intervalles qui ne sont pas réglés. On prétend que la principale merveille est que le moindre bruit qu'on fasse en parlant ou en frappant du pied contre terre agite l'eau et produit le bouillonnement. Cependant Bernier vérifia que le bruit de la voix et le mouvement des pieds n'y changeaient rien, et que dans le plus grand silence le phénomène se renouvelait avec les mêmes circonstances.

Après avoir considéré cette fontaine, il entra dans les montagnes pour y voir un grand lac, où la glace se conserve en été. Les vents en abattent les monceaux, les dispersent, les rejoignent et les rétablissent comme dans une petite mer glaciale. Il passa de là dans un lieu qui se nomme *Sengsa-fed*, c'est-à-dire *pierre blanche*, où l'on voit pendant l'été une abondance naturelle de fleurs qui forment un charmant parterre. On a remarqué dans tous les temps, que, lorsqu'il s'y rend beaucoup de monde et qu'on y fait assez de bruit pour agiter l'air, il y tombe aussitôt une grosse pluie. Bernier assure que Schah-Djehan fut menacé d'y périr à son arrivée; ce qui s'accorde, dit-il, avec le récit de l'ermite de Pire-Pendjal.

Il pensait à visiter une grotte de congélations merveilleuses, qui est à deux journées du même lieu, lorsqu'il reçut avis que Danech-Mend commençait à s'inquiéter de son absence. Il regretta beaucoup de n'avoir pu tirer tous les éclaircissemens qu'il aurait désirés sur les montagnes voisines.

Les marchands du pays vont tous les ans, de montagne en montagne, amassant ces laines fines qui leur servent à faire des schalls; et ceux qu'il consulta l'assurèrent qu'entre les montagnes qui dépendent de Cachemire, on rencontre de fort beaux endroits. Ils en vantaient un qui paie son tribut en cuirs et en laine que le gouverneur envoie lever chaque année, et où les femmes sont belles, chastes et laborieuses. On lui parla d'un autre plus éloigné de Cachemire, qui paie aussi son tribut en cuirs et en laines, et qui offre de petites plaines fertiles et d'agréables vallons remplis de blé, de riz, de pommes, de poires, d'abricots, de melons, et même de raisin, dont il se fait des vins excellens. Les habitans se fiant sur ce que le pays est de très-difficile accès, ont quelquefois refusé le tribut; mais on a toujours trouvé le moyen d'y entrer et de les réduire. Bernier apprit des mêmes marchands qu'entre des montagnes encore plus éloignées qui ne dépendent plus du royaume de Cachemire, il se trouve d'autres contrées fort agréables, peuplées d'hommes blancs et bien faits, mais qui ne sortent jamais de leur patrie. Un vieillard, qui avait épousé une fille de l'ancienne maison des rois de Cachemire, lui raconta que, dans le temps que Djehan-Ghir avait fait rechercher tous les restes de cette malheureuse race, la crainte de tomber entre ses mains l'avait fait fuir avec trois domestiques au travers des montagnes, sans savoir où il allait; qu'après avoir erré dans cette solitude, il s'était trouvé dans un fort bon canton, où les habitans, ayant appris sa naissance, l'avaient reçu avec beaucoup de civilités, et lui avaient fait des présens; que, mettant le comble à leurs bons procédés, ils lui avaient amené quelques-unes de leurs plus belles filles, le priant d'en choisir une, parce qu'ils souhaitaient d'avoir de son sang; qu'étant passé dans un autre canton peu éloigné, on ne l'avait pas traité avec moins de considération; mais que les habitans lui avaient amené leurs propres femmes, en lui disant que leurs voisins avaient manqué d'esprit lorsqu'ils n'avaient pas considéré que son sang ne demeurerait pas dans leur maison, puisque leurs filles emporteraient l'enfant avec elles dans celle de l'homme qu'elles épouseraient.

D'autres informations ne laissèrent aucun doute à Bernier que le pays de Cachemire ne touchât au petit Thibet. Quelques années auparavant, les divisions de la famille royale du petit Thibet avaient porté un des prétendans à la couronne à demander secrètement le secours du gouverneur de Cachemire, qui, par l'ordre de Schah-Djehan, l'avait établi dans cet état, à condition de payer au Mogol un tribut annuel en cristal, en musc et en laines. Ce roitelet ne put se dispenser de venir rendre son hommage à Aureng-Zeb pendant que la cour était à Cachemire; et Danech-Mend, curieux de l'entretenir, lui donna un jour à dîner. Bernier lui entendit raconter que, du côté de l'orient, son pays confinait avec le grand Thibet; qu'il pouvait avoir trente à quarante lieues de largeur, qu'à l'exception d'un peu de cristal, de musc et de laine, il était fort pauvre; qu'il n'y avait point de mines d'or, comme on le publiait; mais que, dans quelques parties, il produisait de fort bons fruits, surtout d'excellens melons; que les neiges y rendaient l'hiver fort long et fort rude; enfin que le peuple, autrefois idolâtre, avait embrassé la secte persane du mahométisme. Le roi du petit Thibet avait un si misérable cortége, que Bernier ne l'aurait jamais pris pour un souverain.

Il y avait alors dix-sept ou dix-huit ans que Schah-Djehan avait entrepris d'étendre ses conquêtes dans le grand Thibet, à l'exemple des anciens rois de Cachemire. Après quinze jours d'une marche très-difficile et toujours entre des montagnes, son armée s'était saisie d'un château; il ne lui restait plus qu'à passer une rivière extrêmement rapide pour aller droit à la capitale qu'il aurait facilement emportée, car tout le royaume était dans l'épouvante; mais, comme la saison était fort avancée, le général mogol, appréhendant d'être surpris par les neiges, avait pris le parti de revenir sur ses pas, après avoir laissé quelques troupes dans le château dont il s'était mis en possession. Cette garnison, effrayée par l'ennemi, ou pressée par la disette des vivres, avait repris bientôt le chemin de Cachemire, ce qui avait fait perdre au général le dessein de recommencer l'attaque au printemps.

Le roi du grand Thibet apprenant qu'Aureng-Zeb était à Cachemire, se crut menacé d'une nouvelle guerre. Il lui envoya un ambassadeur avec des présens du pays, tels que du cristal, des queues de certaines vaches blanches et fort précieuses, quantité de musc, et du jachen, pierre d'un fort grand prix. Ce jachen est une pierre verdâtre, avec des veines blanches, et qui est si dure, qu'on ne la travaille qu'avec la poudre de diamant. On en fait des tasses et d'autres vases, enrichis de filets d'or et de pierreries. Le cortége de l'ambassadeur était composé de quatre cavaliers, et de dix ou douze grands hommes secs et maigres, avec trois ou quatre poils de barbe, comme les Chinois, et de simples bonnets rouges; le reste de leur habillement était proportionné. Quelques-uns portaient des sabres, mais le reste marchait sans armes à la suite de leur chef. Ce ministre ayant traité avec Aureng-Zeb, lui promit que son maître ferait bâtir une mosquée dans sa capitale, qu'il lui paierait un tribut annuel, et que désormais il ferait marquer sa monnaie au coin mogol; mais on était persuadé, ajoute Bernier, qu'après le départ d'Aureng-Zeb, ce prince ne ferait que rire du traité, comme il avait déjà fait de celui qu'il avait autrefois conclu avec Schah-Djehan.

L'ambassadeur avait amené un médecin qui se disait du royaume de Lassa, et de la tribu des lamas, qui est celle des prêtres ou des gens de lois du pays, comme celle des bramines dans les Indes, avec cette différence, que les bramines n'ont point de pontife, et que ceux de Lassa en reconnaissent un, qui est honoré dans toute la Tartarie comme une espèce de divinité. Ce médecin avait un livre de recettes qu'il refusa de vendre à Bernier, et dont les caractères avaient, de loin, quelque air des nôtres. Bernier le pria d'en écrire l'alphabet, mais il écrivait si lentement, et son écriture était si mauvaise en comparaison de celle du livre, qu'il ne donna pas une haute idée de son savoir. Il était fort attaché à la métempsycose, dont il expliquait la doctrine avec beaucoup de fables. Bernier lui rendit une visite particulière, avec un marchand de Cachemire qui savait la langue du Thibet, et qui lui servit d'interprète. Il feignit de vouloir acheter quelques étoffes que le médecin avait apportées pour les vendre, et sous ce prétexte il lui fit diverses questions dont il tira peu d'éclaircissement. Il en recueillit néanmoins que le royaume du grand Thibet était un misérable pays, couvert de neige pendant cinq mois de l'année, et que le roi de Lassa était souvent en guerre avec les Tartares: mais il ne put savoir de quels Tartares il était question.

Il n'y avait pas vingt ans, suivant le témoignage de tous les Cachemiriens, qu'on voyait partir chaque année de leur pays plusieurs caravanes, qui, traversant toutes ces montagnes du grand Thibet, pénétraient dans la Tartarie, et se rendaient, dans l'espace d'environ trois mois, au Cathay, malgré la difficulté des passages, surtout de plusieurs torrens très-rapides qu'il fallait traverser sur des cordes tendues d'un rocher à l'autre. Elles rapportaient du musc, du bois de Chine, de la rhubarbe et du mamiron, petite racine excellente pour les yeux. En repassant par le grand Thibet, elles se chargeaient aussi des marchandises du pays, c'est-à-dire de musc, de cristal et de jachen, mais surtout de quantité de laines très-fines; les unes de brebis, les autres qui se nomment *touz*, et qui approchent plutôt, comme on l'a déjà remarqué, du poil de castor que de la laine. Depuis l'entreprise de Schah-Djehan, le roi du Thibet avait fermé ce chemin, et ne permettait plus l'entrée de son pays du côté de Cachemire. Les caravanes, ajoute Bernier, partent actuellement de Patna sur le Gange, pour éviter ses terres, et, les laissant à gauche, elles se rendent droit au royaume de Lassa. Quelques marchands du pays de Kachegar, situé à l'est du Cachemire, qui vinrent dans la capitale de ce royaume pendant le séjour d'Aureng-Zeb, pour y vendre un grand nombre d'esclaves, confirmèrent à Bernier que, le passage étant fermé par le grand Thibet, ils étaient obligés de prendre par le petit, et qu'ils passaient premièrement par une petite ville nommée *Gourtche*, la dernière qui dépend de Cachemire, à quatre journées de la capitale. De là, en huit jours de temps, ils allaient à Eskerdou, capitale du petit Thibet, et de là en deux jours à Cheker, petite ville du même pays; elle est située sur une rivière dont les eaux ont une vertu médicinale. En quinze jours, ils arrivaient à une grande forêt qui est sur les confins du petit Thibet, et en quinze autres jours à Kachegar, petite ville qui avait été autrefois la demeure du roi; c'était alors Ierkend, qui est un peu plus au nord à dix journées de Kachegar. Ils ajoutaient que de cette dernière ville au Cathay, il n'y a pas plus de deux mois de chemin, qu'il y va tous les ans des caravanes qui rapportent de toutes les sortes de marchandises nommées plus haut, et qui passent en Perse par l'Ouzbek, comme il y en a d'autres qui du Cathay passent à Patna dans l'Indoustan. Ils disaient encore que de Kachegar pour aller au Cathay, il fallait gagner une ville qui est à huit journées de Coten, la dernière du royaume de Kachegar; que les chemins de Cachemire à Kachegar sont fort difficiles; qu'il y a entre autres un endroit où, dans quelque temps que ce soit, il faut marcher environ un quart de lieue sur la glace. «C'est tout ce que j'ai pu apprendre de ces quartiers-là, observe Bernier; véritablement cela est bien confus et bien peu de chose; mais on trouvera que c'est encore beaucoup, si l'on considère que j'avais affaire à des gens si ignorans, qu'ils ne savent presque donner raison d'aucune chose, et à des interprètes qui, la plupart du temps, ne savent pas faire comprendre les interrogations, ni expliquer la réponse qu'on leur donne.» Observons à notre tour que, depuis le temps de Bernier, nos connaissances sur les pays dont il vient de parler ne se sont pas beaucoup accrues. Il observe, au sujet du royaume de Kachegar, qu'il nomme Kacheguer, que c'est sans doute celui que les cartes françaises appelaient Kascar.

Bernier fit de grandes recherches, à la prière du célèbre Melchisedech Thévenot, pour découvrir s'il ne se trouvait pas de juifs dans le fond de ces montagnes, comme les missionnaires nous ont appris qu'il s'en trouve à la Chine. Quoiqu'il assure que tous les habitans de Cachemire sont Gentous ou Mahométans, il ne laissa pas d'y remarquer plusieurs traces de judaïsme; elles sont fort curieuses, sur le témoignage d'un voyageur tel que Bernier. 1º. C'est qu'en entrant dans ce royaume, après avoir passé la montagne de Pire-Pendjal, tous les habitans qu'il vit dans les premiers villages lui semblèrent juifs à leur port, à leur air; enfin, dit-il, à ce je ne sais quoi de particulier qui nous fait souvent distinguer les nations. Il ne fut pas le seul qui en prit cette idée; un jésuite qu'il ne nomme point, et plusieurs Européens l'avaient eue avant lui. 2º. Il remarqua que parmi le peuple de Cachemire, quoique mahométan, le nom de *Moussa*, qui signifie Moïse, est fort en usage. 3º. Les Cachemiriens prétendent que Salomon est venu dans leur pays, et que c'est lui qui a coupé la montagne de Baramoulay pour faire écouler les eaux. 4º. Ils veulent que Moïse soit mort à Cachemire; ils montrent son tombeau à une lieue de cette ville. 5º. Ils soutiennent que le très-ancien édifice qu'on voit de la ville sur une haute montagne a été bâti par le roi Salomon, dont il est vrai qu'il porte le nom. On peut supposer, dit Bernier, que, dans le cours des siècles, les juifs de ce pays sont devenus idolâtres, et qu'ensuite ils ont embrassé le mahométisme, sans compter qu'il en est passé un grand nombre en Perse et dans l'Indoustan. Il ajoute qu'il s'en trouve en Éthiopie, et quelques-uns si puissans, que, quinze ou seize ans avant son voyage, un d'entre eux avait entrepris de se former un petit royaume dans des montagnes de très-difficile accès. Il tenait cet événement de deux ambassadeurs du roi d'Éthiopie, qu'il avait vus depuis peu à la cour du Mogol.

Cette ambassade, dont il tira d'autres lumières, paraît mériter d'être reprise d'après lui dans son origine. Le roi d'Éthiopie, étant informé de la révolution qui avait mis Aureng-Zeb sur le trône, conçut le dessein de faire connaître sa grandeur et sa magnificence dans l'Indoustan par une célèbre ambassade. Il fit tomber son choix sur deux personnages qu'il crut capables de répondre à ses vues. Le premier était un marchand mahométan, que Bernier avait vu à Moka, lorsqu'il y était venu d'Égypte par la mer Rouge, et qui s'y trouvait de la part de ce prince pour y vendre quantité d'esclaves, du produit desquels il était chargé d'acheter des marchandises des Indes. «C'est là, s'écrie Bernier, le beau trafic de ce grand roi chrétien d'Afrique!» Le second était un marchand chrétien arménien, marié dans Alep, où il était né, et connu sous le nom de Murat. Bernier l'avait aussi connu à Moka; et, s'étant logé dans la même maison, c'était par son conseil qu'il avait renoncé au voyage d'Éthiopie. Murat venait tous les ans dans cette ville pour y porter le présent que le roi faisait aux directeurs des compagnies d'Angleterre et de Hollande, et pour recevoir d'eux celui qu'ils envoyaient à ce monarque.

La cour d'Éthiopie crut ne rien épargner pour les frais de l'ambassade, en accordant à ses deux ministres trente-deux petits esclaves des deux sexes qu'ils devaient vendre à Moka pour faire le fonds de leur dépense. On leur donna aussi vingt-cinq esclaves choisis, qui étaient la principale partie du présent destiné au grand-mogol; et dans ce nombre, on n'oublia point d'en mettre neuf ou dix fort jeunes pour en faire des eunuques: présent, remarque ironiquement Bernier, fort digne d'un roi, surtout d'un roi chrétien, à un prince mahométan. Ses ambassadeurs reçurent encore pour le grand-mogol quinze chevaux, dont les Indiens ne font pas moins de cas que de ceux d'Arabie, avec une sorte de petite mule dont Bernier admira la peau. «Un tigre, dit-il, n'est pas si bien marqueté, et les alachas, qui sont des étoffes de soie rayées, ne le sont pas avec tant de variété, d'ordre et de proportion.» On y ajouta deux dents d'éléphant d'une si prodigieuse grosseur, que l'homme le plus fort n'en levait pas une sans beaucoup de peine, et une prodigieuse corne de bœuf qui était remplie de civette. Bernier, qui en mesura l'ouverture à Delhy, lui trouva plus d'un demi-pied de diamètre.

Avec ces richesses, les ambassadeurs partirent de Gondar, capitale d'Éthiopie, située dans la province de Dambéa, et se rendirent, après deux mois de marche, par de très-mauvais pays, à Beiloul, port désert, vis-à-vis de

Moka. Diverses craintes les avaient empêchés de prendre le chemin ordinaire des caravanes, qui se fait aisément en quarante jours jusqu'à Lakiko, d'où l'on passe à l'île de Mazoua. Pendant le séjour qu'ils firent à Beiloul, pour y attendre l'occasion de traverser la mer Rouge, il leur mourut quelques esclaves. En arrivant à Moka, ils ne manquèrent pas de vendre ceux dont le prix devait fournir à leurs frais; mais leur malheur voulut que cette année les esclaves fussent à bon marché. Cependant, après en avoir tiré une partie de leur valeur, ils s'embarquèrent sur un vaisseau indien pour passer à Surate. Leur navigation fut assez heureuse. Ils ne furent pas vingt-cinq jours en mer; mais ils perdirent plusieurs chevaux et quelques esclaves du présent, avec la précieuse mule, dont ils sauvèrent la peau. En arrivant au port, ils trouvèrent Surate menacé par le fameux brigand Sevagi; et leur maison ayant été pillée et brûlée avec le reste de la ville, ils ne purent sauver que leurs lettres de créance, quelques esclaves malades, leurs habits à l'éthiopienne, qui ne furent enviés de personne, la peau de mule, dont le vainqueur fit peu de cas, et la corne de bœuf, qui était déjà vide de civette. Ils exagérèrent beaucoup leurs pertes; mais les Indiens, naturellement malins, qui les avaient vus arriver sans provisions, sans argent et sans lettres de change, prétendirent qu'ils étaient fort heureux de leur aventure, et qu'ils devaient s'applaudir du pillage de Surate, qui leur avait épargné la peine de conduire à Delhy leur misérable présent, et qui leur fournissait un prétexte pour implorer la générosité d'autrui. En effet, le gouverneur de Surate les nourrit quelque temps, et leur fournit de l'argent et des voitures pour continuer leur voyage. Adrican, chef du comptoir hollandais, leur donna pour Bernier une lettre de recommandation que Murat lui remit, sans savoir qu'il fût son ancienne connaissance de Moka. Ils se reconnurent, ils s'embrassèrent, et Bernier lui promit de le servir à la cour; mais cette entreprise était difficile. Comme il ne leur restait du présent qu'ils avaient apporté que leur peau de mule et la corne de bœuf, et qu'on les voyait dans les rues sans palekis et sans chevaux, avec une suite de sept ou huit esclaves nus, ou qui n'avaient pour tout habillement qu'une mauvaise écharpe bridée entre les cuisses, et un demi-linceul sur l'épaule gauche, passé sous l'aisselle droite en forme de manteau d'été, on ne les prenait que pour de misérables vagabonds qu'on n'honorait pas d'un regard. Cependant Bernier représenta si souvent la grandeur de leur maître à Danech-Mend, ministre des affaires étrangères, que ce seigneur leur fit obtenir une audience d'Aureng-Zeb. On leur donna, suivant l'usage, une veste de brocart avec une écharpe de soie brodée, et le turban. On pourvut à leur subsistance; et l'empereur, les dépêchant bientôt avec plus d'honneurs qu'ils ne s'y étaient attendus, leur fit pour eux-mêmes un présent de six mille roupies. Celui qu'ils reçurent pour leur maître consistait dans un serapah, ou veste de brocart, fort riche, deux grands cornets d'argent doré, deux timbales d'argent, un poignard couvert de rubis, et la valeur d'environ vingt mille francs en roupies d'or ou d'argent, pour faire voir de la monnaie au roi d'Éthiopie, qui n'en a point dans ses états; mais on n'ignorait pas que cette somme ne sortirait pas de l'Indoustan, et qu'ils en achèteraient des marchandises des Indes.

Pendant le séjour qu'ils firent à Delhy, Danech-Mend, toujours ardent à s'instruire, les faisait venir souvent en présence de Bernier, et s'informait de l'état du gouvernement de leur pays. Ils parlaient de la source du Nil, qu'ils nommaient *Abbabile*, comme d'une chose dont les Éthiopiens n'ont aucun doute. Murat même, et un Mogol qui était revenu avec lui de Gondar, étaient allés dans le canton qui donne naissance à ce fleuve. Ils s'accordaient à rendre témoignage qu'il sort de terre dans le pays des Agous, par deux sources bouillantes et proches l'une de l'autre, qui forment un petit lac de trente ou quarante pas, de long; qu'en prenant son cours hors de ce lac, il est déjà une rivière médiocre, et que d'espace en espace il est grossi par d'autres eaux; qu'en continuant de couler, il tourne assez pour former une grande île; qu'il tombe ensuite de plusieurs rochers escarpés; après quoi il entre dans un lac où l'on voit des îles fertiles, un grand nombre de crocodiles, et quantité de veaux marins, qui n'ont pas d'autre issue que la gueule pour rendre leurs excrémens; que ce lac est dans le pays de Dambéa, à trois petites journées de Gondar, et à quatre ou cinq de la source du Nil; que le Nil sort de ce lac chargé de beaucoup d'eaux des rivières et des torrens qui y tombent, principalement dans la saison des pluies; qu'elles commencent régulièrement, comme dans les Indes, vers la fin de juillet; ce qui mérite une extrême attention, parce qu'on y trouve l'explication convaincante de l'inondation de ce fleuve; qu'il va passer de là par Sennar, ville capitale du royaume des Funghes, tributaires du roi d'Éthiopie, et se jeter ensuite dans les plaines de Mesr, qui est l'Égypte.

Bernier, pour juger à peu près de la véritable source du Nil, leur demanda vers quelle partie du monde était le pays de Dambéa par rapport à Babel-Mandel. Ils lui répondirent qu'assurément ils allaient toujours vers le couchant. L'ambassadeur mahométan, qui devait savoir s'orienter mieux que Murat, parce que sa religion l'obligeait, en faisant sa prière, de se retourner toujours vers la Mecque, l'assura particulièrement qu'il ne devait point en douter; ce qui l'étonna beaucoup, parce que, suivant leur récit, la source du Nil devait être fort en-deçà de la ligne; au lieu que toutes nos cartes, avec Ptolémée, le mettaient beaucoup au-delà. Il leur demanda s'il pleuvait beaucoup en Éthiopie, et si les pluies y étaient réglées effectivement comme dans les Indes. Ils lui dirent qu'il ne pleuvait presque jamais sur la côte de la mer Rouge, depuis Suakan, Arkiko et l'île de Mazoua jusqu'à Babel-Mandel, non plus qu'à Moka, qui est de l'autre côté dans l'Arabie Heureuse; mais que dans le fond du pays, dans la province des Agous, dans celle de Dambéa et dans les provinces circonvoisines, il tombait beaucoup de pluies pendant deux mois, les plus chauds de l'été, et dans le même temps qu'il pleut aux

Indes. C'était, suivant son calcul, le véritable temps de l'accroissement du Nil en Égypte. Ils ajoutaient même qu'ils savaient très-bien que c'étaient les pluies d'Éthiopie qui font grossir le Nil, qui inondent l'Égypte, et qui engraissent la terre du limon qu'elles y portent; que les rois d'Éthiopie fondaient là-dessus des prétentions de tribut sur l'Égypte, et que, lorsque les mahométans s'en étaient rendus les maîtres, ces princes avaient voulu détourner le cours du Nil dans le golfe Arabique, pour la ruiner et la rendre infertile; mais que la difficulté de ce dessein les avait forcés de l'abandonner.

La fin de cette relation ne nous apprenant point le temps ni les circonstances du retour d'Aureng-Zeb, on doit s'imaginer qu'après le voyage de Cachemire, Bernier retourna heureusement à Delhy pour y faire d'autres observations qu'il nous a laissées dans les différentes parties de ses mémoires, mais dont la plupart appartiennent à l'histoire de l'Indoustan plus qu'à celle des voyages.

LIVRE III.
PARTIE ORIENTALE DES INDES.

CHAPITRE PREMIER.

Arakan, Pégou, Boutan, Assam, Cochinchine.

Nous passons maintenant aux pays de l'Inde situés au-delà du Gange; et, après quelques observations sur les royaumes d'Arakan, de Pégou, de Boutan, d'Assam et de Cochinchine, nous nous arrêterons plus long-temps au Tonquin et à Siam, sur lesquels les voyageurs se sont étendus davantage, et qui présentent des objets plus intéressans.

En traversant le golfe de Bengale et les bouches du Gange, on aborde dans un pays peu fréquenté des vaisseaux européens, parce qu'il n'a point de port commode pour leur grandeur, mais dont le nom se trouve néanmoins dans toutes les relations.

Daniel Sheldon, facteur de la compagnie anglaise, ayant eu l'occasion de pénétrer dans cette contrée, apporta tous ses soins à la connaître, et dressa un mémoire de ses observations, qu'Ovington reçut de lui à Surate, et qu'il se chargea de publier. Ce dernier voyageait en 1689.

Ce pays ou ce royaume porte le nom d'*Arakan* ou d'*Orakan*. Il a pour bornes, au nord-ouest, le royaume de Bengale, dont la ville la plus proche est Chatigam, au sud et à l'est le Pégou, et au nord le royaume d'Ava. Il s'étend sur toute la côte jusqu'au cap de Nigraès. Mais il est difficile de marquer exactement ses limites, parce qu'elles ont été plusieurs fois étendues ou resserrées par diverses conquêtes.

La capitale est Arakan, qui a donné son nom au pays. Cette ville occupe le centre d'une vallée d'environ quinze milles de circonférence. Des montagnes hautes et escarpées l'environnent de toutes parts et lui servent de remparts et de fortifications. Elle est défendue d'ailleurs par un château. Il y passe une grande rivière, divisée en plusieurs petits ruisseaux qui traversent toutes les rues pour la commodité des habitans. Ils se réunissent en sortant de la ville, qui est à quarante ou cinquante milles de la mer, et, ne formant plus que deux canaux, ils vont se décharger dans le golfe de Bengale, l'un à Oriétan, et l'autre à Dobazi, deux places qui ouvriraient une belle porte au commerce, si les marées n'y étaient si violentes, surtout dans la pleine lune, que les vaisseaux n'y entrent point sans danger.

Le palais du roi est d'une grande étendue; sa beauté n'égale pas sa richesse: il est soutenu par des piliers fort larges et fort élevés, ou plutôt par des arbres entiers qu'on a couverts d'or. Les appartemens sont revêtus des bois les plus précieux que l'Orient fournisse, tels que le sandal rouge ou blanc, et une espèce de bois d'aigle. Au milieu du palais est une grande salle, distinguée par le nom de *salle d'or*, qui est effectivement revêtue d'or dans toute son étendue. On y admire un dais d'or massif, autour duquel pendent une centaine de lingots de même métal en forme de pains de sucre chacun du poids d'environ quarante livres. Il est environné de plusieurs statues d'or de la grandeur d'un homme, creuses à la vérité, mais épaisses néanmoins de deux doigts, et ornées d'une infinité de pierres précieuses, de rubis, d'émeraudes, de saphirs, de diamans d'une grosseur extraordinaire, qui leur pendent sur le front, sur la poitrine, sur les bras et à la ceinture. On voit encore au milieu de cette salle une chaise carrée de deux pieds de large, entièrement d'or, qui soutient un cabinet d'or aussi, et couvert de pierres précieuses. Ce cabinet renferme deux fameux pendans qui sont deux rubis, dont la longueur égale celle du petit doigt, et dont la base approche de la grosseur d'un œuf de poule. Ces joyaux ont causé des guerres sanglantes entre les rois du pays, non-seulement par rapport à leur valeur, mais parce que l'opinion publique accorde un droit de supériorité à celui qui les possède. Les rois d'Arakan, qui jouissaient alors de cette précieuse distinction, ne les portaient que le jour de leur couronnement.

La ville d'Arakan renferme six cents pagodes ou temples. On fait monter le nombre de ses habitans à cent soixante mille. Le palais royal est sur le bord d'un grand lac, diversifié par plusieurs petites îles, qui sont la demeure d'une sorte de prêtres auxquels on donne le nom de *raulins*. On voit sur ce lac un grand nombre de bateaux qui servent à diverses commodités, sans communication néanmoins avec la ville, qui est séparée du lac par une digue. On prétend que cette digue a moins été formée pour mettre la ville à couvert des inondations dans les temps tranquilles que pour l'inonder dans un cas de guerre où elle serait menacée d'être prise, et pour l'ensevelir sous l'eau avec tous ses habitans.

Le bras du fleuve qui coule vers Oriétan offre un spectacle fort agréable. Ses bords sont ornés de grands arbres toujours verts, qui forment un berceau continuel en se joignant par leurs sommets, et qui sont couverts d'une multitude de paons et de singes qu'on voit sauter de branches en branches. Oriétan est une ville où, malgré la difficulté de l'accès, les marchands de Pégou, de la Chine, du Japon, de Malacca, d'une partie du Malabar et de quelques parties du Mogol, trouvent le moyen d'aborder pour l'exercice du commerce. Elle est gouvernée par un lieutenant-général que le roi établit à son couronnement, en lui mettant une couronne sur la tête et lui donnant le nom de roi, parce que cette ville est capitale d'une des douze provinces d'Arakan, qui sont toujours gouvernées par des têtes couronnées. On voit près d'Oriétan la montagne de Naom, qui donne son nom à un lac voisin. C'est dans ce lieu qu'on relègue les criminels, après leur avoir coupé les talons, pour leur ôter le moyen de fuir. Cette montagne est si escarpée, et les bêtes féroces y sont en si grand nombre, qu'il est presque impossible de la traverser.

En doublant le cap de Nigraès, on se rend à Siriam, dont quelques-uns font la dernière ville du royaume d'Arakan, quoique d'autres la mettent dans le Pégou. Ce fut dans cette ville que le roi d'Arakan se retira avec son armée victorieuse, après avoir pillé le Tangut, qui appartenait au roi de Brama, et dans laquelle il avait trouvé non-seulement de grandes richesses, mais encore l'éléphant blanc et les deux rubis auxquels la prééminence de l'empire est attachée. Siriam n'a plus son ancienne splendeur; elle était autrefois la capitale du royaume et la demeure d'un roi. On voit encore les traces d'une forte muraille dont elle était environnée. Toutes ces petites monarchies de l'Inde ont éprouvé de fréquentes révolutions.

Les habitans estiment dans leur figure et dans leur taille ce que les autres nations regardent comme une disgrâce de la nature; ils aiment un front large et plat; et pour lui donner cette forme, ils appliquent aux enfans, dès le moment de leur naissance, une plaque de plomb sur le front. Leurs narines sont larges et ouvertes, leurs yeux petits, mais vifs, et leurs oreilles pendantes jusqu'aux épaules, comme celles des Malabares. La couleur qu'ils préfèrent à toutes les autres, dans leurs habits et leurs meubles, est le pourpre foncé.

Les édifices qui portent le nom de *pagodes* sont bâtis en forme de pyramide ou de clocher, plus ou moins élevés, suivant le caprice des fondateurs. En hiver, on a soin de couvrir les idoles pour les garantir du froid; dans l'espérance d'être un jour récompensé de cette attention. On célèbre chaque année une fête qui porte le nom de *Sansaporan*, avec une procession solennelle à l'honneur de l'idole *Quiay-Pora*, qu'on promène dans un grand chariot, suivi de quatre-vingt-dix prêtres vêtus d'un satin jaune. Dans son passage, les plus dévots s'étendent le long du chemin pour laisser passer sur eux le chariot qui la porte, ou se piquent à des pointes de fer qu'on y attache exprès pour arroser l'idole de leur sang. Ceux qui ont moins de courage s'estiment heureux de recevoir quelques gouttes de ce sang. Les pointes sont retirées avec beaucoup de respect par les prêtres, qui les conservent précieusement dans les temples, comme autant de reliques sacrées.

Le roi d'Arakan est un des plus puissans princes de l'Orient. Le gouvernement est entre les mains de douze princes qui portent le titre de roi, et qui résident dans les villes capitales de chaque province; ils y habitent de magnifiques palais, qui ont été bâtis pour le roi même, et qui contiennent de grands sérails où l'on élève les jeunes filles qu'on destine au souverain. Chaque gouverneur choisit tous les ans douze filles nées la même année dans l'étendue de sa juridiction, et les fait élever aux dépens du roi jusqu'à l'âge de douze ans. Ensuite, étant conduites à la cour, on les fait revêtir d'une robe de coton, avec laquelle elles sont exposées à l'ardeur du soleil jusqu'à ce que la sueur ait pénétré leurs robes. Le monarque, à qui l'on porte les robes, les sent l'une après l'autre, et retient pour son lit les filles dont la sueur n'a rien qui lui déplaise, dans l'opinion qu'elles sont d'une constitution plus saine. Il donne les autres aux officiers de sa cour.

Le roi d'Arakan prend des titres fastueux, comme tous les monarques voisins. Il se fait nommer *Paxda*, ou *empereur d'Arakan possesseur de l'éléphant blanc et des deux pendans d'oreilles, et en vertu de cette possession, héritier légitime du Pégou et de Brama, seigneur des douze provinces de Bengale et des douze rois qui mettent leur tête sous la plante de ses pieds*. Sa résidence ordinaire est dans la ville d'Arakan; mais il emploie deux mois de l'été à faire par eau le voyage d'Oriétan, suivi de toute sa noblesse, dans des barques si belles et si commodes, qu'on prendrait ce cortége pour un palais ou pour une ville flottante.

C'est à Daniel Sheldon qu'on doit aussi quelque éclaircissement sur un pays célèbre, mais dont l'intérieur est peu connu.

Il donne au Pégou pour bornes au nord, les pays de Brama, de Siammon et de Calaminham; à l'ouest, les montagnes de Pré, qui le séparent du royaume d'Arakan, et le golfe de Bengale, dont les côtes lui appartiennent depuis le cap de Nigraès jusqu'à la ville de Tavay; à l'est, le pays de Laos; au midi, le royaume de Siam; mais il ajoute que ces bornes ne sont pas si constantes, qu'elles ne changent souvent par des acquisitions ou des pertes. Vers la fin du siècle précédent, un de ses rois les étendit beaucoup; il obligea jusqu'aux Siamois à payer un tribut: mais cette gloire dura peu, et ses successeurs ont été renfermés dans les possessions de leurs ancêtres.

Le pays est arrosé de plusieurs rivières, dont la principale sort du lac de Chiama, et ne parcourt pas moins de quatre ou cinq cents milles jusqu'à la mer: elle porte le nom de *Pégou*, comme le royaume qu'elle arrose. La fertilité qu'elle répand, et ses inondations régulières l'ont fait nommer aussi *le Nil indien*. Ses débordemens s'étendent jusqu'à trente lieues de ses bords; ils laissent sur la terre un limon si gras, que les pâturages y deviennent excellens, et que le riz y croît dans une prodigieuse abondance.

Les principales richesses de ce royaume sont les pierres précieuses, telles que les rubis, les topazes, les saphirs, les améthystes, qu'on y comprend sous le nom général de rubis, et qu'on ne distingue que par la couleur, en nommant un saphir, un rubis bleu; une améthyste, un rubis violet; une topaze, un rubis jaune. Cependant la pierre qui porte proprement le nom de rubis est une pierre transparente, d'un rouge éclatant, et qui, dans ses extrémités, ou près de sa surface, a quelque chose du violet de l'améthyste. Sheldon ajoute que les principaux endroits d'où les rubis se tirent sont une montagne voisine de Cabelan ou Cablan, entre Siriam et Pégou, et les montagnes qui s'étendent depuis le Pégou jusqu'au royaume de Camboge.

Les Pégouans sont plus corrompus dans leurs mœurs qu'aucun peuple des Indes. Leurs femmes semblent avoir renoncé à la modestie naturelle. Elles sont presque nues, ou du moins leur unique vêtement est à la ceinture, et consiste dans une étoffe si claire et si négligemment attachée, que souvent elle ne dérobe rien à la vue. Elles donnèrent pour excuse à Sheldon que cet usage leur venait d'une ancienne reine du pays, qui, pour empêcher que les hommes ne tombassent dans de plus grands désordres, avait ordonné que les femmes de la nation parussent toujours dans un état capable d'irriter leurs désirs.

Un Pégouan qui veut se marier est obligé d'acheter sa femme et de payer sa dot à ses parens. Si le dégoût succède au mariage, il est libre de la renvoyer dans sa famille. Les femmes ne jouissent pas moins de la liberté d'abandonner leurs maris, en leur restituant ce qu'ils ont donné pour les obtenir. Il est difficile aux étrangers qui séjournent dans le pays de résister à ces exemples de corruption. Les pères s'empressent de leur offrir leurs filles, et conviennent d'un prix qui se règle par la durée du commerce. Lorsqu'ils sont prêts à partir, les filles retournent à la maison paternelle et n'en ont pas moins de facilité à se procurer un mari. Si l'étranger, revenant dans le pays, trouve la fille qu'il avait louée au pouvoir d'un autre homme, il est libre de la redemander au mari, qui la lui rend pour le temps de son séjour, et qui la reprend à son départ.

Ils admettent deux principes comme les manichéens: l'un, auteur du bien; l'autre, auteur du mal. Suivant cette doctrine, ils rendent à l'un et à l'autre un culte peu différent. C'est même au mauvais principe que leurs premières invocations s'adressent dans leurs maladies et dans les disgrâces qui leur arrivent. Ils lui font des vœux dont ils s'acquittent avec une fidélité scrupuleuse aussitôt qu'ils croient en avoir obtenu l'effet. Un prêtre, qui s'attribue la connaissance de ce qui peut être agréable à cet esprit, sert à diriger leur superstition. Ils commencent par un festin, qui est accompagné de danses et de musique; ensuite quelques-uns courent le matin par les rues, portant du riz dans une main, et dans l'autre un flambeau. Ils crient de toute leur force qu'ils cherchent le mauvais esprit pour lui offrir sa nourriture, afin qu'il ne leur nuise point pendant le jour. D'autres jettent par-dessus leurs épaules quelques alimens qu'ils lui consacrent. La crainte qu'ils ont de son pouvoir est si continuelle et si vive, que, s'ils voient un homme masqué, ils prennent la fuite avec toutes les marques d'une extrême agitation, dans l'idée que c'est ce redoutable maître qui sort de l'enfer pour les tourmenter. Dans la ville de Tavay, l'usage des habitans est de remplir leurs maisons de vivres au commencement de l'année, et de les laisser exposés pendant trois mois, pour engager leur tyran, par le soin qu'ils prennent de le nourrir, à leur accorder du repos pendant le reste de l'année.

Quoique tous les prêtres du pays soient de cette secte, on y voit un ordre de religieux qui portent comme à Siam le nom de *talapoins*, et qui descendent apparemment des talapoins siamois. Ils sont respectés du peuple; ils ne vivent que d'aumônes. La vénération qu'on a pour eux est portée si loin, qu'on se fait honneur de boire de l'eau dans laquelle ils ont lavé leurs mains; ils marchent dans les rues avec beaucoup de gravité, vêtus de longues robes, qu'ils tiennent serrées par une ceinture de cuir large de quatre doigts. À cette ceinture pend une bourse dans laquelle ils mettent les aumônes qu'ils reçoivent. Leur habitation est au milieu des bois, dans une sorte de cage qu'ils se font construire au sommet des arbres; mais cette pratique n'est fondée que sur la crainte des tigres, dont le royaume est rempli. À chaque nouvelle lune ils vont prêcher dans les villes: ils y assemblent le peuple au son d'une cloche ou d'un bassin. Leurs discours roulent sur quelques préceptes de la loi naturelle, dont ils croient que l'observation suffit pour mériter des récompenses dans une autre vie, de quelque extravagance que soient les opinions spéculatives auxquelles on est attaché. Ces principes ont du moins l'avantage de les rendre charitables pour les étrangers, et de leur faire regarder sans chagrin la conversion de ceux qui embrassent le christianisme. Quand ils meurent, leurs funérailles se font aux dépens du peuple, qui dresse un bûcher des bois les plus précieux pour brûler leurs corps. Leurs cendres sont jetées dans la rivière; mais leurs os demeurent enterrés au pied de l'arbre qu'ils ont habité pendant leur vie.

Le royaume de Boutan est d'une fort grande étendue; mais on n'en connaît pas exactement les limites. Les caravanes qui s'y rendent chaque année de Patna partent vers la fin du mois de décembre: elles arrivent le huitième jour à Garachepour, jusqu'au pied des hautes montagnes. Il reste encore huit ou neuf journées, pendant lesquelles on a beaucoup à souffrir dans un pays plein de forêts, où les éléphans sauvages sont en grand nombre. Les marchands, au lieu de reposer la nuit, sont obligés de faire la garde et de tirer sans cesse leurs mousquets pour éloigner ces redoutables animaux. Comme l'éléphant marche sans bruit, il surprend les caravanes; et quoiqu'il ne nuise point aux hommes, il emporte les vivres dont il peut se saisir, surtout les sacs de riz ou de farine, et les pots de beurre, dont on a toujours de grosses provisions.

On peut aller de Patna jusqu'au pied des montagnes dans des palekis, qui sont les carrosses des Indes; mais on se sert ordinairement de bœufs, de chameaux et de chevaux du pays. Ces chevaux sont naturellement si petits, que les pieds d'un homme qui les monte touchent presqu'à terre; mais ils sont très-vigoureux, et leur pas est une espèce d'amble, qui leur fait faire vingt lieues d'une seule traite, avec fort peu de nourriture. Les meilleurs s'achètent jusqu'à deux cents écus. Lorsqu'on entre dans les montagnes, les passages deviennent si étroits, qu'on est obligé de se réduire à cette seule voiture, et souvent même on a recours à d'autres expédiens. La vue d'une caravane fait descendre de diverses habitations un grand nombre de montagnards, dont la plupart sont des femmes et des filles qui viennent faire marché avec les négocians pour les porter, eux, leurs marchandises et leurs provisions, entre des précipices qui se succèdent pendant neuf ou dix journées: elles ont sur les deux épaules un gros bourlet auquel est attaché un épais coussin qui leur pend sur le dos, et qui sert comme de siége à l'homme dont elles se chargent; elles sont trois qui se relaient tour à tour pour chaque homme. Le bagage est transporté sur le dos des boucs, qui sont capables de porter jusqu'à cent cinquante livres. Ceux qui s'obstinent à mener des chevaux dans ces affreuses montagnes sont souvent obligés, dans les passages dangereux, de les faire guinder avec des cordes: on ne leur donne à manger que le matin et le soir. Les femmes qui portent les hommes ne gagnent que deux roupies dans l'espace de dix jours. On paie le même prix pour chaque bouc et pour chaque cheval.

À cinq ou six lieues de Garachepour, on entre sur les terres du radja de Népal, qui s'étendent jusqu'aux frontières du royaume de Boutan. Ce radja, vassal et tributaire du grand-mogol, fait sa résidence dans la ville de Népal. Son pays n'offre que des bois et des montagnes. On entre de là dans l'ennuyeux espace qu'on vient de représenter, et l'on retrouve ensuite des boucs, des chameaux, des chevaux et même des palekis. Ces commodités ne cessent plus jusqu'à Boutan. On marche dans un fort bon pays, où le blé, le riz, les légumes et le vin sont en abondance. Tous les habitans de l'un et de l'autre sexe y sont vêtus, l'été, de grosse toile de coton ou de chanvre, et l'hiver, d'un gros drap, qui est une espèce de feutre. Leur coiffure est un bonnet, autour duquel ils mettent pour ornement des dents de porc et des pièces d'écaille de tortue, rondes ou carrées. Les plus riches y mêlent des grains de corail ou d'ambre jaune, dont les femmes se font aussi des colliers. Les hommes, comme les femmes, portent des bracelets au bras gauche seulement, et depuis le poignet jusqu'au coude, avec cette différence, que ceux des femmes sont plus étroits. Ils ont au cou un cordon de soie, d'où pendent quelques grains de corail ou d'ambre, et des dents de porc. Quoique fort livrés à l'idolâtrie, ils mangent toutes sortes de viande, excepté celle de vache, parce qu'ils adorent cet animal comme la nourrice du genre humain. Ils sont passionnés pour l'eau-de-vie, qu'ils font de riz et de sucre, comme dans la plus grande partie de l'Inde. Après leurs repas, surtout dans les festins qu'ils donnent à leurs amis, ils brûlent de l'ambre jaune: ce qui le rend cher et fort recherché dans le pays.

Le roi de Boutan entretient constamment autour de sa personne une garde de sept à huit mille hommes, qui sont armés d'arcs et de flèches, avec la rondache et la hache; ils ont depuis long-temps l'usage du mousquet et du canon de fer. Leur poudre a le grain long; et celle que l'auteur vit entre les mains de plusieurs marchands, était d'une force extraordinaire. Ils l'assurèrent qu'on voyait sur leurs canons des chiffres et des lettres qui n'avaient pas moins de cinq cents ans. Un habitant du royaume n'en sort jamais sans la permission expresse du gouverneur, et n'aurait pas la hardiesse d'emporter une arme à feu, si ses plus proches parens ne se rendaient caution qu'elle sera rapportée. Sans cette difficulté, Tavernier aurait acheté des marchands de ce pays un de leurs mousquets, parce que les caractères qui étaient sur le canon rendaient témoignage qu'il avait cent quatre-vingts ans d'ancienneté. Il était fort épais, la bouche en forme de tulipe, et le dedans aussi poli que la glace d'un miroir. Sur les deux tiers du canon il y avait des filets de relief et quelques fleurs dorées et argentées: les balles étaient d'une once. Le marchand, étant obligé de décharger sa caution, ne se laissa tenter par aucune offre, et refusa même de donner un peu de sa poudre.

On voit toujours cinquante éléphans autour du palais du roi, et vingt ou vingt-cinq chameaux qui ne servent qu'à porter une petite pièce d'artillerie d'environ une demi-livre de balle. Un homme assis sur la croupe du chameau manie d'autant plus facilement cette pièce, qu'elle est sur une espèce de fourche qui tient à la selle, et qui lui sert d'affût. Il n'y a pas au monde un souverain plus respecté de ses sujets que le roi de Boutan: il en est comme adoré. Lorsqu'il rend la justice ou qu'il donne audience, ceux qui se présentent devant lui ont les mains jointes, élevées sur le front; et se tenant éloignés du trône, ils se prosternent à terre sans oser lever la tête. C'est dans cette humble posture qu'ils font leurs supplications; et, pour se retirer, ils marchent à reculons, jusqu'à ce qu'ils soient hors de sa présence. Leurs prêtres enseignent, comme un point de religion, que ce prince est un dieu sur la terre; cette superstition va si loin, que chaque fois qu'il satisfait au besoin de la nature, on ramasse soigneusement son ordure pour la faire sécher et mettre en poudre; ensuite on la met dans de petites boîtes qui se vendent dans les marchés, et dont on saupoudre les viandes. Deux marchands du Boutan, qui avaient vendu du musc à l'auteur, montrèrent chacun leur boîte, et quelques pincées de cette poudre, pour laquelle ils avaient beaucoup de vénération.

Les peuples de Boutan sont robustes et de belle taille; ils ont le visage et le nez un peu plats. Les femmes sont encore plus grandes et plus vigoureuses que les hommes; mais la plupart ont des goîtres fort incommodes. La guerre est peu connue dans cet état: on n'y craint pas même le grand-mogol, parce que, du côté du midi, la nature a mis de hautes montagnes et des passages fort étroits qui forment une barrière impénétrable. Au nord, il n'y a que des bois, presque toujours couverts de neige; des deux autres côtés, ce sont de vastes déserts, où l'on ne trouve guère que des eaux amères. Si l'on y rencontre quelques terres habitées, elles appartiennent à des radjas sans armes et sans forces. Le roi de Boutan fait battre des pièces d'argent de la valeur des roupies: ce qui porte à croire que son pays a quelques mines d'argent: cependant les marchands que Tavernier vit à Patna, ignoraient où ces mines étaient situées. Leurs pièces de monnaie sont extraordinaires dans leur forme: au lieu d'être rondes, elles ont huit angles; et les caractères qu'elles portent ne sont ni indiens ni chinois. L'or de Boutan y est apporté par les marchands du pays qui reviennent du Levant.

Leur principal commerce est celui du musc. Dans l'espace de deux mois que les marchands passèrent à Patna, Tavernier en acheta d'eux pour vingt-six mille roupies. L'once, dans la vessie, lui revenait à quatre livres quatre sous de notre monnaie; il la payait huit francs hors de vessie. Tout le musc qui entre dans la Perse vient de Boutan, et les marchands qui font ce commerce aiment mieux qu'on leur donne de l'ambre jaune et du corail que de l'or ou de l'argent. Pendant les chaleurs, ils trouvent peu de profit à transporter le musc, parce qu'il devient trop sec et qu'il perd de son poids. Comme cette marchandise paie vingt-cinq pour cent à la douane de Garachepour, dernière ville des états du Mogol, il arrive souvent que, pour éviter de si grands frais, les caravanes prennent un chemin qui est encore plus incommode, par les montagnes couvertes de neige et les grands déserts qu'il faut traverser; ils vont jusqu'à la hauteur de trente degrés, d'où, tournant vers Kaboul, qui est au quarantième, elles se divisent, une partie pour aller à Balk, et l'autre dans la grande Tartarie. Là, les marchands qui viennent de Boutan troquent leurs richesses contre des chevaux, des mulets et des chameaux; car il y a peu d'argent dans ces contrées: ils y portent avec le musc beaucoup d'excellente rhubarbe et de semencine. Les Tartares font passer ensuite ces marchandises dans la Perse; ce qui fait croire aux Européens que la rhubarbe et la semencine viennent de la Tartarie. Il est vrai, remarque l'Anglais Sheldon, qu'il en vient de la rhubarbe; mais elle est beaucoup moins bonne que celle du royaume de Boutan; elle est plus tôt corrompue, et c'est le défaut de la rhubarbe de se dissoudre d'elle-même par le cœur. Les Tartares remportent de Perse des étoffes de soie de peu de valeur, qui se font à Tauris et à Ardevil, avec quelques draps d'Angleterre et de Hollande, que les Arméniens vont prendre à Constantinople et à Smyrne, où nous les portons de l'Europe. Quelques-uns des marchands qui viennent de Boutan à Kaboul vont à Candehar, et jusqu'à Ispahan, d'où ils emportent pour leur musc et leur rhubarbe, du corail en grains, de l'ambre jaune et du lapis en grains. D'autres, qui vont du côté de Moultan, de Lahor et d'Agra, remportent des toiles, de l'indigo, et quantité de cornaline et de cristal. Enfin ceux qui retournent par Garachepour remportent de Patna et de Daka, du corail, de l'ambre jaune, des bracelets d'écaille de tortue et d'autres coquilles de mer, avec quantité de pièces rondes et carrées de la grandeur de nos jetons, qui sont aussi d'écaille de tortue et de coquille. L'auteur vit à Patna quatre Arméniens qui, ayant déjà fait un voyage au royaume de Boutan, venaient de Dantzick, où ils avaient fait faire un grand nombre de figures d'ambre jaune qui représentaient toutes sortes d'animaux et de monstres. Ils allaient les porter au roi de Boutan pour augmenter le nombre de ses divinités. Ils dirent à Tavernier qu'ils se seraient enrichis, s'ils avaient pu faire composer une idole particulière que le prince leur avait recommandée; c'était une figure monstrueuse, qui devait avoir six cornes, quatre oreilles et quatre bras, avec six doigts à chaque main; mais ils n'avaient pas trouvé d'assez grosse pièce d'ambre jaune.

Le roi de Boutan, commençant à craindre que les tromperies qui se font dans le musc ne ruinassent ce commerce, d'autant plus qu'on en tire aussi du Tonquin et de la Cochinchine, où il est beaucoup plus cher, parce qu'il y est moins commun, avait ordonné depuis quelque temps que les vessies ne seraient pas cousues, et qu'elles seraient apportées ouvertes à Boutan, pour y être visitées et scellées de son sceau. Mais cette précaution n'empêche pas qu'on ne les ouvre subtilement, et qu'on n'y mette de petits morceaux de plomb, qui, sans l'altérer, à la vérité, en augmentent du moins le poids.

Le royaume d'Assam est une des plus fertiles contrées de l'Asie; il produit tout ce qui est nécessaire à la vie, sans que les habitans aient besoin de recourir aux nations voisines. Ils ont des mines d'argent, d'acier, de plomb et de fer; la soie en abondance, mais grossière. Ils en ont une espèce qui croît sur les arbres, et qui est l'ouvrage d'un animal dont la forme ressemble à celle des vers à soie communs, avec cette double différence, qu'il est plus rond et qu'il demeure toute l'année sur les arbres. Les étoffes qu'on fait de cette soie sont fort lustrées; mais elles se coupent. C'est du côté du midi que la nature produit ces vers, et qu'on trouve les mines d'or et d'argent. Le pays produit aussi quantité de gomme-laque, dont on distingue deux sortes: celle qui croît sur les arbres est de couleur rouge, et sert à peindre les toiles et les étoffes. Après en avoir tiré cette couleur, on emploie ce qui reste à faire une sorte de vernis dont on enduit les cabinets et d'autres meubles de cette nature. On le transporte en abondance à la Chine et au Japon, où il passe pour la meilleure laque de l'Asie. À l'égard de l'or, on ne permet pas qu'il sorte du royaume, et l'on n'en fait néanmoins aucune espèce de monnaie. Il demeure en lingots, grands et petits, dont le peuple se sert dans le commerce intérieur.

Nous tirons le peu de détails que nous présente la Cochinchine de la relation d'un missionnaire jésuite, nommé *le père de Rhodes*, et nous y joindrons quelques-unes des remarques et aventures qui lui sont particulières.

Destiné à la mission du Japon par le souverain pontife, il se rendit de Rome à Lisbonne, où il avait ordre de s'embarquer avec d'autres missionnaires.

Ce fut le 4 avril 1619 qu'ils mirent à la voile avec trois grands vaisseaux: ils étaient au nombre de six sur *la Sainte-Thérèse*. Trois mois et demi de navigation leur firent doubler le cap de Bonne-Espérance. Ils essuyèrent plusieurs tempêtes et les ravages du scorbut, qui ne les empêchèrent point d'arriver heureusement au port de Goa le 5 octobre.

Après avoir passé deux ans, tant à Goa qu'à Salsette, il reçut ordre enfin de partir pour le Japon, sur un vaisseau qui devait porter à Malacca un seigneur portugais, nommé pour commander dans la citadelle. Il passa par Cochin, qui n'est qu'à cent lieues de Goa: les jésuites y avaient un collége dans lequel ils enseignaient toutes les sciences. La violence des vents qui arrêta long-temps le vaisseau portugais vers le cap de Comorin, donna occasion à l'auteur de visiter la fameuse côte de *la Pêcherie*, qui tire ce nom de l'abondance des perles qu'on y pêche. «Les habitans connaissent, dit-il, dans quelle saison ils doivent chercher ces belles larmes du ciel qui se trouvent endurcies dans les huîtres. Alors les pêcheurs s'avancent en mer dans leurs barques: l'un plonge, attaché sous les aisselles avec une corde, la bouche remplie d'huile et un sac au cou: il ramasse les huîtres qu'il trouve au fond; et lorsqu'il n'a plus la force de retenir son haleine, il emploie quelques signes pour se faire retirer. Ces pêcheurs sont si bons chrétiens, qu'après leur pêche ils viennent ordinairement à l'église, où ils mettent souvent de grosses poignées de perles sur l'autel. On fit voir au père de Rhodes une chasuble qui en était entièrement couverte, et qui était estimée deux cent mille écus dans le pays. Qu'eût-elle valu, dit-il, en Europe?»

La principale place de cette côte est *Totocorin*: on y trouve les plus belles perles de l'Orient. Les Portugais y avaient une citadelle, et les jésuites un fort beau collége. Il était arrivé, par des malheurs que de Rhodes ignore, qu'on avait ôté cette maison à sa compagnie. «Les jésuites, dit-il, s'étant retirés, on dit que les perles et les huîtres disparurent dans cet endroit de la côte; mais aussitôt que le roi de Portugal eut rappelé ces zélés missionnaires, on y vit revenir les perles, comme si le ciel eût voulu remarquer que, lorsque les pêcheurs d'âmes seraient absens, il ne fallait pas attendre une bonne pêche de perles.» Ceci nous rappelle un passage fort plaisant de la *Gazette de France*, de l'année 1774, dans lequel on disait, à l'article *de la Suède*, que tout se ressentait du bonheur de la nouvelle administration, et que *jamais les harengs n'étaient venus en si grand nombre sur les bords de la Baltique.*

Après avoir visité la côte de Coromandel, le père de Rhodes fit voile vers Malacca, et échoua sur un banc de sable à la vue du cap de Rachado. Il attribue le salut du vaisseau à un miracle sensible de son reliquaire, qu'il plongea dans la mer au bout d'une longue corde. En moins d'une minute, sans que personne y travaillât, le bâtiment, dit-il, qui avait été long-temps immobile, sortit du sable avec une force extrême, et fut poussé en mer. Il observe qu'on peut aborder dans tous les temps de l'année au port de Malacca, avantage que n'ont pas le ports de Goa, de Cochin, de Surate, ni, suivant ses lumières, aucun autre port de l'Inde orientale. Quoique Malacca, observe-t-il encore, ne soit qu'à deux degrés au nord de la ligne, et que par conséquent la chaleur y soit extrême, cependant les fruits de l'Europe et le raisin même n'y mûrissent point. La raison, dit-il, en paraîtra fort étrange; mais elle n'est pas moins certaine: c'est faute de chaleur que ces fruits n'y mûrissent pas. Il ajoute, pour s'expliquer, que, «le soleil donnant à plomb sur la terre, devrait à la vérité tout brûler et rendre le pays inhabitable. Les anciens en avaient cette opinion; mais ils ignoraient le secret de la Providence, qui a voulu qu'il fût le plus habité. Le soleil, dans le temps qu'il a toute sa force, attire tant d'exhalaisons et de vapeurs, que c'est alors l'hiver du pays. Les vents, qui sont impétueux, les pluies continuelles tiennent cet astre caché, et s'opposent à la maturité de tous les fruits qui ne sont pas propres au climat.»

Les vues du père de Rodes étaient toujours pour le Japon, et sa soumission pour d'autres ordres qui le retinrent un an et demi, soit à Macao, soit à Canton, fut une violence qu'il fit à son zèle. Cependant de nouvelles dispositions de ses supérieurs l'obligèrent d'abandonner entièrement son premier projet pour se rendre à la Cochinchine. D'ailleurs les portes du Japon se trouvaient fermées par une violente persécution qui s'y était élevée contre le christianisme. Le père de Mattos reçut ordre de partir pour la Cochinchine avec cinq autres jésuites de l'Europe, entre lesquels de Rhodes fut nommé. Ils s'embarquèrent à Macao, dans le cours du mois de décembre 1624, et leur navigation ne dura que dix-neuf jours.

Il n'y avait pas cinquante ans que la Cochinchine était un royaume séparé du Tonquin, dont, elle n'avait été qu'une province pendant plus de sept cents ans. Celui qui secoua le joug était l'aïeul du roi qui occupait alors le trône. Après avoir été gouverneur du pays, il se révolta contre son prince, et se fit un état indépendant, dans lequel il se soutint assez heureusement par la force des armes, pour laisser à ses enfans une succession tranquille. Leur puissance y étant mieux établie que jamais, il n'y a pas d'apparence que cette souveraineté retourne jamais à ses anciens maîtres.

La Cochinchine est sous la zone torride, au midi de la Chine; elle s'étend depuis le 12e. degré jusqu'au 18e. De Rhodes lui donne quatre cents milles de longueur; mais sa largeur est beaucoup moindre. Elle a pour bornes à l'orient la mer de la Chine, le royaume de Laos à l'occident, celui de Chiampa au sud, et le Tonquin au nord. Sa division est en six provinces, dont chacune a son gouverneur et ses tribunaux particuliers de justice. La ville où le roi fait son séjour se nomme *Kehoué*. Si les bâtimens n'en sont pas magnifiques, parce qu'ils ne sont composes que de bois, ils ne manquent pas de commodités, et les colonnes fort bien travaillées, qui servent à les soutenir, leur donnent beaucoup d'apparence. La cour est belle et nombreuse, et les seigneurs y font éclater beaucoup de magnificence dans leurs habits.

Le pays est fort peuplé. De Rhodes vante la douceur des habitans; mais elle n'empêche pas, dit-il, qu'ils ne soient bons soldats; ils ont un respect merveilleux pour leur roi. Ce prince entretient continuellement cent cinquante galères dans trois ports; et les Hollandais ont éprouvé qu'elles peuvent attaquer avec avantage ces grands vaisseaux avec lesquels ils se croient maîtres des mers de l'Inde.

La fertilité du pays rend les habitans fort riches. Il est arrosé de vingt-quatre belles rivières, qui donnent de merveilleuses commodités pour voyager par eau dans toutes ses parties, et qui servent par conséquent à l'entretien du commerce. Des inondations réglées, qui se renouvellent tous les ans aux mois de novembre et de décembre, engraissent la terre sans aucune culture. Dans cette saison, il n'est pas possible de voyager à pied, ni de sortir même des maisons sans une barque; de là vient l'usage de les élever sur deux colonnes, qui laissent un passage libre à l'eau.

Il se trouve des mines d'or dans la Cochinchine: mais les principales richesses du pays sont, le poivre, que les Chinois y viennent prendre; la soie, qu'on fait servir jusqu'aux filets des pécheurs et aux cordages des galères; et le sucre, dont l'abondance est si grande, qu'il ne vaut pas ordinairement plus de deux sous la livre. On en transporte beaucoup au Japon, quoique les Cochinchinois n'entendent pas beaucoup la manière de l'épurer.

On s'imaginerait qu'une contrée qui ne produit ni blé, ni vin, ni huile, nourrit mal ses habitans. Mais, sans expliquer en quoi consiste leur bonne chère, de Rhodes assure que les tables de la Cochinchine valent celles de l'Europe.

C'est le seul pays du monde où croisse le *calembac*, cet arbre renommé dont le bois est un parfum précieux, et qui d'ailleurs sert aux plus excellens usages de la médecine. L'odeur en est admirable; le bois en poudre ou en teinture fortifie le cœur contre toutes sortes de venins; il se vend au poids de l'or.

De Rhodes assure, contre le témoignage de plusieurs autres voyageurs, que c'est aussi dans la seule Cochinchine que se trouvent ces petits nids d'oiseaux qui servent d'assaisonnement aux potages et aux viandes. On pourrait croire, pour concilier les récits, qu'il parle d'une espèce particulière. Ils ont, dit-il, la blancheur de la neige: on les trouve dans certains rochers de cette mer, vis-à-vis des terres où croissent les calembacs, et l'on n'en voit point autre part; c'est ce qui le porte à croire que les oiseaux qui font ces nids vont sucer ces arbres, et que de ce sucre, mêlé peut-être avec l'écume de la mer, ils composent un ouvrage si blanc et de si bon goût. Cependant ils demandent d'être cuits avec de la chair ou du poisson; et de Rhodes assure qu'ils ne peuvent être mangés seuls.

La Cochinchine produit des arbres qui portent pour fruits de gros sacs remplis de châtaignes. On doit regretter que le père de Rhodes n'en rapporte pas le nom, et qu'il n'en explique pas mieux la forme. «Un seul de ces sacs fait la charge d'un homme; aussi la Providence ne les a-t-elle pas fait sortir des branches, qui n'auraient pas la force de les soutenir, mais du tronc même; le sac est une peau fort épaisse, dans laquelle on trouve quelquefois cinq cents châtaignes plus grosses que les nôtres; mais ce qu'elles ont de meilleur, est une peau blanche et savoureuse, qu'on tire de la châtaigne avant de la cuire.»

Les difficultés de la langue étant un des plus grands obstacles qui arrêtent le progrès des missionnaires, le père de Rhodes comprit que cette étude devait faire son premier soin. On parle à peu près la même langue dans le royaume de Tonquin et de la Cochinchine. Elle est aussi entendue dans trois autres pays voisins; mais est entièrement différente de la chinoise. On la prendrait, surtout dans la bouche des femmes, pour un gazouillement d'oiseaux; tous les mots sont des monosyllabes, et leur signification ne se distingue que par les divers tons qu'on leur donne en les prononçant. Une même syllabe, telle, par exemple, que *daï*, peut signifier vingt-trois choses tout-à-fait différentes. Le zèle du père de Rhodes lui fit mépriser ces obstacles; il apporta autant d'application à cette entreprise qu'il en avait donné autrefois à la théologie, et dans l'espace de quatre mois, il se rendit capable de prêcher dans la langue de la Cochinchine; mais il avoue qu'il en eut l'obligation à un petit garçon du pays, qui lui apprit en trois semaines les divers tons de cette langue, et la manière de prononcer tous les mots: ce qu'il y eut d'admirable, et ce qui mérite d'être remarqué, c'est qu'ils ignoraient la langue l'un de l'autre.

Dans l'intervalle de ses entreprises apostoliques, il fit un voyage aux Philippines, sans autre dessein que de profiter d'une occasion qui se présentait pour se rendre à Macao.

Une violente persécution l'obligeant de quitter la Cochinchine, il s'embarqua, le 2 juillet 1641, sur un vaisseau qui faisait voile pour Bolinao. Il entra dans ce port le 28 du même mois, après avoir essuyé une dangereuse tempête; mais il fut surpris de remarquer à son arrivée que les habitans ne comptaient que samedi 27 juillet. Il avait mangé de la viande le matin, parce qu'il se croyait au dimanche, et le soir il fut obligé de faire maigre, lorsqu'on l'assura que le dimanche et le vingt-huitième n'étaient que le lendemain: cette erreur lui causa d'abord beaucoup d'embarras; mais en y pensant un peu, il comprit que de part et d'autre on avait fort bien compté, quoiqu'il y eût dans les deux comptes la différence d'un jour.

Ce qu'il y a d'étonnant dans l'embarras du père de Rhodes, c'est qu'étant aux Indes depuis si long-temps, il n'eût jamais eu l'occasion de faire la même remarque. Il s'applaudit de l'explication qu'il donne à son erreur.

Quand on part d'Espagne, dit-il, pour aller aux Philippines, on va toujours de l'orient à l'occident. Il faut par conséquent que tous les jours deviennent plus longs de quelques minutes; parce que le soleil, dont on suit la course, se lève et se couche toujours plus tard. Dans le cours de cette navigation, la perte est d'un demi-jour. Au contraire, les Portugais qui vont du Portugal aux Indes orientales, avancent contre le soleil, qui, se couchant et se levant toujours plus tôt, rend chaque jour plus court de quelques minutes, et leur donne ainsi l'avance du jour en arrivant au même terme. D'où il est aisé de conclure que, les uns gagnant et les autres perdant un demi-jour, il faut nécessairement que les Portugais et les Espagnols, qui arrivent aux Philippines par des chemins opposés, trouvent un jour entier de différence. «Le père de Rhodes, venu vers l'orient par le chemin des Portugais, avait vécu par conséquent un jour de plus que les Espagnols des Philippines.» Par la même raison, continue-t-il, deux prêtres qui partiraient au même jour, l'un de Portugal vers l'orient, l'autre d'Espagne vers l'occident, disant chaque jour la messe, et arrivant le même jour au même lieu, l'un aurait dit une messe plus que l'autre: et de deux jumeaux qui, étant nés ensemble, feraient le même voyage par les deux routes opposées, l'un aurait vécu un jour de plus.»

Ceux pour qui cette remarque ne sera pas aussi merveilleuse qu'elle le fut pour l'auteur apprendront de lui plus volontiers l'origine de la persécution qui fermait alors aux missionnaires l'entrée des ports du Japon. Après avoir observé que Manille, la principale des Philippines, est au 13ᵉ. degré de l'élévation de la ligne, et que c'est là qu'on compte le dernier terme de l'occident, quoique ces îles soient à l'orient de la Chine, dont elles ne sont éloignées que de cent cinquante lieues, il ajoute:

«Comme on les prend pour le bout des Indes occidentales, qui appartiennent aussi aux Espagnols, deux Hollandais prirent occasion de cette idée pour renverser le christianisme au Japon. Ils firent voir à l'empereur, dans une mappemonde, d'un côté les Philippines, et de l'autre Macao, que le roi d'Espagne possédait alors à la Chine, en qualité de roi de Portugal. Voyez-vous, lui dirent-ils, jusqu'où la domination du roi d'Espagne s'est étendue? Du côté de l'orient, elle est arrivée à Macao, et du côté de l'occident aux Philippines. Vous êtes si près de ces deux extrémités de son empire, qu'il ne lui reste que le vôtre à conquérir; à la vérité, il n'a pas aujourd'hui des troupes assez nombreuses pour entreprendre tout d'un coup la conquête du Japon; mais il y envoie des prêtres qui, sous le prétexte de faire des chrétiens, font des soldats pour l'Espagne; et lorsque le nombre en sera tel que les Espagnols le désirent, vous éprouverez, comme le reste du monde, que, sous le voile de la religion, ils ne pensent qu'à vous rendre l'esclave de leur ambition.» L'empereur du Japon, alarmé de cet avis, jura une guerre irréconciliable à tous les missionnaires chrétiens: l'Église n'a jamais essuyé de persécution plus obstinée que celle qui a rempli de sang toutes les villes de ce florissant royaume, où le christianisme avait fait des progrès. Nous en parlerons plus au long à l'article du Japon.

Dans une traversée de Malacca à Java, qui ne fut que de onze jours, il arriva au vaisseau qu'il montait un accident fort singulier, qu'il attribue à la protection du premier martyr de la Cochinchine, nommé *André*, dont il portait la tête à Rome. Le 25 février, pendant que le vent était favorable, l'imprudence des matelots les fit heurter contre un gros rocher, qui était presqu'à fleur d'eau. Le bruit ne fut pas moindre que celui du tonnerre, et le coup avait été si violent, que le navire demeura fixé sur l'écueil. Plusieurs planches qu'on vit flotter sur l'eau ne laissèrent aucun doute qu'il ne fût près de périr. Cependant il se remit de lui-même à flot, tandis que l'auteur et deux autres missionnaires, qui étaient partis avec lui de Malacca, faisaient leur prière au martyr. Les matelots, surpris qu'il ne se remplît pas d'eau, jugèrent qu'ayant été doublé en plusieurs endroits, il n'avait perdu que des planches extérieures. Ils continuèrent leur navigation sept jours entiers avec beaucoup de bonheur. Mais, en arrivant au port de Batavia, où l'on pensa aussitôt à radouber le vaisseau, on s'aperçut avec admiration qu'il avait une grande ouverture sur le bas, et que le rocher qui avait brisé les planches, s'étant rompu lui-même, avait rempli le trou d'une grosse et large pierre. Toute la ville accourut pour voir cette merveille. La même chose est arrivée de nos jours à un vaisseau anglais, dans un voyage du capitaine Cook, sans que saint André de Cochinchine s'en mêlât.

Il se trouvait dans Batavia plusieurs Français catholiques et quantité de Portugais, auxquels le missionnaire s'empressa de rendre les services de sa profession: son zèle se satisfit paisiblement pendant l'espace de cinq mois. Mais un jour de dimanche, 29 juillet, la messe, qu'il célébrait dans sa maison devant un grand nombre de catholiques, fut interrompue par l'arrivée du juge criminel de la ville, qui entra dans la chapelle avec ses archers. De Rhodes se hâta de consommer les saintes espèces. Mais il fut saisi à l'autel même par les archers, qui voulurent le mener en prison revêtu des habits sacerdotaux. Sept gentilshommes portugais mirent l'épée à la main pour sa défense. Le désordre aurait été fort grand, s'il n'eût supplié ses défenseurs de l'abandonner à la violence des hommes. Le juge, touché apparemment de sa générosité, lui laissa quitter ses habits; mais s'étant saisi néanmoins de tout ce qui appartenait à son ministère, il le fit conduire dans la prison publique, d'où il fut mené deux jours après dans un cachot noir, destiné aux criminels qui ne peuvent éviter le dernier supplice. Son procès fut instruit. Outre le crime d'avoir célébré la messe à Batavia, il fut accusé d'avoir travaillé à la conversion du gouverneur de Malacca, et d'avoir brûlé plusieurs livres de la religion hollandaise. Il se justifia sur ce dernier article en protestant que, quelque opinion qu'il eût de ces livres, il ne lui en était jamais tombé entre les mains. Mais il n'en reçut pas moins sa sentence, qui contenait trois articles. Par les deux premiers, il était condamné à un bannissement perpétuel de toutes les terres de Hollande, et à payer une amende de quatre cents écus d'or. Le troisième, qui lui fut le plus douloureux, portait que les ornemens ecclésiastiques, les images et le crucifix qu'on lui avait enlevés seraient brûlés par la main du bourreau, et qu'il assisterait sous un gibet à cette exécution. Ses représentations et ses larmes ne purent fléchir ses juges. S'il fut dispensé de paraître sous le gibet, il n'eut cette obligation qu'à la politique du gouverneur, qui craignit un soulèvement des catholiques de la ville. On suppléa même à cette espèce d'adoucissement en faisant pendre deux voleurs tandis que l'on brûlait le crucifix et les images. Ce n'est pas là de la tolérance, il s'en faut de beaucoup; mais il faut avouer qu'on ne leur en avait pas donné l'exemple.

Des deux autres articles, le premier ne put être exécuté sur-le-champ, parce que le père de Rhodes n'était point assez riche pour satisfaire au second. Il fut retenu pendant trois mois dans les chaînes; et sa réponse aux offres qu'on lui faisait de le rendre libre aussitôt qu'il aurait payé l'amende, était de protester qu'il était content de son sort, et qu'il regardait ces souffrances comme une faveur du ciel.

Au mois d'octobre, quelques vaisseaux de Hollande apportèrent des lettres de la compagnie des Indes qui nommaient Corneille Van-der-Lyn gouverneur général des établissemens hollandais après la mort d'Antoine Van Diemen, qui avait enlevé Malacca aux Portugais. Entre les réjouissances publiques qui se firent à l'entrée du nouveau gouverneur, tous les prisonniers furent délivrés. Non-seulement de Rhodes fut élargi sans payer les quatre cents écus, mais Van-Der-Lyn le vengea par quelques bastonnades qu'il donna de sa main au principal juge pour le punir de son excessive rigueur. Ensuite l'ayant comblé de caresses, auxquelles il joignit des excuses pour sa nation, il lui laissa la liberté de partir. Quelques Portugais qui faisaient voile pour Macassar le reçurent avec joie dans leurs vaisseaux, et consentirent volontiers à la prière qu'il fit d'être conduit à Bantam, qui n'est qu'à douze lieues de Batavia. Il espérait trouver dans cette ville quelque vaisseau anglais prêt à retourner en Europe; mais il entreprit encore d'autres courses. Il alla à Ormus, et prit sa route par terre, en traversant la Perse et la Natolie jusqu'à Smyrne, d'où il se rendit au port de Gênes sur un vaisseau de cette république.

FIN DU SIXIÈME VOLUME.